Consolación de Utrera

EDUARDO GONZÁLEZ DE LA PEÑA Y DE LA PEÑA

Consolación de Utrera

Historia de una antigua y universal devoción

ALMUZARA

Primera edición: mayo de 2025

Editorial Almuzara – Colección Arte y Patrimonio
Editora: Rosa García Perea
Maquetación: Miguel Andréu

www.editorialalmuzara.com
pedidos@almuzaralibros.com – info@almuzaralibros.com

Editorial Almuzara
Parque Logístico de Córdoba. Ctra. Palma del Río, km 4
C/8, Nave L2, nº 3. 14005 – Córdoba

Imprime: Black Print
ISBN: 978-84-10527-53-9
Depósito legal: CO-810-2025

Hecho e impreso en España – *Made and printed in Spain*

A mi primo Juan Guardiola Pasqual del Pobil, conde de Jimera de Líbar, con el que he compartido tantos momentos buenos y malos, con todo cariño y el deseo de que la Virgen de Consolación nos siga protegiendo a ambos y a nuestras familias a lo largo de nuestras vidas.

Índice

INTRODUCCIÓN

En el año 2000 escribí un libro titulado *Consolación de Utrera, una devoción universal* que tuvo un gran éxito y del que se hicieron varias ediciones. Hoy, un cuarto de siglo después, tengo la inmensa satisfacción de presentarles a los lectores esta segunda obra con el mismo argumento, es decir, la historia de esta venerada imagen desde que llegó a Utrera en 1507. Y es que para un utrerano —y yo me enorgullezco de serlo— no hay nada más hondo ni más querido que nuestra Patrona, Nuestra Señora de Consolación. La Virgen del barquito en la mano a la que, siendo aún muy niños, aprendimos a rezarle antes qué a hablar, la misma que visitamos en su santuario para contarle nuestras penas y nuestras alegrías, la que nos auxilia y nos ayuda a lo largo de nuestras vidas y la que siempre nos conforta cuando nos ponemos ante su dulce mirada, porque, como escribió mi querido y recordado amigo Salvador de Quinta Garrobo, es en su santuario *donde habita el consuelo.*

Personalmente, la Virgen de Consolación significa tanto para mí que no sé si voy a ser capaz de trasladar todo este conjunto de sentimientos y emociones al estrecho margen de una hoja de papel, pues es algo que llevo en la sangre. Y es que he tenido la inmensa suerte de nacer en una familia que siempre ha tenido y sigue teniendo a Consolación como su referente, su faro y su guía y ha estado especialmente cerca de Ella. Su nombre lo han llevado y lo llevan, desde hace siglos, muchas mujeres de mi familia y no puedo dejar de recordar la profunda devoción y el amor tan inmenso que le profesaba mi queridísima madre, qué al día siguiente de nacer, tenía por costumbre llevarnos a mis hermanos y a mí a su santuario, *para que la Virgen nos conociera y nos acompañara siempre.* Igualmente, recuerdo la dedicación, empeño y cariño que ponía en su tarea de vestir y adornar a la imagen, pues ocupó el cargo de camarera, con una entrega y generosidad absoluta, durante casi treinta años. Tampoco podré olvidar nunca aquella delicada gentileza —entre otros muchos detalles emotivos— que la hermandad tuvo con ella cuando murió, cubriendo con uno de los mantos de la Virgen el féretro donde reposó su cuerpo sin vida.

Mi relación con Consolación comienza, como ya he dicho, prácticamente cuando nací. Evoco ahora con nostalgia y cariño, entre mis más lejanos y nebulosos recuerdos, aquellas visitas tan frecuentes, siendo aún muy niño, al santuario de la mano de mi madre o de mi abuela materna, que, ya entonces, me enseñaron a quererla y venerarla con todas mis fuerzas. Posteriormente, en 2007 formé parte de la comisión del V Centenario de la llegada de la imagen a Utrera, a las órdenes del ya citado Salvador de Quinta Garrobo, que fue el comisario y alma mater de dicha celebración. Un evento especialmente brillante del que, sin faltar a la modestia, puedo decir que fue como nunca se ha organizado otro en Utrera en toda su historia y en el que, además, se pudo comprobar a lo largo de todo un año la importancia que la devoción a la Virgen de Consolación tiene dentro de la piedad popular andaluza y lo que representa para Utrera. Así, recuerdo con especial cariño aquella novena itinerante, en la que la Virgen, prácticamente, recorrió todas las calles de la ciudad, aún las más distantes y apartadas y nos permitió vivir momentos realmente emotivos e inolvidables. Y es que Utrera, como siempre, se volcó y vibró con su Madre de Consolación: calles adornadas, pétalos de flores a su paso, repiques de campanas, luces, cánticos, vivas… Con una voluntad realmente conmovedora, a los utreranos todo le parecía poco para su Virgen y la ciudad honró a su Patrona con el mismo cariño y devoción con que lo viene haciendo desde hace ya más de cinco siglos. Del mismo modo, en 2010 entré a formar parte de la junta de gobierno de su hermandad que, presidida también como hermano mayor por Salvador de Quinta —cuya labor ha sido tan importante y destacada en la historia de la Virgen— organizó en 2014 el segundo Año Jubilar y el 50º aniversario de la Coronación Canónica, de los que también guardo vivencias inolvidables.

No puedo terminar esta introducción sin tener un recuerdo muy especial para algunas personas, grandes devotos de la Virgen, que estuvieron muy cercanos a mí, me contagiaron en su entusiasmo y ya no están entre nosotros. En primer lugar, citaré a mi querida madre, siguiendo con mis recordados amigos Salvador de Quinta Rodríguez y su hijo, el ya mencionado Salvador de Quinta Garrobo, que trabajaron con gran interés y ahínco a lo largo de sus vidas para difundir su devoción, para terminar con la gran cantaora Bernarda de Utrera, a la que también me unió una gran amistad y fue un ejemplo de fidelidad a la Virgen, a la que hizo musa de su arte inigualable, dedicándole muchas letras. Del mismo modo, cada día que estaba en Utrera iba andando a Consolación, sin faltar uno solo, aunque lloviera a cántaros o hiciera cuarenta grados a la sombra.

Todas estas experiencias vividas junto a la Virgen y al lado de personas tan queridas para mí me unieron aún más a esta imagen entrañable y singular de la Madre de Dios que veneramos como *Consolación de los afligidos,* y que además de ser, como ya he dicho, la más grande de las devociones utreranas, también se ha convertido en la seña de identidad más destacada de la ciudad.

Recientemente, durante la procesión magna celebrada en Sevilla con motivo del II Congreso de Piedad Popular, se ha podido comprobar lo mucho que la devoción a Consolación de Utrera mueve. Hace ya siglos que desapareció su famosa y multitudinaria romería, pero la Virgen de Consolación sigue estando presente en los corazones de sus miles de devotos. Su paseo triunfal por las calles de Sevilla, en la tarde del 8 de diciembre y junto a devociones tan populares y conocidas como Jesús del Gran Poder, El Cachorro, la Esperanza de Triana, la Esperanza Macarena y las vírgenes de los Reyes, Valme y Setefilla constituye un reciente y hermoso epílogo en la historia de Consolación, una historia que comenzó, de manera sencilla, hace cinco siglos en una humilde ermita y con el paso de los años se ha convertido en una de las más grandes y destacadas devociones andaluzas con un hermoso nombre: Consolación de Utrera.

PRÓLOGO

> Tal acaece con estas dos voces, Utrera y nuestra Sra. de Consolación; si nombramos Utrera, luego al momento nos acordamos de este santuario, de ese altar y de la Virgen bendita que en el santuario tiene su palacio y en el altar su trono, y por la inversa, cuando pronunciamos esta frase: Ntra. Sra. de Consolación se presenta involuntariamente en nuestra mente Utrera, la antiquísima Utrera, la ciudad de las bellas torres y de las suntuosas iglesias, el pueblo rico y culto donde se junta lo más escogido de la sociedad humana por el talento con lo más elevado por la posición y la virtud
>
> (Beato Marcelo Spínola).

Consolatrix aflictorum, Consuelo de los Afligidos, es título con el que la Madre de Dios es venerada en Utrera, conocida en toda la provincia y que llega al corazón de los utreranos y de cuantos moran en esta ciudad. Es una devoción universal porque el que la visita encuentra el consuelo para seguir más de cerca a Jesucristo.

Contar la historia, este es el propósito de Eduardo González de la Peña, destacado utrerano que tiene pasión por la historia de su ciudad, de modo singular y familiar por la devoción a la Virgen de Consolación. El autor no solo narra la historia, sino que es testigo privilegiado de esta. Participó en la organización de los actos del V Centenario de la Virgen, miembro de la junta de gobierno en el año jubilar celebrado con motivo del cincuenta aniversario de la coronación canónica, escritor prolijo y devoto sincero de la *del barquito en la mano.*

El lector tiene entre sus manos un libro que narra la historia de una devoción de más de cinco siglos. Encontrará en estas páginas los elementos esenciales que configuran la devoción utrerana: la imagen, el milagro de la lámpara, romería, expansión del culto, la historia del lagarto, la construcción del templo, los salesianos... Además, se detiene en los hitos más importantes de los siglos XX y XXI: la coronación canónica, el V Centenario en 2007, el año jubilar de 2014 y la participación en la procesión magna en Sevilla, como colofón del II Congreso Internacional de Piedad Popular de diciembre de 2024.

Las tradiciones no se pueden olvidar porque la devoción que llevamos entre manos no es fruto de ideas geniales, de novedades de cada época, sino de un amor singular entre la Virgen y su pueblo. La Virgen de Consolación está íntimamente asociada a Utrera. No se entiende la una sin la otra. En estas páginas uno se sumerge en el sentimiento de un pueblo que sabe *donde habita el Consuelo*. No es solo volver sobre recuerdos antiguos. Es acudir a los orígenes para ser fieles a la verdad. Es contar lo vivido, lo visto y oído, y transmitir momentos que siempre quedarán en el recuerdo, memoria agradecida de un pueblo a su Madre.

En 2007 fui por vez primera al santuario de Ntra. Sra. de Consolación como seminarista para ganar el jubileo. Seis años después recibí los nombramientos de párroco de Santa María de la Mesa y de rector del santuario. Los lugares, las personas y las devociones marcan la vida y dejan una huella imborrable. No puedo olvidar la primera misa que celebré en el santuario como tampoco la que celebré de despedida dos años después. Entre ambas un sinfín de personas y recuerdos, relaciones que calan y se mantienen. Tengo presente al hermano mayor de Ntra. Sra. de Consolación, Salvador de Quinta Garrobo, de feliz memoria, que me ayudó a entender y vivir la devoción a la Virgen de Utrera.

Los preparativos del año jubilar de 2014 y los acontecimientos que tuvieron lugar con ese motivo me unieron a muchas personas, también disfruté de momentos que pasan desapercibidos para la mayoría de los utreranos y yo tuve la dicha de vivir. Recuerdo con verdadero cariño esos mediodías junto a las Hermanas de la Cruz, las camareras y miembros de la junta de gobierno, convocados para cambiar a la Virgen. Unas oraciones y las camareras se quedaban con nuestra Madre. Mientras tanto el resto nos quedábamos departiendo sobre historias pasadas y proyectos futuros. No olvido a María Luisa de la

Peña, camarera de la Virgen y madre del autor, que siempre iba con ilusión y en todo momento dispuesta a servir a la Virgen, colaborar con la parroquia y la hermandad sacramental.

Son muchos los caminos que llevan a Consolación: devoción inmemorial de las familias utreranas, de la mano de una madre, una enfermedad, una estampa regalada, la lectura de este libro… Deseo que quien lea estas páginas se acerque más a la Virgen y un día camine a Consolación, suba al camarín y en sus tribulaciones y cruces escuche y sienta aquellas palabras dichas por el Divino Maestro en el momento agónico de la pasión, con aquel corazón a punto de ser traspasado, que no puede darnos mayor regalo que a su Madre, Consuelo de los Afligidos: «Ahí tienes a tu Madre. ¡Oh qué grandes son los frutos de la vida interior! En la oración profunda que nuestro Señor hace a su Eterno Padre, nos legó a su Santísima Madre por nuestra. Tenemos una Madre que es la de Dios y todo lo puede: porque el Padre le ha dado su poder, el Hijo le ha comunicado su sabiduría y el Espíritu Santo su amor. Y esta Madre es toda para sus hijos; ella nos alcanza la gracia de nuestra conversión, nos consuela en nuestras penas, mitiga nuestros dolores, lo mismo los interiores que los exteriores, y hace suyos todos nuestros sufrimientos y sinsabores. ¡Qué bueno es tener una madre que tanto nos ama! Amémosla nosotras también, e inculquemos este amor a todos nuestros prójimos, para que se aprovechen de este beneficio y saboreen las dulzuras del amor maternal» (Santa Ángela de la Cruz).

Ignacio Guillén Montoto Pbro.
Párroco de Sanlúcar la Mayor

LLEGADA DE LA IMAGEN A UTRERA

Los primeros escritores que dejaron constancia en sus obras de los orígenes de la devoción a la Virgen de Consolación fueron cuatro. El primero, el ilustre escritor y arqueólogo utrerano Rodrigo Caro en su *Memorial de Utrera* —publicado en 1604— y en el *Santuario de Nuestra Señora de Consolación y antigüedad de la villa de Utrera,* que vio la luz en 1622. Asimismo, los frailes mínimos fray Juan de Morales y fray Lucas de Montoya publicaron en 1619 y 1620 sendas obras: el *Epítome* y la *Crónica general de la Orden de los Mínimos,* en las que también narran el principio de la devoción a la patrona de Utrera. Y, por último, el también mínimo Francisco de Tamayo escribió en verso, en 1603, su *Historia de Consolación.* Para ello utilizaron como fuente documental una primitiva crónica que conservaban los mínimos en el santuario, por lo que los relatos de los tres primeros autores y los versos del último tienen un mismo argumento y son muy parecidos entre sí.

Todos nos dicen que en 1507 hubo una terrible epidemia de peste en Sevilla y su comarca, causando innumerables muertes. Entre las víctimas estaban las beatas de un emparedamiento sevillano, de las que fallecieron todas menos una. Esta, triste y sola, resolvió irse a vivir a Utrera, con una hija que allí tenía casada, llamada Marina Ruiz. También señalan que, al abandonar dicho emparedamiento, se llevó consigo la pequeña imagen de la Virgen que veneraban —adquirida en 1490— a la que profesaba gran devoción y a su muerte le legó a su hija Marina, con el ruego de que, tras de su fallecimiento, pasase a otro emparedamiento que se había erigido en Utrera y que, poco después, se convirtió en el convento de monjas dominicas de Santa María de la Antigua, en la Vereda.

Así se hizo y a la muerte de Marina Ruiz la imagen de la Virgen pasó al convento de la Antigua, sin embargo, nos dicen los ya citados autores, las monjas colocaron en un altar la imagen donada y no le prestaron demasiada atención, por tener otra de la Virgen que estimaban más bella.

LA ERMITA DE LOS MONJES

En el año 1520 —el mismo en el que Martín Lutero inició la reforma protestante— un utrerano, llamado Antonio de la Barreda, fue de peregrinación a Roma. Como deseaba vivir el resto de su vida en soledad, dedicado al rezo y a la meditación, consiguió del papa León X una bula que le permitía erigir una ermita donde quisiera. Ya de vuelta en Utrera, decidió que, al igual que San Pablo Eremita, sería donde encontrase un pozo y una palmera y como lo encontró a un cuarto de legua de Utrera —mil cuatrocientos pasos hacia el oriente— allí edificó una ermita de reducidas dimensiones: apenas dos habitaciones con techo de paja y un porche pequeño, de postes de madera. En uno de los dos aposentos —que destinó a capilla— puso un humilde lienzo de la anunciación de la Virgen y la llamó «Nuestra Señora de Consolación», aunque en Utrera, por habérsele unido al poco tiempo otros anacoretas, se conocía el lugar como la ermita de los monjes.

Celebraban los ermitaños su fiesta principal el 25 de marzo —día de la Anunciación— y acudía alguna gente, pero uno de ellos entendió que necesitaban una imagen de escultura, que es lo que suscitaba más devoción entre el pueblo. Por ello, aprovechando una estancia en Utrera del visitador del arzobispado, le rogó que intercediera ante las monjas de la Antigua, para que les dieran una de las dos imágenes que tenían de la Virgen.

Accedieron estas a los ruegos de los monjes, cediendo la que habían recibido de la madre de Marina Ruiz. Los ermitaños, con gran alegría, la colocaron en el humilde altar de la ermita y dice la crónica que en cierta ocasión en que un lego del convento de santo Domingo estaba labrando un olivar inmediato a la ermita, oyó a uno de los anacoretas exclamar unas palabras que, con el tiempo, resultaron proféticas: «¡Oh, hermanos, y que gran tesoro hay en este lugar…!».

LOS FRAILES CARMELITAS

En 1555 los frailes Carmelitas Calzados consiguieron licencia de la jurisdicción eclesiástica para fundar un convento de su orden en Utrera, donde les pareciese más conveniente. Después de inspeccionar la villa y sus alrededores decidieron que la ermita de los monjes era un buen sitio y allí se instalaron. A su llegada, los ermitaños que quedaron después de la muerte de fray Antonio, acaecida en 1554, tuvieron que dejarla y dispersarse.

Un año después, viendo los carmelitas las incomodidades del lugar, la pobreza y estrechez del edificio, lo lejos que estaba del pueblo y la complicación que suponía ir desde Consolación hasta Utrera para pedir limosnas, confesar y predicar, decidieron mudar la ubicación del convento, erigiéndolo de nueva planta y bastante espacioso en una de las calles extramuros de la villa, la conocida por la Vereda que, a partir de entonces, fue llamada «del Carmen», del cual hoy solo se conserva su iglesia y parte del claustro, integrados dentro del colegio salesiano.

Al dejar los carmelitas la ermita, quedó sola y abandonada. De tal forma que, nos cuenta Rodrigo Caro, a la Virgen le robaron los vestidos que tenía puestos, el ganado se recogía allí a pasar la noche y en una ocasión la imagen fue encontrada tirada en el suelo y con un brazo roto. Poco después, cuando Consolación era ya una devoción famosa, la orden carmelita quiso justificar este abandono de su primitivo convento, encargándose de ello el P. Rodríguez Carretero en su obra *Epítome historial,* en la que contradice en ciertos puntos la versión dada en la crónica mínima.

Afortunadamente, la Virgen de Consolación ya contaba con algunos devotos entre los utreranos. Una de ellas era Beatriz Álvarez que, en cierta ocasión de estar enferma su madre «con un apostema en la cara», fue a visitarla a la ermita con esta y otros familiares. Al llegar a ella y encontrarla sin puertas y en un estado de total suciedad y abandono, sufrió un gran disgusto y después de barrerla y limpiarla, pensó que de poco serviría y volvió esa noche con algunos miembros de su familia, llevándose la imagen de la Virgen a su casa. Allí la arregló y vistió decentemente y le improvisó un pobre altar, poniéndole un candil con una luz, y como sus medios eran limitados y no podía renovarle el aceite, este, milagrosamente, no menguó en los veintidós meses que permaneció en su morada, aunque algunas veces, también nos cuenta la crónica, la escondió en un arca, temerosa de que se la fueran a quitar.

EL HERMANO FRAY ANTONIO DE SANTA MARÍA

Por esas mismas fechas se instaló en la ermita un fraile portugués, llamado fray Antonio de Santa María, que en su juventud había sido novicio lego de la Orden Mínima en Écija, aunque nunca llegó a realizar su profesión solemne. Al saberlo Beatriz Álvarez, comprendió que había llegado el momento de restituir la imagen de la Virgen a su primitivo lugar, pues sabía que estaría segura en las piadosas manos de fray Antonio.

Así lo hizo. Un buen día, acompañada de nuevo por su familia, se encaminó a Consolación llevando consigo la imagen. Así se cuenta en la crónica de fray Lucas de Montoya:

> «Llegando las buenas mujeres a la ermita, recibiólas el ermitaño con muchas lágrimas y como por su vejez y flacas fuerzas no la pudiera poner en un nicho en la pared donde solía estar, la prima de Beatriz Álvarez, como más moza, subió al altar descalza y, recibiéndola de manos de su prima para ponerla en su sitio, fue cosa extraordinaria que se le salió de las manos y sola se puso en el tabernáculo. Admirado el santo viejo y aquellas buenas mujeres de cosa tan maravillosa, se pusieron de rodillas, dando infinitas gracias a Dios con no menos lágrimas y gozos espirituales, por entender en aquel milagro cuánto Dios se alegraba de que la santa imagen volviera de nuevo a su antigua morada».

EL MILAGRO DE LA LÁMPARA DE ACEITE

Después de todas estas vicisitudes, Consolación seguía siendo una pobre y humilde ermita donde —según la aludida crónica— no había más que «dos aposentillos con una bacineta de azófar» —esto es, una demanda de latón— «para pedir limosnas y una lámpara de vidrio que ardía con aceite». Y así llegamos a 1558, un año de gran escasez por las malas cosechas. Un día del mes de marzo, fray Antonio fue a Utrera, a pedir un poco de aceite para encender la lámpara que alumbraba a la Virgen, pero no encontró quien le diera la limosna que solicitaba. Solo un hortelano llamado Juan de Orea —que tenía su huerta cerca de Consolación— se conmovió ante su pesadumbre por no tener con que encender la lámpara, y se ofreció para acompañarle en la ermita durante esa noche, que se presentaba desapacible y tormentosa.

Se echaron a dormir y a media noche se despertaron, temerosos y sobresaltados, a causa del resplandor que salía de la pequeña capilla. Al levantarse comprobaron, emocionados, que la lámpara estaba encendida y manando purísimo aceite en cantidad tal que chorreaba por el suelo. Al estar iluminado el rostro de la Virgen con la cegadora luz, también se dieron cuenta de que aparecía más blanco y resplandeciente que antes. Cayeron de rodillas, dando gracias a Dios y, apenas amaneció, fray Antonio corrió al convento de San Francisco —situado donde hoy se alza el cementerio— para dar cuenta a su confesor del prodigio. Este le recomendó prudencia hasta ver si el milagro continuaba y así fue: la lámpara manó aceite durante dos días. En pocas horas, la noticia del milagro corrió de boca en boca por toda Utrera y un gran número de personas se apiñó en la ermita. Entre ellos Mateo de Coria, comisario del Santo Oficio que, como los demás, quedó maravillado con el portento.

Desde Utrera la noticia siguió corriendo y se extendió rápidamente por toda la comarca e incluso fuera de ella y Consolación, a partir de entonces, se llenó de gente y se convirtió en la meta de un río de peregrinos que llegaban de todas partes: enfermos, mudos, cojos, tullidos... todos se postraban ante sus plantas suplicándole a la Virgen su curación. Fue tan elevado el número de personas que llegaban cada día, a suplicar favores y a pedir gracias, que Rodrigo Caro nos dice al respecto que «era tanta la multitud de gente que concurría, que ni de día ni de noche se cerraba la ermita y era necesario algunas veces sacar de entre todos a fray Antonio, que lo ahogaban, unos preguntándole lo que había pasado y otros por entrar y salir».

LOS MÍNIMOS FUNDAN EN CONSOLACIÓN

De forma paralela a esta avalancha de peregrinos, llegó el rápido enriquecimiento de la hasta entonces pobre y humilde ermita, que se hizo muy famosa, ya que hubo gran cantidad de curaciones y milagros entre las muchas personas que llegaban cada día. A raíz de ello comenzaron a llover las limosnas en gran número y elevada cuantía y también las donaciones de alhajas muy ricas, de las que, en un principio, se hizo cargo fray Antonio de Santa María, que fue confirmado por las autoridades eclesiásticas utreranas en su cargo de santero y guardián de la imagen.

Pero ocurrió que los frailes carmelitas de Utrera volvieron sus ojos a Consolación, lamentando haber abandonado una ermita que ya empezaba a ser conocida como meta de peregrinaciones y por los prodigios que cada día acontecían allí. Consecuentemente, comenzó a enriquecerse con las dádivas que los devotos ofrecían a la imagen. Según nos cuenta Rodrigo Caro, los carmelitas se dirigieron a Consolación para recuperar, por las buenas o por las malas, lo que antes habían desdeñado. Pero no contaron con el pueblo de Utrera —en el que la Virgen de Consolación había prendido ya de manera muy especial— y al saberse su propósito en la villa, allá fueron también gran cantidad de personas, a algunas de las cuales les había parecido muy mal que dejaran aquello anteriormente y calentaron los ánimos de los demás, con el decidido propósito de no dejarlos pasar. Y hubo gritos e insultos y hasta palos y pedradas, una violenta forma de dirimir la propiedad de la ermita que hizo a los carmelitas volverse atrás y desistir de su idea inicial de recuperar el pequeño templo, hasta el punto de que anularon el pleito que ya habían iniciado ante la jurisdicción eclesiástica.

Para evitar que tales hechos se repitiesen y ya que el lugar era apetecido también por otras órdenes religiosas, fray Antonio pensó qué, ya que él había sido novicio lego con los mínimos de Écija y les estaba muy agradecido, una buena forma de demostrárselo sería procurar que fueran estos los que fundasen un convento de su orden en Consolación. Para ello implicó en su proyecto a su amigo, el capitán Luis Ortiz de Morales, y al provincial de los mínimos en Andalucía, fray Pedro de Melgar. El primero se encargó de convencer a las autoridades utreranas y el segundo envió a la corte al mínimo fray Francisco de la Cruz, el cual interesó en el asunto a la condesa de Ureña, de la que era confesor y esta, como camarera mayor, a la reina Isabel de Valois, tercera esposa del rey Felipe II. Inmediatamente, la reina le escribió al arzobispo de Sevilla, Fernando de Valdés, para que concediese la ermita a los mínimos. Este estuvo conforme con la decisión de la soberana y, por su orden, el provisor Juan de Ovando hizo solemne entrega de ella, el 31 de marzo de 1561, a los hijos de San Francisco de Paula —que había fundado la orden en 1479— con la condición de que el nuevo convento habría de estar sujeto a la jurisdicción del arzobispado de Sevilla.

CONSTRUCCIÓN DEL SANTUARIO

Al tomar posesión los mínimos de la pequeña ermita, viendo que las limosnas aumentaban —el primer año sumaron más de ocho mil ducados— como consecuencia del auge que la devoción a la Virgen estaba empezando a tomar tanto en España como en Portugal y las Indias, resolvieron construir un nuevo templo, suntuoso y espléndido. Las obras comenzaron hacia 1563, siendo corrector del convento fray Marcos de Ribera y se prolongaron hasta 1583, en que se consideraron rematadas. Las dirigió como arquitecto —según nos dice Francisco de

Tamayo— el fraile mínimo fray Pedro de Pineda y trabajaron en ellas los maestros de albañilería Francisco de Parras, natural de Andújar, en 1565 y 1566 y el granadino Jerónimo García de 1566 a 1574.

Se levantó una iglesia de planta de cruz latina, de una sola nave, precedida de atrio y de amplísimas proporciones (setenta y dos metros de larga y catorce de ancha) pero que, a pesar de sus medidas, sigue unas líneas muy sencillas. Sin duda, la aportación artística más destacada de esta época es su magnífico artesonado mudéjar, que cubre toda la nave principal y es obra del ecijano Gregorio Tirado, que lo terminó en 1578 y cobró por el trabajo trescientos setenta ducados. El resultado es un alarde de destreza en la carpintería de lo blanco, realizado en madera de cedro a modo de nave invertida y formando estrellas, que, además, tiene piñas y mocárabes y se cierra con pechinas a ochavas.

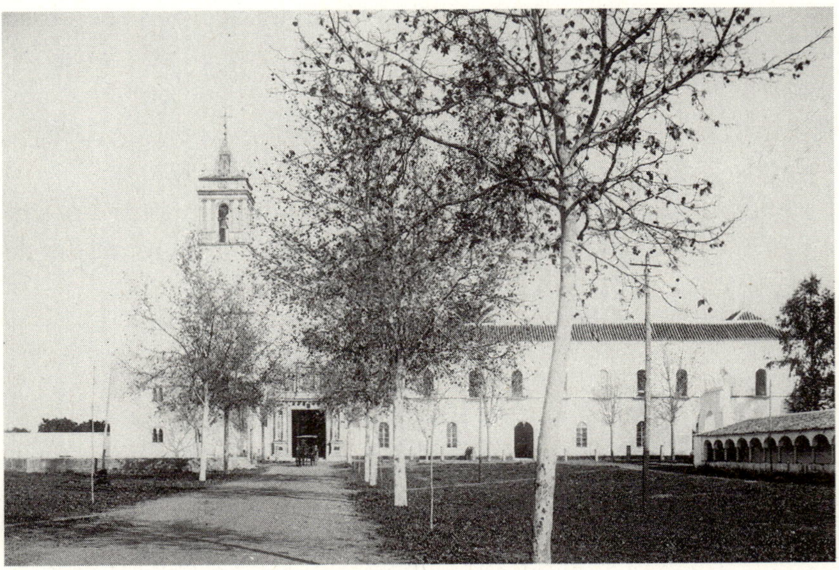

El Santuario a principios del siglo XX

En la capilla mayor se ubicó el altar de Nuestra Señora de Consolación y las dos capillas formadas por los brazos de la cruz fueron ocupadas, la del lado del evangelio que servía de sagrario, por una imagen de Cristo crucificado —atribuido al escultor Gaspar Núñez Delgado— con el título del Perdón y la otra, correspondiente al lado de la epístola, dedicada a San Francisco de Paula, fundador de la Orden Mínima.

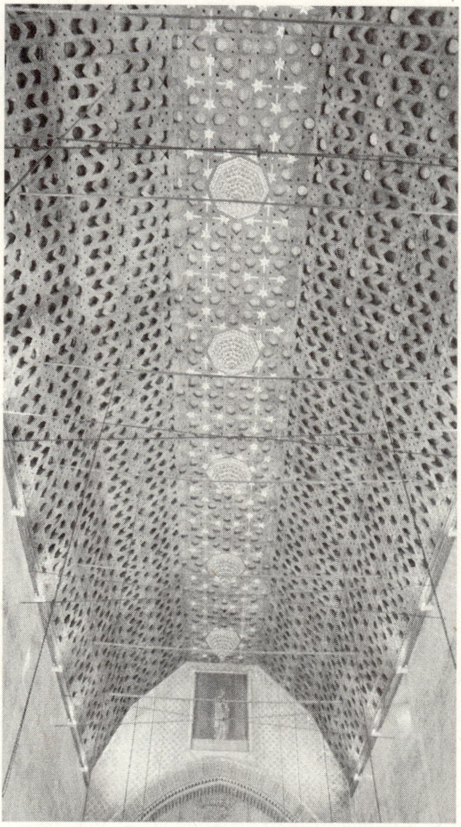

El artesonado mudéjar de Consolación, obra de Gregorio Tirado en 1578.

Como señala el historiador palaciego Julio Mayo en uno de sus artículos, la torre del nuevo templo se comenzó a erigir en 1597 por al alarife utrerano Juan de Cuadro, que contó con la colaboración de otros tres oficiales más, bajo la supervisión de fray Pedro de Pineda y cobró ciento setenta y ocho ducados por esta fase de las obras. La segunda fase se continuó en agosto de ese año. Y como quiera que en muchas ocasiones —como la celebración de la festividad de la Virgen— las aglomeraciones de fieles impedían acceder al interior del santuario, en dos de las caras de la torre se construyeron sendos balcones techados con pequeños altares, desde donde se decía misa y así podían cumplir con el precepto los que se quedaban fuera y los mercaderes y feriantes, que no podían abandonar sus puestos. En la cara de la torre que da al real y sobre el balcón, se colocó un reloj que, a partir de entonces, marcaría las horas canónicas a los mínimos y anunciaría a los peregrinos que llegaban para la romería los actos que tenían lugar.

Como remate se ejecutó el cuerpo de la torre —que había de albergar las campanas en dos huecos abiertos en cada uno de sus lados— y a él se trasladaron desde la pequeña espadaña provisional que hasta entonces había tenido el templo, algunas de ellas, como fue una fundida en 1570 por el cordobés Juan de Balabarca. El conjunto se remató con un chapitel revestido de azulejos alternados de color blanco y azul.

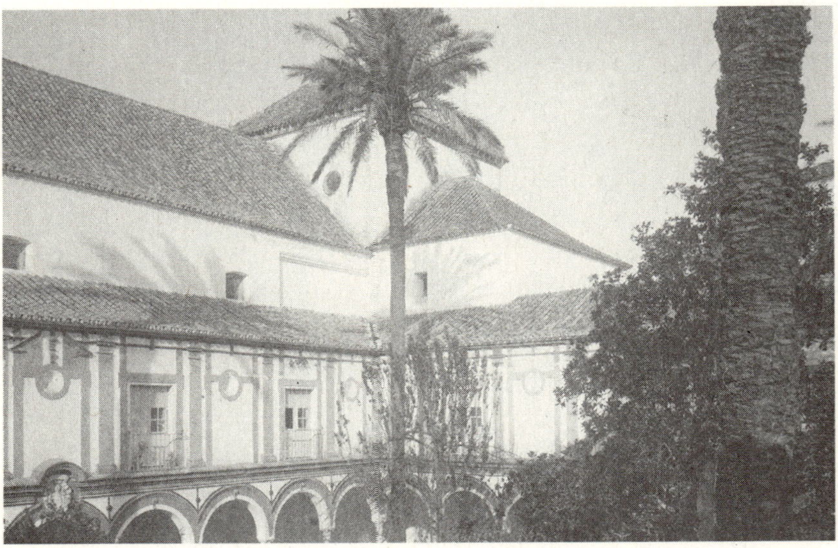

Parte del claustro del antiguo convento mínimo de Consolación.

De igual modo, el convento de los mínimos, adosado al templo y fundado también como casa de estudios y noviciado, responde a un renacimiento tardío. Tiene un gran claustro con treinta y dos arcos sostenidos por columnas de piedra. En las claves de los arcos centrales se pueden ver medallones de piedra con bajorrelieves y uno de ellos ostenta la que quizás sea la representación más antigua que se conserva, actualmente, de la Virgen. En el gran patio hay, además, una fuente redonda de mármol al centro y el edificio, de dos plantas; se proyectó capaz de albergar cien religiosos, aunque solían habitarlo alrededor de sesenta. Igualmente, fue dotado con todas las dependencias necesarias para la vida comunitaria: portería, sala *de profundis*, refectorio, celdas, cocina, bodega, noviciado, hospedería, molino de aceite, cementerio y una hermosa huerta y naranjal que rodeaba el edificio y contaba con pozos, noria, canales de riego y casa de labor y cuadras para las bestias destinadas a labrar las tierras. De él nos dice fray Lucas de Montoya «que verdaderamente es uno de los más hermosos y bien edificados de Andalucía».

LA IMAGEN DE LA VIRGEN

La imagen de Nuestra Señora de Consolación, actualmente, es una imagen de candelero y, por lo tanto, solo es visible su talla policromada en cara y manos, en la que la Virgen aparece de pie, vestida con ricos ropajes. Su rostro está enmarcado por un rostrillo de pedrería y sostiene la imagen del Niño Jesús en una mano y un pequeño barco en la otra. Se cubre con corona de reina sobre su cabeza, su figura se halla enmarcada por una ráfaga de plata y tiene una media luna del mismo metal a sus pies.

Pero no siempre ofreció este aspecto a sus devotos. Según señaló José Hernández Díaz en un informe previo a su restauración, efectuada en 1964 por el profesor Francisco Arquillo, la imagen es gótica y está realizada en madera de peral por un escultor anónimo del siglo XIV. Originariamente era una talla completa y sedente —por ello, aún conserva algunos escasos restos de su antigua policromía bajo las ropas con las que es engalanada—, respondiendo al modelo iconográfico bizantino de Virgen *Theotocos* o *Kyriotissa*, ya que portaba, sobre sus rodillas, otra imagen del Niño Jesús, que fue sustituida en época tardobarroca por la que ahora tiene, atribuida al imaginero Juan Bautista Patrone. Igualmente, y antes del milagro de la lámpara, parece que respondía también a lo que se conoce como vírgenes negras, puesto que Rodrigo Caro nos dice que era «muy morena, fea y muy antigua su hechura».

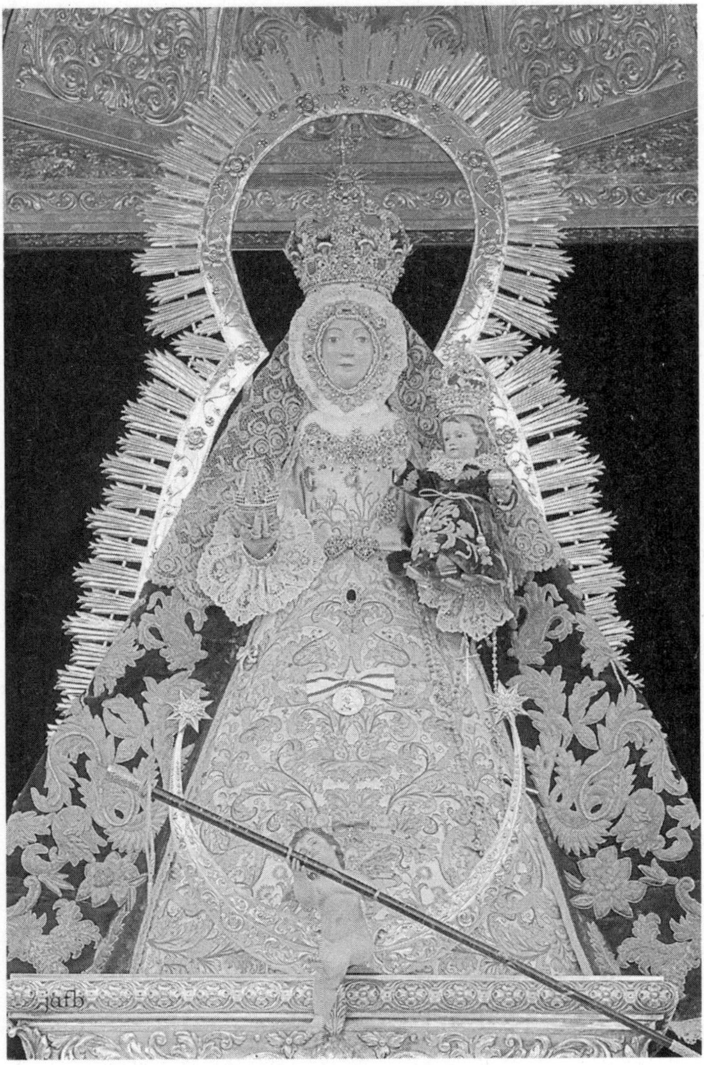

Nuestra Señora de Consolación

No se sabe con certeza la fecha en la que la imagen de la Virgen de Consolación fue transformada y mutilada para convertirla en una imagen erguida y de candelero, a la que es posible vestirla, aunque es muy probable que coincidiera con el inicio de su fama, puesto que fue por esa misma época cuando se intervino de forma idéntica a otras imágenes marianas de gran devoción, como las vírgenes de Gracia, de Carmona; Regla, de Chipiona; Valle, de Écija o Setefilla, de Lora del Río, aunque desde tiempo atrás ya era adornada con telas sobrepuestas de cierta riqueza, pues Rodrigo Caro apunta que, al abandonar los carmelitas la ermita, a la Virgen solo le dejaron un faldellín azul tornasolado y le cortaron las mangas de la camisa, porque eran de hilo de oro.

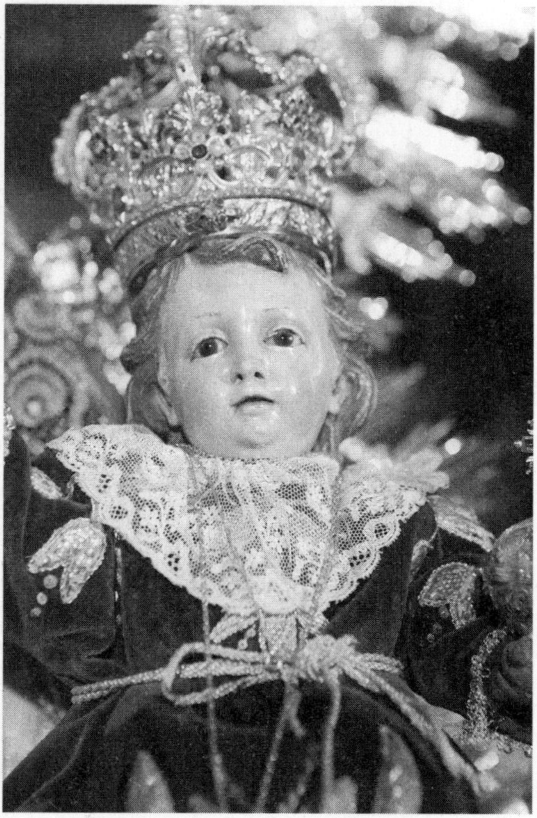

La imagen actual del Niño Jesús está atribuida a Juan Bautista Patrone.

Es el mismo Rodrigo Caro el que en la historia que escribió de la Virgen, la describe así:

> «La imagen de Nuestra Señora de Consolación es de talla, de altura de una vara poco más o menos; en la madera descubre ser muy antigua; tiene el rostro no muy hermoso, pero venerable y resplandeciente que causa a quien lo mira religioso temor; los ojos muy vivos, que parece miran con atención atendiendo a los ruegos de los que suplican, que aún hasta las mismas efigies quiere nuestro Señor sean motivo de esperanza y aquellos ojos que nunca duermen, velando sobre humildes ruegos se representan en esta Señora llenos de atención y consuelo. Tiene un hermoso Niño en los brazos que con risueña alegría mueve lágrimas de devoción. Está ordinariamente vestida de riquísimos vestidos de gran precio que le han enviado diversos príncipes de España; de brocados y telas bordadas con pedrerías de gran estimación y precio».

SIGUEN LOS MILAGROS

Rodrigo Caro, en el ya citado libro que escribió de Consolación en 1622, afirma que los mínimos que custodiaban la imagen llevaban un registro en el que anotaban los milagros y portentos que hacía la Virgen entre sus devotos. Aunque hoy se halla perdido, del texto de Caro entresacamos lo siguiente:

> «En veintiocho días del mes de mayo de 1564, Leonor Cara, doncella, que había estado dieciocho años tullida de pies y manos que no se podía menear, ni mudar de una parte a otra, fue traída a esta santa casa y en ella estuvo desde vísperas hasta el otro día en que le dijeron una misa. Y habiéndose afectuosamente encomendado a la Virgen se levantó buena y sana, dando a voces gracias a Dios, que tan gran merced le había hecho. [...] En 15 de mayo de dicho año, una hija de Simón García que hacía cuatro años que no podía hablar de un aire que le había dado, vino a esta santa casa y entró en ella de rodillas con una vela encendida y al poco tiempo habló sin impedimento alguno. [...] En la ciudad de Jerez de la Frontera, en el año de 1564, un hombre llamado Diego Hurtado, herrero, tuvo una cuestión con otro sobre una herramienta; en la pendencia salió dicho Diego Hurtado con

el pecho atravesado de parte a parte por una espada que en él le clavó el delincuente. Los médicos y cirujanos que llegaron, viendo que no había remedio y que por donde saliese la espada había de entrar la muerte, no osaban sacarla ni poner las manos en él sin acudir primero a los auxilios espirituales. Su mujer, entendiendo que solo aquellos le podían aprovechar, le dijo que se encomendase a Nuestra Señora de Consolación, así lo hizo él con mucha devoción y afecto y trayéndole un poco de aceite de la lámpara de la Virgen se lo pusieron en la herida y poco a poco, conforme le iban sacando la espada, sin otro remedio quedó sano y bueno. [...] En 1568 un artillero natural de Triana, en Sevilla, viniendo de las Indias, sucedió encontrarse su navío con otro de luteranos; los cuales, jugando de artillería lo quisieron rendir o echar a fondo, pero el navío de los católicos se defendió. En la refriega, le dieron a dicho artillero un balazo en el muslo que se lo hicieron pedazos; encomendóse a Nuestra Señora de Consolación que lo libró de los peligros de los enemigos y de la herida de la bala, quedando sano. [...] Alejandro Corzo, italiano, pasando nadando por el río que llaman del Amor, en el Perú, junto a Paita, le salió un caimán y le asió por un brazo y con gran ímpetu lo llevaba debajo del agua para tragárselo; acordóse de Nuestra Señora de Consolación en aquella agonía y, como pudo, invocó su nombre debajo de agua y al punto lo soltó la bestia y salió libre del agua, prometiéndole ponerle a la Virgen en su templo una tabla contando esta maravilla y así lo cumplió. [...] El alférez Joan Benítez, en Larache, saliendo a guardar un puesto que llaman La Higuera en su caballo, le salieron tres moros a caballo y peleando con ellos mató a uno y los otros dos lo hirieron con dos lanzazos, dándolo por muerto tendido en el suelo y se fueron a coger el caballo, que por ser andaluz los moros estimaban mucho; volvieron a despojarlo de sus vestidos y andando muy cerca de él no lo pudieron ver ni hallar por estar Joan Benítez encomendado a Nuestra Señora de Consolación, de quien era muy devoto. Fuerónse los moros y él, como pudo, se puso en donde los cristianos lo vieran, llevándole malherido a Larache, donde en breve sanó y vino a esta santa casa, donde estuvo dando gracias a Dios por espacio de nueve días. [...] El año de 1578, Joan Nicolás y seis compañeros suyos, viniendo por la mar en un barco, les sobrevino una recia tempestad y estando casi anegado y hundido el barco en las olas, se encomendaron a Nuestra Señora de Consolación y salieron libres y sanos a tierra. [...] Joan Camacho de la Barrera venía del río El Acha en las Indias a La Habana, en el navío llamado Nuestra Señora de la Candelaria, yendo con viento en popa se ensenaron en los jardines de la isla de Cuba, de donde era imposible salir si no fuese con conocido favor del cielo. Esta merced pidieron al cielo por intersección de la Virgen de Consolación y al otro día se levantó un viento que los sacó por la misma parte por donde habían entrado».

DÁDIVAS Y LIMOSNAS

Los escritores Salvador Hernández y Julio Mayo en su libro *Una nao de oro para Consolación de Utrera* hacen interesantes reflexiones y aportan abundantes datos de la importancia de la devoción a Consolación dentro de *La carrera de Indias.* Desde el descubrimiento de América en 1492, Sevilla se había convertido en una de las ciudades más populosas del reino y por su Casa de Contratación —creada por la Corona en 1503— tenían que pasar cuantos viajaban a América, para ultimar gestiones burocráticas. Como muchos de los viajeros embarcaban en Sanlúcar de Barrameda, el trayecto hasta dicho puerto se hacía por tierra, pasando por Utrera. Por ello, la población se vio estrechamente vinculada a este intenso tráfico ultramarino, aportando toda clase de suministros y la devoción a Consolación se difundió ampliamente por toda Hispanoamérica, como tendremos oportunidad de ver, y se tradujo en importantes limosnas.

Eran estas de tanta consideración que después de hacerse cargo los mínimos de Consolación nombraron, en mayo de 1561, al utrerano Francisco Briceño limosnero mayor «para pedir y cobrar en voz de este monasterio todo el oro y la plata, perlas, joyas y monedas que las buenas gentes quisiesen dar».

En su libro ya aludido, Salvador Hernández y Julio Mayo afirman que «en 1571 continuaban los frailes autorizando en este caso a un miembro de la propia orden, fray Francisco de las Cuevas, para poder estacionarse en el puerto sevillano y otros lugares afines, con el fin de recoger las limosnas enviadas por los devotos de la Virgen desde las Indias en las embarcaciones». Y es que estos legados hispanoamericanos eran tan frecuentes y cuantiosos que los mínimos cambiaron, a partir de 1565, la fecha de la celebración de la festividad principal de la Virgen, que pasó del 24 de marzo, fiesta de la Anunciación, a la del 8 de septiembre, día de la Natividad. Una de las razones para trasladarla fue que en septiembre ya había vuelto a España la flota de galeones, que es donde venían muchos de los donativos.

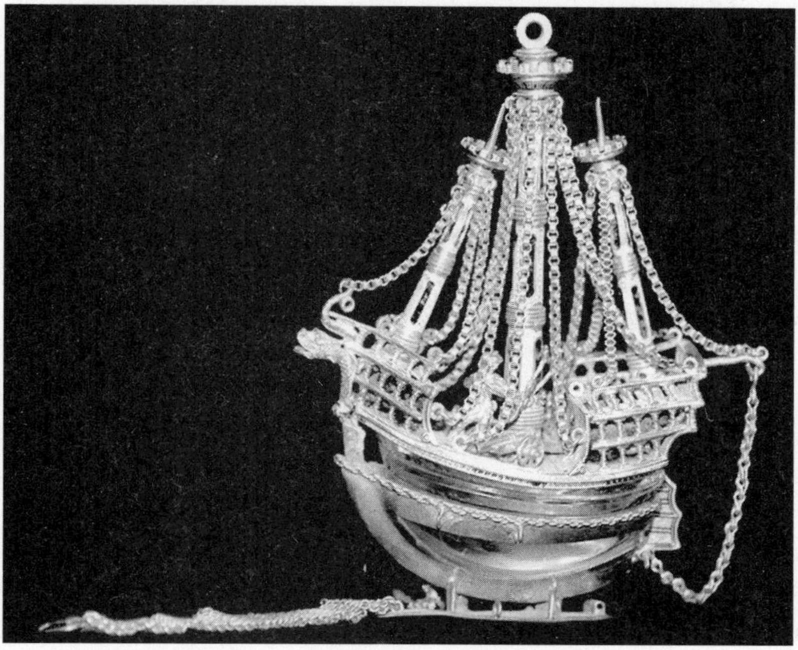

El barquito de la Virgen, donado por Rodrigo de Salinas.

De este modo, ambos autores ya citados nos dicen al respecto:

«El convento recibirá también suculentas aportaciones del caudal indiano de parte de cargadores y comerciantes acumuladores de una gran liquidez económica generada a consecuencia de sus transacciones comerciales con el Nuevo Mundo. En este sentido, uno de los mayores próceres que con mayor cantidad de ducados beneficiaron a Consolación, fue el mercader vasco asentado en Sevilla Pedro de Arrariarán, uno de los principales fiadores del banco sevillano de Pedro Morga y hermano de su socio Juan de Arregui. Independientemente de los quinientos ducados en dinero de contado enviados por Arrariarán desde Nueva España en septiembre de 1568, para ayudar a las obras del convento, más los 42.160 maravedíes (a cuenta de los cuarenta ducados enviados en dos carabelas de aviso y los ochocientos reales en la flota capitaneada por don Cristóbal de Eraso) entregados en su nombre, en 1573, al corrector del monasterio utrerano por el banco público de su hermano Arregui y Morga, su mayor aportación —hasta ahora la más cuantiosa documentada— la efectuó al final de su vida, en 1578. Entre sus últimas voluntades expresó la intención de donar tres mil ducados al monasterio de Nuestra Señora de Consolación en cumplimiento de una promesa adquirida con la Virgen algunos años antes, en la que se había comprometido a donar el porcentaje ganancial de la comercialización de ciertas cargazones enviadas a Nueva España, siempre que estas llegasen indemnes a aquel puerto. En contraprestación, pidió a los frailes que aplicasen perpetuamente por su alma la misa de alba del santuario».

Otra elocuente muestra de las cuantiosas limosnas hispanoamericanas la tenemos en un documento conservado en la Casa de Contratación de Sevilla que, entre otras cosas, dice:

> «Fray Francisco de Huelva, padre del convento de Nuestra Señora de Consolación de la villa de Utrera y por virtud de su poder que presenta, digo: que en la nao del maestre Francisco Ruiz que vino de Tierra Firme el año 1571, se traxeron registrados treinta pesos en oro corriente por bienes de Martín Hernández en Indias, para que con ellos se compre una corona para la imagen de Nuestra Señora».

Por esos años el santuario de Consolación también se vio favorecido con otras muchas dádivas de nobles y poderosos que aumentaron su patrimonio o ayudaban a la numerosa comunidad mínima en su manutención. Así, entre ellas, podemos citar como más significativas las de Gonzalo Fernández de Córdoba, duque de Sessa, que donó al monasterio un cofre de plata; Pedro Girón, duque de Osuna, que cedió al mismo cien fanegas de trigo; Alonso Pérez de Guzmán, duque de Medina Sidona, el cual enviaba cada año, de sus almadrabas de Barbate, veinte barriles de atún —dado que los mínimos tienen un cuarto voto de abstinencia absoluta de carne durante todo el año—; Diego Fernández de Córdoba, duque de Cardona, que ofreció doscientas fanegas de trigo y Luis Ponce de León, duque de Arcos, que donó al santuario una figura humana, labrada en plata y una lámpara del mismo metal, dotada de renta para que siempre permaneciera encendida.

Y es que, delante de la Virgen y en dos lampareros situados a ambos lados de su altar, llegaron a arder sesenta y ocho lámparas de gran tamaño labradas en plata, ofrecidas por los devotos que, además, establecieron tributos, como en este caso, que costearan el aceite necesario para iluminar a la imagen. De estas también sabemos el origen de algunas, como la que ofreció, en 1576 Leonor de Ribera, vecina de Panamá, con cierta cantidad de ducados para su aceite; la que donó, en 1579, Joaquina de Santa Gadea y la regalada en 1750 por Eugenio de Ustariz, vecino de Cádiz. De hecho, las ofrecían los devotos en tal cantidad que muchas se desbarataron —por ser imposible colocarlas todas— y con la plata se hicieron unas andas y un baldaquino para sacar a la Virgen en la procesión, de cuatro arrobas de peso y también compró la comunidad el cortijo de Majalquivir, pagando por él cinco mil ducados.

Rodrigo Caro nos dice que el convento, además de estas, «tiene otras muchas joyas y preseas de mucho valor y estima, como son una custodia de plata del Santísimo Sacramento, preciosas coronas de Nuestra Señora, cálices, cruces e incensarios. Adornan el altar cabezas, brazos y piernas de plata, una sarta de cincuenta perlas muy gruesas y un navío de oro, curiosíssimante labrado».

A todas estas piezas, Juan Boza y Rivera, en su *Corografía de Utrera,* añade, además, las siguientes que se habían ido incorporando con el paso de los años: cuatro arañas —de las que una de ellas fue donada en 1749 por el vecino de Utrera Juan de Arenas— veinticuatro candeleros —dos de ellos, ofrecidos por Ignacio de Bustamante en 1736—, dos atriles, dos frontales de altar y la ráfaga y media luna de plata que adornaban a la imagen.

Igualmente, en enero de 1565 los mínimos le concedieron el patronato de la capilla mayor del santuario —donde se veneraba la Virgen— a Alonso Luis Fernández de Lugo, adelantado mayor de Gran Canaria, por su generosidad para con el convento, al que hizo cuantiosas donaciones económicas, destinadas a las obras. Por otra parte, el padre Tamayo nos cuenta que, a principios del siglo XVII, había un peso de buen tamaño en la portería del convento, que se utilizaba cuando muchos de los peregrinos ofrecían de limosna el equivalente a su propio peso en cera o trigo.

LA ROMERÍA

Esta fama de la Virgen de Consolación hizo que su romería, celebrada el ocho de septiembre, se convirtiera en una de las celebraciones religiosas más importantes y concurridas de España, pues llegaba a congregar cada año a más de veinte mil personas, llegadas desde todos los puntos del país y también de Portugal y de las Indias. Y a este respecto sirva de muestra una anécdota reveladora: en una ocasión Rodrigo Caro fue desterrado de Sevilla y como se señaló el ocho de septiembre para su expulsión de la ciudad, los mismos que lo habían condenado hubieron de reconocer que era imposible cumplir su orden, ya que absolutamente todos los coches y carros de alquiler disponibles en Sevilla estaban en la romería de Consolación, en Utrera.

Desde fechas muy tempranas, los devotos —que, para asemejarse a los primeros cristianos vestían túnicas blancas, en algunos casos bordadas— se agruparon en hermandades que formaron en sus respectivos pueblos. De este modo, Rodrigo Caro nos dice que en 1604 asistían las hermandades de Campillos, Osuna, Écija, Puebla de Cazalla, Paradas, Los Molares, Alcalá de Guadaira, Arahal, Morón, El Coronil, Coria, Hinojos, Gines, Burguillos, Mairena del Alcor, Los Palacios, Castilleja de la Cuesta, Fuentes de Andalucía, Castilleja del Campo, Dos Hermanas, La Rinconada, Albaida, Olivares, Chucena, Paterna del Campo, Escacena, Camas, Gelves, La Algaba, Alcalá de la Alameda y Mairena del Aljarafe. Años más tarde se fundaron las de Utrera, La Palma del Condado, Las Cabezas de San Juan, Marchena y la que fue conocida como «de los Portugueses».

Generalmente, las hermandades hacían su entrada al real que se abre frente al templo —explanada cercada de unos seis mil quinientos metros cuadrados y con tres puertas, que entonces era conocida como el sitio de Nuestra Señora— en la tarde del día seis, por orden de rigurosa antigüedad y con sus insignias al frente. De entre estas, destacaban por sus bordados y riqueza las de Écija, Morón, Osuna y Campillos y una vez que habían hecho su presentación a la Virgen en el templo, los mínimos agasajaban a sus miembros, ofreciéndoles un chocolate.

Ya el real ofrecía un animado aspecto. Tenía dos calles que partían desde ambos lados del santuario, conocidas por «la de Francos» y «la de los bodegones». En la primera de ellas se arracimaban los numerosos puestos que montaban los plateros, especieros, sederos, confiteros, merceros, sombrereros, zapateros, buhoneros y espaderos y, en la segunda, los numerosos bodegones y puestos de bebidas, frente a los que se instalaban los buñoleros y turroneros, que pagaban un tanto convenido previamente con los mínimos por instalar sus negocios. Según Francisco de Tamayo, no faltaban tampoco a la cita «sacamuelas, embaucadores, jugadores de mano, charlatanes, aguadores pregonando agua o mozos vendiendo anís, fruta y barquillos».

Aunque las hermandades solían partir el día nueve de regreso a sus pueblos, muchos de sus cofrades, por haber hecho esa promesa, se quedaban en Utrera durante toda la octava de la Virgen, que eran también los días que permanecía la feria montada.

En el día siete, vísperas de la festividad, recorría el real la procesión de los vestidos, en la que tres sacerdotes portaban en bandejas de plata los trajes que se le acababan de cambiar a la Virgen y al Niño, para colocarles los de gala y que eran besados y venerados con gran devoción por los miles de peregrinos que habían acampado en las inmediaciones, en espera de la gran solemnidad del día siguiente. Para mantener el orden público en una aglomeración tan numerosa de gente, el cabildo de la villa estaba obligado a proporcionarle hospedaje y manutención al alcalde del crimen que, cada año, enviaba a Utrera la Real Audiencia de Sevilla durante los días de la fiesta. En la tarde de esa misma jornada, las hermandades filiales, por orden de antigüedad, recorrían el real rezando el rosario e intercalando antífonas entre los misterios.

De la animación de la romería tenemos una buena prueba en Rodrigo Caro que escribió:

> «La víspera deste día es todo aquel campo una pobladísima ciudad por más de un cuarto de legua, que todo él está cubierto de carros y carretas y tiendas de lienzos y paños, que cada una contiene muchas familias, haciéndoles ellas y los olivos amigable hospedaje. Aquella noche no cesan de venir hombres, mujeres y

niños, a pie y a caballo, y en particular de la ciudad de Sevilla, que se traslada toda ella a esta villa, cuyo camino, la noche y el día de esta Señora, no parece sino una calle muy frecuentada. La iglesia está abierta toda la noche, llena de luces, poblada de mujeres que solo se permiten allí, pero tan juntas y apretadas que no hay lugar en todo aquel gran templo desocupado y a esta traza está casi todo el real y son muy de ver las músicas y alegría con que resuena todo el campo».

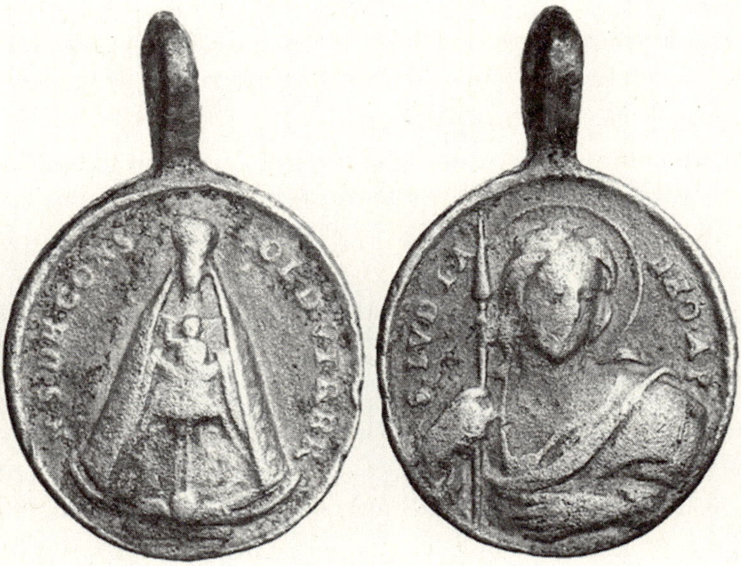

Medalla de la Virgen de Consolación que fue muy popular entre los peregrinos y romeros del siglo XVIII

También el sacerdote Juan Cabello y Castilla, en el opúsculo que escribió con la historia de la Virgen, hace referencia a los romeros del siguiente modo:

«En cada tienda o rancho regocijábanse sus moradores, cantando con sonajas y panderos canciones, coplas y motetes pastoriles, a usanza de sus pueblos.

»Las damas de Sevilla, las de Utrera y las de todas partes iban en sus coches muy bizarras y galanas y los hombres y caballeros, por su variedad y por su número, daban realce y esplendor a la fiesta».

LA PROCESIÓN DE LA VIRGEN

Durante toda la noche del siete al ocho de septiembre, como ya hemos visto, el templo permanecía abierto y abarrotado de mujeres, puesto que eran las únicas que estaban autorizadas a permanecer en su interior a esas horas. Apenas amanecía, comenzaban a decirse delante de la Virgen las misas que le dedicaban cada una de las hermandades filiales, rematadas por la función solemne que costeaba el cabildo utrerano y, a las ocho de la mañana, los frailes mínimos portaban las andas de la Virgen por el interior del santuario hasta llegar a la puerta, en la que se la cedían a la más antigua de entre las hermandades filiales: la de Campillos.

Prácticamente, desde que se popularizó su devoción, la Virgen de Consolación procesionó en varias andas con baldaquinos que tuvo a lo largo del tiempo, dado lo mucho que se estropearían con los bruscos movimientos que sufrían durante el recorrido. Las primeras fueron talladas en madera, doradas y esgrafiadas, realizadas por Juan Bautista Vázquez en 1570. A estas siguieron, en 1679, otras labradas en plata por el orfebre utrerano Juan de Ojeda y Berdugo y, posteriormente, en el siglo XVIII, se volvieron a sustituir para estrenar otras, como se puede observar en cuadros y grabados de la época, siendo robadas las últimas que tuvo de plata durante la invasión francesa de Utrera, en 1810.

Una vez que la Virgen estaba en la calle, la procesión —que venía a durar unas dos horas, entre el entusiasmo y el clamor de los miles de devotos congregados— discurría por el real, en el que estaban colocadas unas cruces, señalando el tramo de recorrido en el que cada hermandad debía portar las andas, que tenían, como se puede ver en antiguas imágenes, unas barandas en las que eran encaramados niños enfermos. A pesar de que los mínimos siempre tuvieron especial cuidado de que la procesión se desarrollara con el respeto y orden debidos y sin sobrepasar la última de las cruces —llamada «del Arenal»— que señalaba el límite del real, no siempre fue así. Tenemos abundantes testimonios de que en la celebración de la misma y a lo largo del tiempo menudearon los escándalos y altercados, a pesar de cuantas medidas tomaba al respecto y para evitarlos el cabildo utrerano, que en 1603 se comprometió a asistir anual y corporativamente a la función solemne en el santuario y a la procesión y correr con sus gastos, para lo que, cada año, destinaba a ello el importe del arrendamiento de una de sus dehesas comunales.

Juan Boza y Rivera en su libro *Corografía de Utrera* nos hace una detallada descripción de la procesión, de la que, entre otras cosas, dice:

> «En los árboles —se refiere a los olivos que rodeaban el real— están puestos ciegos, tullidos y otros enfermos y, al pasar la Virgen, les hacen sus súplicas, acompañadas de las de muchos fieles. Y la Virgen les atiende, unas veces deteniéndose junto al olivo y otras circulando con velocidad, pero las más de las veces concede el beneficio y es preciso defender el paso de la devoción impetuosa, pues pretenden quitarles la ropa para reliquias y, a este fin, despedazan el olivo en menudas astillas. Sigue su camino recto la Virgen, bien quedando inmóvil o ya moviéndose con gran violencia, unas veces de espaldas y otras de lado, siempre con tal ligereza, que muchos se agarran al paso creyendo que la Virgen se pasa a otra zona. En otras ocasiones, llega a tener un paso tan inmenso, que no pueden con él las fuerzas naturales y cae de golpe en el suelo, de donde a veces muy pocos hombres lo elevan con tal presteza que vuelven a ocupar en el paso los sitios que antes ocupaban.
>
> »Y crece el prodigio, pues lo es que pueda pasar con ligereza por arroyos, barrancos, subir vallados y por encima de los pozos, sin lesión de los hermanos, ni de las ruedas de los carros y coches, ni de la multitud que sigue a la Virgen».

Con el tiempo, la procesión atrasó su hora de salida a las once de la mañana y se fue alargando. Así, de las dos horas iniciales, se prolongó hasta cinco e incluso más, puesto que también se impuso —entre las encendidas protestas de los mínimos— que la Virgen recorriera las calles de Utrera y, a veces, llegara a entrar en algunas de sus iglesias.

Al finalizar el recorrido, las andas con la imagen de la Virgen eran depositadas en la puerta del santuario y todas las hermandades iban desfilando ante ella por el mismo orden que se seguía en la procesión y portando sus insignias, después de haber renovado el voto de volver al año siguiente. Cuando terminaba la despedida de los peregrinos, la imagen quedaba durante toda la octava en la capilla mayor expuesta en sus andas, delante de las cuales se colocaba el frontal de plata que poseía el convento, labrado en 1714 por los orfebres sevillanos Juan del Trigo y Manuel Fernando de Hoces.

EL BARQUITO DE LA VIRGEN

El barquito que porta la Virgen de Consolación en su mano se ha convertido, con el tiempo, en un elemento que define y singulariza la iconografía de esta imagen y en todo un símbolo para sus devotos. Es un pequeño galeón realizado en cristal de roca y oro. De cristal es el casco de la nave —que reproduce, a pequeño tamaño y con todo detalle, un tipo de nao mercante del siglo XVI— y el resto está trabajado en oro, con aplicaciones de esmalte blanco y ámbar. Tiene castillo de popa, tres mástiles y el mascarón de proa en forma de dragón, además de todos los aparejos propios de una nave de esas características. Asimismo, sobre su cubierta se ve un arquero y un cañón.

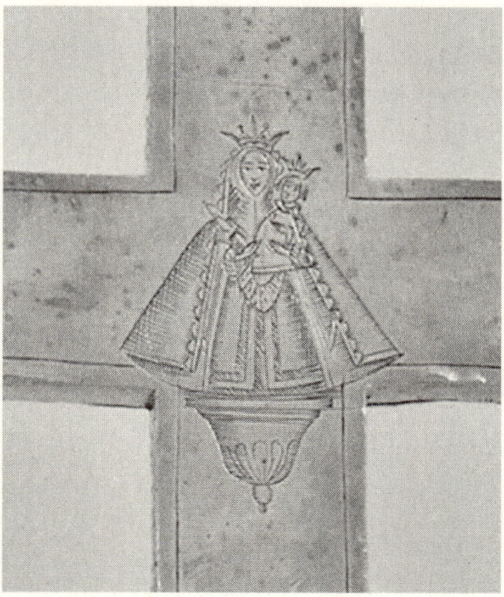

Cruz de plata que fue de la hermandad de Fuentes de Andalucía, realizada en 1666

Este tipo de alhajas las solían usar las grandes damas de la época colgadas de la saya y como perfumador, ya que su casco está preparado para verter esencia en él, exhalando su aroma a través de los mástiles, que son huecos y tienen pequeñas aberturas. Fueron los historiadores Salvador Hernández y Julio Mayo los que dieron a conocer en su libro *Una nao de oro para Consolación de Utrera* el donante de esta soberbia pieza: el rico comerciante sevillano Rodrigo de Salinas, que la depositó en el convento, a la vez que firmaba una escritura de donación, el 1 de octubre de 1579, ante el corrector de la comunidad, el mínimo fray Jerónimo Morcillo. Y, según parece, en un principio estaba a diario sobre el altar dentro de una urna de cristal —como nos refiere Rodrigo Caro— y solo se le colocaba en la mano de la Virgen durante su fiesta, teniendo el resto del año un cetro. Así aparece en ciertas imágenes del siglo XVII —como una cruz de plata que fue de la hermandad que venía de Fuentes de Andalucía, fechada en 1666— y algunos azulejos. Posteriormente, se le dejó el barquito en la mano de forma perpetua, haciéndole a la Virgen uno en plata para lucirlo a diario y reservando el de oro para colocárselo en las grandes festividades.

La donación del barquito es una elocuente muestra de la fuerte vinculación, ya aludida, que unió a la Virgen de Consolación con las gentes del mar, puesto que el mismo Rodrigo de Salinas se había embarcado rumbo a las Indias varias veces a lo largo de su vida. Otra muestra de la devoción de los marineros y de su expansión por tierras americanas la tenemos en la fundación, en 1565, de San Agustín, en La Florida. Como allí se había establecido una colonia de hugonotes franceses, el rey Felipe II envió una expedición militar al mando del general de la Armada, Pedro Menéndez de Avilés. El objetivo de la flota era fundar en La Florida un destacamento militar, desde el que combatir a los hugonotes. Y como capitana de la flota que se armó, incluyeron una imagen de la Virgen de Consolación de Utrera.

Al divisar las costas de La Florida, casi llegando a su destino, fueron atacados por dos barcos enemigos. El ya citado Julio Mayo escribió un artículo al respecto, en el que nos cuenta que, como no tenían en ese momento armamento suficiente para hacerles frente, «pusiéronse en oración a Nuestra Señora de Consolación, que está en Utrera, pidiéndole socorro de un poquito de viento, porque ya los franceses venían sobre ellos, y pareció que ella mesma llegó al navío, y con un poquito de viento que se bulló, entró el navío por la barra», según declaró el capellán de la expedición que fue testigo de los hechos, Francisco López de Mendoza y Grajales.

LA VIRGEN DE CONSOLACIÓN Y UTRERA

Ya he hecho referencia a la gran devoción que, en Utrera, se le profesó a Nuestra Señora de Consolación desde fechas muy tempranas. Apenas la imagen de la Virgen empezó a ser conocida tras el milagro de la lámpara de aceite, el pueblo de Utrera empezó a mirarla como algo muy suyo y a invocarla como madre y protectora de la ciudad. Aun así, tendrían que pasar años para que fuera proclamada oficialmente por el cabildo patrona de Utrera, aunque ya lo fuera en la práctica. Una prueba de ello la tenemos en la crónica que Juan de Mal Lara escribió de la visita que el rey Felipe II hizo a Sevilla, en marzo de 1570. En ella nos dice que el rey entró en la ciudad por la Puerta Real o de Goles, con gran solemnidad y aparato. Para recibirlo, se montaron arcos de triunfo y también se situaron a personas que, caracterizadas, representaban a todos los pueblos de la provincia.

Así, relata Juan de Mal Lara «que estaba Utrera la última en el muro de la ciudad y para acompañar a Sevilla en forma de matrona con el semblante honesto y vergonzoso; la ropa superior amarilla y la inferior azul. En la mano derecha tenía una taza con roscas, piñas y uvas; y en la izquierda, asimismo, piñas y muchas espigas bajo el brazo. A sus pies, un vaso con aceite; en la cabeza, una corona de oliva torreada y el pecho una joya con la imagen de Nuestra Señora de Consolación».

Juan de Mal Lara también escribió una comedia en verso castellano —representada en Utrera en 1561, según nos refiere

Rodrigo Caro— en la que exaltaba a la Virgen de Consolación, de la que era muy devoto, hasta tal punto que donó a su convento una figura de plata que lo representaba y varios vestidos y cirios de cera blanca para la imagen.

En 1555 el Ayuntamiento de Utrera mandó encañar y construir la bóveda que cubre el arroyo Calzas Anchas a su paso por la actual plaza del Altozano. El resultado fue una gran plaza mayor en la que los nobles utreranos comenzaron a ejercitarse en los juegos de cañas, el rejoneo de toros y otros ejercicios ecuestres en los que eran muy hábiles, para solemnizar las festividades religiosas, y de manera muy especial la de la Virgen de Consolación, en las que, desde 1595, empezaron a competir con los caballeros que venían de fuera. Fray Francisco de Tamayo, al describir la plaza y las corridas que se celebraban en ella, lo hizo empezando con estos versos:

> «Hay en Utrera un sitio muy galano / para juegos y fiestas, muy famoso / largo, espacioso, firme y llano / de suelo fuerte, duro y arenoso / el cual sitio se llama «El Altozano» / plaza de fiestas y de toros coso / y a donde cuantos estos días llegan / los toros corren y las cañas juegan».

Tanta fama y celebridad alcanzaron estas fiestas de toros utreranas que hasta el escritor Francisco de Quevedo —que visitó Sevilla en 1623 y, posiblemente, también Utrera— las menciona en su obra *El Zurdo Alanceador*.

Igualmente, en 1587 publicó Alonso Morgado su *Historia de Sevilla*. En ella, al hablar de Utrera, nos dice que «hace feliz y notorio su nombre por toda la cristiandad el santo monasterio de Nuestra Señora de Consolación de frailes de la Orden de San Francisco de Paula, que está junto a la misma villa. Cuyos maravillosos y continuos milagros han extendido su fama por muchas y diversas partes del mundo en espacio de veintiséis años que ha tuvo principio su singular devoción. La cual resplandece maravillosamente mediante el fervor y continuas romerías de todas las gentes de España, que continuamente visitan su santa casa».

CONSTRUCCIÓN DE LA PORTADA DEL SANTUARIO

Como colofón a las grandes obras realizadas en el santuario desde la segunda mitad del siglo anterior, entre 1635 y 1636 se realizó la portada del templo, obra del escultor Alonso Álvarez de Albarrán. Realizada en piedra arenisca con columnas de mármol blanco y aplicaciones de mármol gris, su estilo acusa influencias manieristas con claras tendencias hacia el protobarroco.

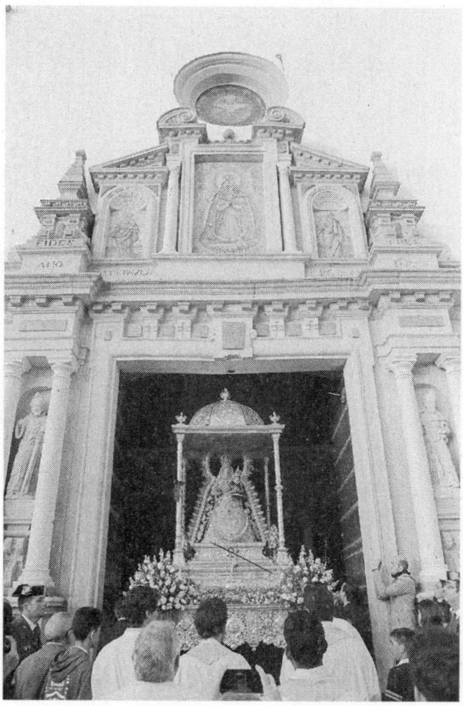

La portada del santuario es obra de Alonso Álvarez de Albarrán en 1635.

Se estructura es en dos cuerpos y el primero, de forma adintelada, está enmarcado por columnas de mármol de orden toscano sobre pedestales, que sostienen dos imágenes de piedra: la de la izquierda representa a San Isidoro de Sevilla y la de la derecha al padre Bernardo Boil, el mismo que —como vicario general— introdujo la Orden Mínima en España a finales del siglo XV. El segundo cuerpo —que fue reformado en el siglo XIX— actualmente presenta un tríptico de murales cerámicos, obras de Manuel Arellano en 1895 que representan a la Virgen de Consolación el central, flanqueada por los de San José y San Joaquín. En ambos lados aparecen pirámides sobre pedestales y volutas sobre el mural cerámico central.

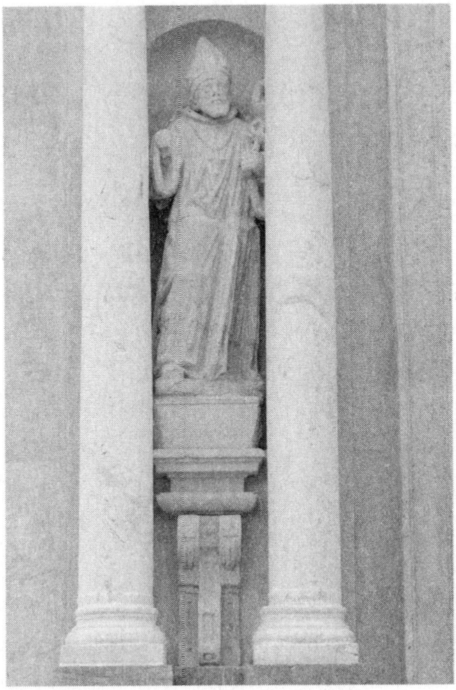

Imagen de San Isidoro en la puerta del santuario.

El programa iconográfico desarrollado primitivamente en la portada debió diferir bastante del actual, ya que la cerámica de San Joaquín vino a ocupar la hornacina donde se encontraba la imagen en piedra de San Francisco de Paula, mientras que la de San José sustituyó la del beato mínimo Gaspar Bono. Igualmente, en los pedestales laterales se situaban representaciones pétreas de la fe y la esperanza, que también fueron posteriormente sustituidas, durante la restauración aludida, por las pirámides que vemos hoy.

EL PATRONATO DE LA CAPILLA MAYOR

Ya dije que, en 1565, Alonso Luis Fernández de Lugo fue nombrado patrono de la capilla mayor del santuario de Consolación, pero parece ser que, al ausentarse, debió hacer dejación de sus funciones de patronazgo, pues lo cierto es que en el primer tercio del siglo XVII los mínimos concedieron ese mismo patronato al entonces todopoderoso valido del rey Felipe IV: Gaspar de Guzmán y Pimentel, conde-duque de Olivares.

Este, tras su nombramiento, fue muy generoso con el convento, para el que consiguió del monarca el privilegio de ser el único lugar donde se pudieran vender unas cintas impresas, con la medida de la Virgen, que se hicieron muy populares entre sus devotos y, tanto se extendió su venta, que llegó a producir a los mínimos un beneficio anual de tres mil ducados. Asimismo, consiguió del papa Urbano VIII que se aplicara al convento un tributo económico, consistente en una prestamera en la villa de Novés, del arzobispado de Toledo.

Pero sin duda, la mayor contribución que hizo el conde-duque de Olivares a Consolación fue la donación del primitivo retablo mayor, que ocupó anteriormente el sitio del que podemos ver hoy. De él lo único que sabemos es que fue contratado en abril de 1613 con el ensamblador Luis de Figueroa y el escultor Andrés de Ocampo, que cobró tres mil reales por hacer para el mismo dos relieves de la Asunción de la Virgen y la Imposición de la casulla a San Ildefonso. Asimismo, también hay noticias de que las gradas sobre las que se elevaba estaban revestidas de azulejos.

Al fallecer el conde-duque de Olivares en 1645 sin hijos varones, la comunidad mínima le cedió el patronato de la capilla mayor que ostentaba al noble sevillano Lorenzo López de Seixa, marqués de Villaverde y caballero de Santiago, que también fue un gran bienhechor del convento y del que lo heredó en 1699 su yerno, el utrerano Juan Fernández de Hinestrosa y Córdoba, primer marqués de la Cueva del Rey, que mandó construir en la capilla de San Francisco de Paula una bóveda sepulcral para su enterramiento y el de sus descendientes. Asimismo, también contaban con una tribuna en dicha capilla, a la que se accedía desde el convento y desde la que se podía asistir con comodidad a las funciones religiosas. Posteriormente y muerto ya el primer patrono, los sucesivos marqueses de la Cueva del Rey cedieron la tribuna al convento, con la condición de que este le construyera en el real una torre o mirador, para presenciar el discurrir de la procesión de la Virgen y atender a sus invitados durante la romería, que aún se conserva en pie.

REPETIDA PERO IRREPETIBLE

Desde el momento en que la fama de la Virgen de Consolación comenzó a extenderse, muchos de sus devotos quisieron tener reproducciones de su imagen. La más antigua de la que tenemos noticia es la que Jerónimo Sierra y Figueroa encargó en 1580 al escultor de Sevilla Gaspar del Águila y al estofador Diego de Campo. Desde su llegada de España, esta imagen —que aún se conserva— fue muy venerada, primero en San Agustín (Florida) y posteriormente en Arequipa (Perú), donde se fundó una cofradía para darle culto y sacarla en procesión.

Pero esa es solo una muestra de los muy extendida que llegó a estar la devoción a Consolación en Hispanoamérica, donde se le dedicaron innumerables santuarios y hasta el pueblo Consolación del Sur, en la isla de Cuba.

Entre los templos de América donde se rinde culto a la patrona de Utrera está el de Táchira, en la diócesis de Mérida (Méjico) donde se venera una pintura de autor desconocido, que fue llevada hasta allí, a finales del siglo XVI, por la comunidad de agustinos de origen andaluz que evangelizaron la zona. Asimismo, en Jalapa también existía un hospital dedicado a Nuestra Señora de Consolación.

Otro afamado santuario de esta advocación es el de la villa de Zaruma, cerca de Quito (Ecuador), donde se venera una talla, copia de la imagen, que llevó desde Utrera el alférez real, Juan Ruiz de Aranda. Posteriormente, fueron los franciscanos españoles los que se encargaron de extender su fama entre las tribus de esta zona, consiguiéndolo ampliamente, ya que desde que llegó la imagen se le erigió una hermandad para darle culto y tradicionalmente es invocada como abogada y patrona por los muchos mineros de la comarca. Y tiene especial fama de milagrosa desde que, en 1630, un gran corrimiento de tierras estuvo a punto de sepultar vivos a muchos mineros. Al parecer, en esta ocasión, se llevó la Virgen a la entrada de la mina, pudiendo ser liberados los trabajadores, lo que se interpretó como algo milagroso.

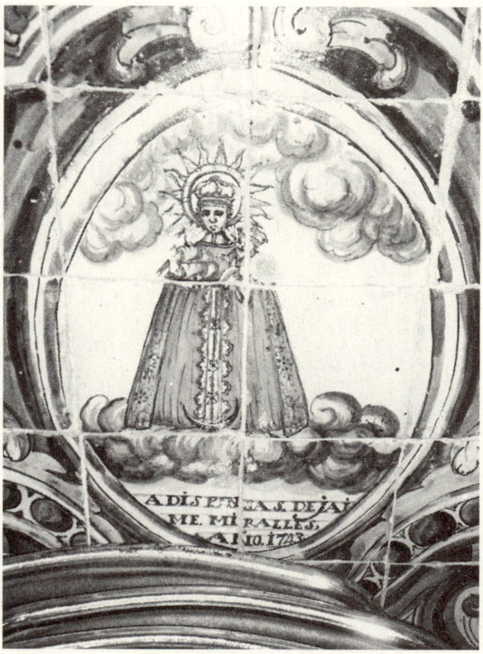

Azulejo de la Virgen de Consolación existente en la Catedral de Valencia y fechado en 1743.

En el siglo XVII se fundó en Popayán (Colombia) un santuario dedicado a Nuestra Señora de Consolación e, igualmente, Nuestra Señora de Consolación es la advocación a la que está dedicada la ermita de la sierra de Sumanpa, en la provincia de Santiago del Estero (Argentina). Allí, en mitad de un valle entre altas montañas, se venera una imagen que —según la tradición— fue llevada por un utrerano en el siglo XVII, convirtiéndose en centro de peregrinaciones en la región. Del mismo modo, a Nuestra Señora de Consolación están dedicados otros templos y santuarios en Bolivia, Guatemala, Panamá, Chile, Perú, Paraguay, Venezuela y Cuba.

Esta proyección americana de la devoción a la Virgen utrerana fue la causa que motivó que muchos barcos, con el nombre de Nuestra Señora de Consolación, zarparan desde España rumbo a las costas del Nuevo Mundo. Así, sabemos que en 1563 naufragó un buque de ese nombre; en 1566 una urca, llamada igualmente y de la que era maestre Juan Corzo, fue hundida en el puerto de Santo Domingo; en 1568 así se nombraba la chalupa que comerciaba con La Florida y, en 1570, esa era la denominación de la nao que mandaba el maestre Francisco Márquez.

Posteriormente, Nuestra Señora de Consolación se llamaba también una nao que, comandada por Hernando Casanova, partió en 1607 hasta Vera Cruz (Méjico); dos fragatas en 1611; un navío capitaneado por el sevillano Pedro de Vargas que atracó en La Habana, en 1614; otro, en 1644, partió del puerto de Sevilla rumbo a Méjico; un galeote a Santo Domingo, en 1703; un bergantín a Nueva España, en 1733; un paquebote a Tabasco (Méjico) en 1735; una fragata a Buenos Aires, en 1738; un navío para San Salvador en 1740, otro a Chile en 1748 y un cañonero a La Florida, en 1750.

Y, por último, señalar que marineros españoles le dieron a finales del siglo XVII el nombre de Consolación a un archipiélago de la Polinesia y, asimismo, a Nuestra Señora de Consolación se le dedicó en 1743 una hermandad en el poblado de Llavag, en las islas Filipinas, que entonces formaban parte del imperio español.

En España, las copias de la Virgen de Consolación fueron tan numerosas como en las Indias. Entre ellas están la de Carrión de los Céspedes (Sevilla) —que fue llevada a su parroquia a finales del siglo XVI—, la de Herrera del Duque (Cáceres) y la de Fuentes de Andalucía, desde donde venía cada año su hermandad a Utrera, a la romería. Del mismo modo, en otras localidades donde hubo conventos de mínimos aún se conservan imágenes de la Virgen de Consolación, como en La Puebla de Cazalla (Sevilla), en Corcolilla (Valencia) y en la parroquia valenciana de San Miguel y San Sebastián. También en la catedral de Valencia existe un azulejo de la Virgen de Consolación, fechado en 1743; otros, de la misma época, se encuentran en las fachadas de la parroquia de San Pedro, de Arcos de la Frontera (Cádiz) e iglesia de los jesuitas, de Sevilla, e igualmente, se sabe que se le dedicó un altar en la parroquia de Las Cabezas de San Juan (Sevilla), el desaparecido convento mínimo de Alcalá de los Gazules (Cádiz) y una pequeña capilla o humilladero en Sanlúcar de Barrameda (Cádiz), levantado en 1751 y que permaneció abierto hasta principios del siglo XIX.

Aún hoy se conserva en Quesada (Jaén) el Arco de la Manquita de Utrera, en una de sus calles, donde se puede ver un azulejo de la Virgen de Consolación rodeado de exvotos, que sustituyó a un antiguo lienzo y siempre ha suscitado una gran devoción entre sus vecinos. El nombre con que es conocido se debe a que, como el barquito tapa la mano de la Virgen, al poner el primitivo lienzo en el arco, los habitantes del pueblo creyeron que le faltaba una mano.

Y ya para terminar, hay que señalar que en Sevilla hubo dos templos dedicados a la Virgen de Consolación: el del extinguido convento de religiosas mínimas, fundado en 1593 en la calle Sierpes —cuya imagen aún se conserva en la capilla de las mínimas de Triana— y la iglesia que actualmente existe con dicho título, situada en la plaza de los Terceros y fundada en 1602 por los terceros regulares de San Francisco. Y es necesario reseñar que la fundación de este último dio pie a que los mínimos —a los que no gustó nada el que fuera otra orden religiosa la que le pusiera el nombre de la Virgen a su iglesia— entablaran un pleito a los terceros ante las autoridades eclesiásticas que, finalmente, acabaron perdiendo, por lo que la iglesia de los regulares conservó su advocación.

LAS VENIDAS DE LA VIRGEN A UTRERA

Ya he referido que el pueblo de Utrera, desde que la Virgen de Consolación empezó a ser conocida, le profesó una gran devoción y, por ello, la invocó siempre como madre y protectora, especialmente en los momentos más angustiosos. Así ocurrió en 1605, en que se sufrió una gran falta de lluvias. Por ello se organizó el 2 de febrero, festividad de la Candelaria, una gran procesión de rogativas, de la que formaron parte el cabildo, las dos parroquias, las autoridades civiles y eclesiásticas, todas las corporaciones religiosas de la ciudad y numeroso público, que se trasladó al santuario para traer la imagen de la Virgen hasta Santa María de la Mesa donde, en su calidad de parroquia mayor, se le dedicó una solemne novena, tras la que se llevó nuevamente en procesión a la Virgen de retorno a su convento.

En 1636 y con ocasión de unos grandes temporales que azotaron la zona, el cabildo utrerano decidió organizar otras rogativas y volver a traer a la Virgen a Santa María de la Mesa para, nuevamente, dedicarle en ella solemnes cultos. A ello se opuso el padre provincial de los mínimos, negándose a que la Virgen hiciera un recorrido distinto del de su festividad, es decir, que sobrepasara el circuito del real. Así se acordó, pero cuando llegó la procesión hasta el límite permitido, las autoridades municipales y eclesiásticas utreranas arrebataron violentamente a los religiosos las andas en las que portaban a la imagen, continuando hasta la villa y depositándola en Santa María, donde se le ofreció una novena, tras la que volvió de regreso a su santuario. Como no podía ser menos, el incidente motivó un fuerte litigio entre los mínimos y el cabildo utrerano, que se mostraba bastante reticente a que fueran los frailes los que decidieran exclusivamente los movimientos de la imagen.

Nuevamente, en 1680, la Virgen de Consolación volvió a Utrera, en procesión de rogativas hasta Santa María de la Mesa, donde se le dedicó una novena para impetrar la lluvia, pues se sufría otra gran sequía y se temía la pérdida de las cosechas.

FUNDACIÓN DE LA HERMANDAD

No deja de resultar extraño, dado el fervor con que en Utrera se invocó siempre a la Virgen de Consolación, que no se fundara una hermandad para rendirle culto hasta una fecha tan tardía como 1649, cuando la gran mayoría de hermandades filiales llevaban ya más de medio siglo peregrinando a la romería.

Es posible que la comunidad mínima no viera con buenos ojos la fundación en el santuario de una corporación utrerana que podía interferir en la organización de los cultos y la celebración de la festividad de la Virgen y pusiera impedimentos y trabas a su creación, habida cuenta de los roces que los mínimos tuvieron, en más de una ocasión, con las autoridades municipales y eclesiásticas de Utrera y a los que ya he aludido. Y esto parece confirmarlo el que la corporación no tuviera su sede en el convento, sino en el desaparecido hospital de la Mesa, situado frente a la parroquia de Santa María, haciendo esquina a la actual calle Sor Marciala de la Cruz.

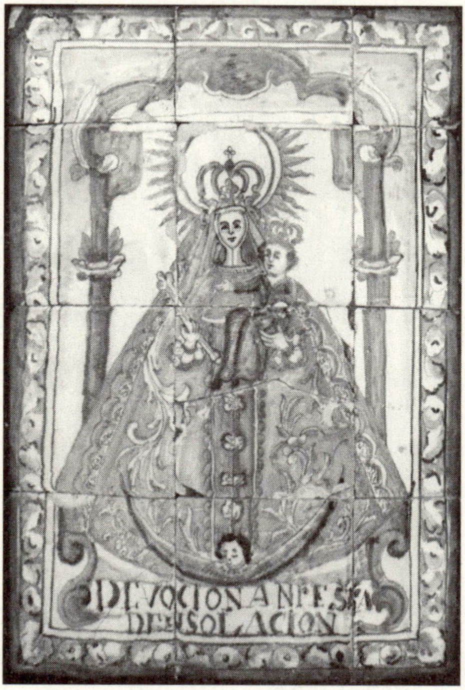

Azulejo del siglo XVII en el que aún aparece
la Virgen con el cetro en su mano.

El detonante para llevar su fundación a cabo fue la terrible epidemia de peste bubónica que se sufrió en toda España y que, solo en Utrera, acabó con casi seis mil personas, lo que venía a constituir la mitad de su vecindario. Al comprobar la magnitud de la catástrofe los vecinos de Utrera volvieron, una vez más, sus ojos a Consolación, encomendándose a la Virgen en tan dramáticas circunstancias. Y una de las medidas que tomaron fue la de erigir una hermandad, cuyas reglas fueron aprobadas el 4 de noviembre de 1649, con el título de Hermandad de Nuestra Señora de Consolación, San Francisco de Paula y Santos Mártires de Utrera, refiriéndose a San Estratón, San Artemidoro, San Rufino y San Rufiniano, unos cristianos que recibieron martirio en la persecución del emperador romano Diocleciano y, aunque eran griegos, el *Cronicón* de Dextro, escrito en realidad por el jesuita padre La Higuera, los adjudicó erróneamente a Utrera, donde se le rindió un fervoroso culto a instancias de algunos utreranos ilustres, como el escritor Rodrigo Caro.

En las reglas, sus fundadores incluyeron una introducción en la que aclaran los motivos que tenían para ello, cuando dicen:

> «Movidos por algunos fieles de esta villa de que el día de la Natividad de Nuestra Señora, que es a ocho de septiembre, en este insigne santuario tan célebre como conocido en las demás partes del mundo, vienen a su procesión santísima de más de treinta leguas del contorno de diferentes lugares de cada uno su cofradía y aún de la villa de Morón dos, y mirando que es desdoro y falta de devoción el no haber cofrades en la propia patria y que vengan extraños a celebrar lo que le toca a ella mesma, quieren hacer esta cofradía».

Como ya he dicho, la hermandad estableció su sede en el hospital de la Mesa y, para dar ejemplo de humildad, en todos los actos de la romería y de la festividad de la Virgen prescindió de los derechos que, como hermandad anfitriona y matriz, le pudieran corresponder e iba siempre en el primer puesto, es decir, el destinado a la última de las hermandades. Otra de las obligaciones que incluyó en sus reglas fue la de continuar sacando en procesión el Domingo de Lázaro, que es el anterior al de Ramos, la imagen del Cristo del Perdón, actualmente uno de los titulares de la hermandad de penitencia de Los Muchachos de Consolación.

SE REALIZA EL RETABLO MAYOR DEL SANTUARIO

Con la llegada del siglo XVIII, la comunidad mínima establecida en Consolación comenzó a realizar profundas reformas en su iglesia. Con ello, además de invertir las limosnas que recibía de los peregrinos y devotos, pretendía mejorar la estética y la percepción artística del recinto, erigiendo nuevos retablos, más ricos, espectaculares y adecuados a los gustos artísticos de ese momento. Comenzaron por el mayor, que además de presidir el templo, es el marco expositivo en el que la Virgen se muestra a sus devotos durante todo el año, excepto cuando sale en procesión.

El encargado del proyecto y autor de la obra —como descubrió el historiador Julio Mayo— fue el retablista sevillano Francisco Javier Delgado, que lo inició en 1707. A pesar de que Consolación era un santuario con saneados ingresos, para empezar las obras se le dieron al escultor 16.949 reales, de los que los mínimos solo aportaron 3.269, ya que el resto fue donado por Juan Fernández de Hinestrosa y Córdoba, marqués de la Cueva del Rey, y su hermano Cristóbal —que era inquisidor y miembro del Consejo de Castilla— que lo adelantaron de su propio peculio, ya que aún no estaba ultimada la testamentaría del fallecido patrono de la capilla mayor y suegro del primero, Lorenzo López de Seixa, en cuya memoria lo hacían.

El monumental retablo —cuya ejecución se prolongó hasta 1713— es una espectacular maquinaria barroca de madera tallada y sobredorada y se compone de un amplísimo banco —decorado con figuras alegóricas relacionadas con la Virgen, como el espejo, el pozo o la palmera— sobre el que se articulan los dos grandes cuerpos que tiene, que, a su vez, se dividen en tres calles. El centro de la construcción que focaliza todo el conjunto es el camarín que acoge a Nuestra Señora de Consolación. Dado que el retablo se hizo en un momento de transición artística dentro del estilo barroco, en él se alternan grandes columnas salomónicas con los más novedosos estípites, además de figuras de ángeles atlantes y decoración vegetal policromada.

En el primer cuerpo y sobre el sagrario y un expositor eucarístico que se abren al centro del conjunto, como ya he dicho, se encuentra el camarín de la Virgen, entre dos hornacinas que acogen las imágenes de bulto redondo de San José y San Joaquín. Sobre ellas, dos altorrelieves de la anunciación y la visita de la Virgen a Santa Isabel. El segundo cuerpo lo centra, sobre el camarín, un bajorrelieve de San Francisco de Paula renunciando a la mitra, flanqueado por imágenes de bulto redondo de santos mínimos que hoy son muy difíciles de identificar por haber perdido sus atributos, aunque cabe suponer que sean los beatos Gaspar Bono y Nicolás Longobardo.

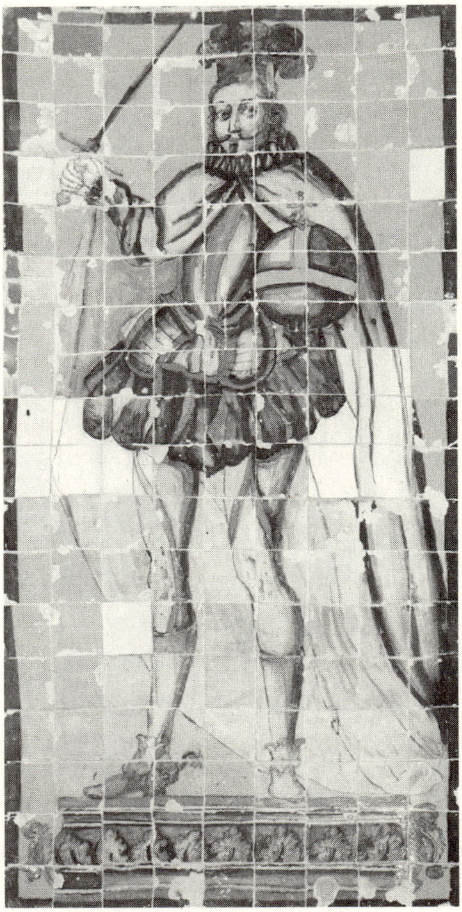

Mural cerámico de San Fernando en el chapitel de la torre del santuario.

Una vez que el retablo estuvo terminado —aunque no dorado, lo que no se llevaría a cabo hasta 1729, con la colaboración económica de Feliciana María Ramos de Rota—, tanta satisfacción produjo la finalización de su proceso constructivo que, para celebrarlo, como señala Julio Mayo, «se festejó jubilosamente con la organización de una corrida de toros, recreada en una plaza cerrada el lunes 24 de julio de 1713».

De forma paralela, en 1708 José de la Mota llevó a cabo el dorado del retablo que, en la nave de la iglesia, enmarcaba un gran lienzo de las ánimas benditas del purgatorio, donando también su importe el marqués de la Cueva del Rey que, como ya he señalado, heredó de su suegro el patronato de la capilla mayor. Este retablo confrontaba con otro que también ofrecía a la veneración de los fieles la imagen en lienzo de San Francisco de Sales.

Y como colofón a estas obras se amplió la torre del templo, dotándola de un nuevo cuerpo de campanas, construido sobre el anterior, cuyos dobles arcos fueron cegados. En el nuevo se abrió un solo arco en cada uno de sus cuatro frentes, ocupados por tres campanas, de las que una fue fundida en 1708, siendo corrector del convento fray José Molina. El conjunto se remató con un chapitel que muestra, en cada uno de sus cuatro lados y sobre azulejos de color azul y blanco, paneles cerámicos con las imágenes de Nuestra Señora de Consolación, San Fernando, San Francisco de Paula y San Gregorio Magno.

Igualmente, uno de los mínimos del convento, llamado fray Alonso Bolaños, reunió limosnas para levantar, en lo que hoy conocemos como Paseo de Consolación, un Vía Crucis terminado en 1714, cuya última estación se hallaba en una pequeña capilla que se construyó en el real, llamada del Santo Sepulcro y que, desde mediados del siglo XIX hasta el XX, ocupó una pequeña imagen del Niño Jesús conocida por El Pastorcito, que quizás pudo ser la primitiva imagen que portaba la Virgen en sus brazos y hoy se conserva en una hornacina del camarín.

ALTERCADOS EN LA ROMERÍA

Desde su inicio a finales del siglo XVI, la romería de Consolación fue una celebración religiosa multitudinaria, en la que el entusiasmo de sus devotos, a juicio de los mínimos y de las autoridades municipales utreranas, a veces era exagerado y, por ello, no siempre discurría de manera respetuosa y pacífica y en la que el orden era difícil de mantener, dado el enorme número de personas que se reunía en ella, por lo que elevaron repetidas protestas. A la mitad del siglo XVIII la romería había llegado al cénit de popularidad, pues el canónigo Pedro Román Meléndez en su libro *Epílogo de Utrera*, publicado en 1730, nos dice al respecto de la procesión de la Virgen:

> «Llegada la hora (que suele ser a las once del día) prevenidas todas las hermandades, ocupado todo el real y recinto por donde pasa la procesión de coches, carros, gente de a caballo y en los olivos. [...] Se ponen cruces con los nombres de los lugares a trechos, para que sepan cuando ha de entrar cada uno a tomar y dejar las andas. Estas van rodeadas de niños de corta edad, ciegos, en buen orden, dentro de una barandilla que le sirve de defensa. Esto hace muy pesadas las andas, de suerte que es menester para llevarlas más de veinte hombres y con esta se da lugar a que cumplan su devoción los que ansían por cargar tal tesoro. Otros van arrojando aire a los niños, a quienes suele molestar el calor y sus lágrimas por conseguir la vista que desean.
>
> »Al dar vista al campo la santa imagen es tal la conmoción de la gente (aunque se experimenta algún desorden) que desde este punto todo es lágrimas y suspiros, salvas y otras demostraciones piadosas; prorrumpiendo la gente en ¡Viva! ¡Viva! Saludándola como a reina. Y lo que causa mucha ternura es que ponen algunos ciegos en el camino por donde ha de pasar la imagen y, al llegar cerca, les empiezan a dar voces, diciéndoles «Clama, clama» lo que ellos hacen con bastante eficacia. [...] Es raro el año en que no se ven patentes milagros, con que se excita más la devoción, aunque en comprobarlos se pone poco cuidado. Pero el que más admira es que no sucedan muchas desgracias en tan numeroso concurso y más cuando la Virgen suele pararse quedando inmóvil. Otras veces vuelve atrás con gran violencia y otras, corre con aceleración. Otras, camina de lado o da vueltas a los olivos con tal ligereza y serenidad que admira y toda la gente de a pie

> y a caballo carga a ver tal prodigio. Y otras, dejando la estación regular, se extravía por aquellos campos hasta llegar a Utrera y pasearse por algunas calles».

Y es que la celebración, con el paso del tiempo, había sufrido ciertas modificaciones. La primera fue la costumbre que se impuso de ir todas las hermandades, en la mañana del día siete, a la cárcel de Utrera, situada en la plaza del Bacalao, donde el alcalde del crimen que enviaba la audiencia sevillana y el teniente de asistente de la villa ponían en libertad, para solemnizar la festividad, a varios presos, detenidos por faltas leves. Asimismo, en la tarde de esa jornada volvían las hermandades a Utrera, rezando el rosario que finalizaba en la parroquia de Santa María de la Mesa.

También en la procesión se habían producido cambios. Uno de ellos fue el horario de salida, que de las ocho de la mañana se retrasó a las once. A esa hora se ponía en marcha el cortejo, que abría la cruz parroquial de Santa María de la Mesa —en cuya feligresía está situado el santuario— a la que acompañaba de preste un beneficiado, revestido de capa pluvial. En esta época, el fiscal del arzobispado de Sevilla se quejaba del escaso clero que asistía a ella, pues se limitaba a los frailes mínimos que, con garrotes en las manos para contener a los peregrinos que querían tocar la imagen, se situaban a ambos lados de las andas, a las que también rodeaban soldados a caballo, armados con espadas, para mantener el orden. Algo que no era fácil pues, como denunciaba en 1747 Lucas Millán de Mendoza:

> «Conducen a la Señora con la misma intrepidez y casi a carrera abierta a veces y por lo regular, ya inclinada hacia el suelo y trastornadas las parihuelas, ya saltando por encima de vallados y aún de las mismas gentes y atropellándolas, y por entre árboles, ya retrocediendo intempestivamente y ocasionando entre estas y los mismos hermanos disturbios y alborotos, queriendo cada cual, especialmente las parcialidades de los hermanos, guiar a la Señora a su arbitrio y por donde se les antoja».

A este testimonio se puede unir el de fray Francisco de los Reyes, calificador del Santo Oficio que, con respecto a la romería, le escribía por esas mismas fechas al nuncio apostólico

«Armóse la revolución en Utrera, crecen los desórdenes, redúcese el convento a chapadanzas, bailes y mojanillas, estrógase totalmente la regularidad de un convento con tanta devoción».

Y, por último, el historiador palaciego Julio Mayo en su participación en el I Simposio de Hermandades de Sevilla y su provincia, celebrado en 2000, entre los muchos e interesantes datos que expuso sobre este asunto, también redunda en las tropelías y revuelos que se daban entre los peregrinos durante la celebración de la fiesta. Así nos dice que en 1711 el sevillano Cristóbal de Salazar y San Pelayo, tras adquirir un arma de fuego en uno de los puestos de la feria instalada en el real, comenzó a dispararla, causando daños. Al ser perseguido, se metió en el santuario, de donde lo tuvo que sacar la justicia. Por otra parte, muchos de los que participaban en la procesión lo hacían en estado de embriaguez y armados con escopetas, espadas y garrotes, por lo que hubo altercados con heridos e incluso muertos. Y para finalizar, existía la costumbre de acompañar a la Virgen disparando al aire armas de fuego cargadas solo con pólvora, llegando en ocasiones a hacerlo dentro del templo, con el consiguiente peligro y estruendo.

Por todo ello y como también señala Julio Mayo, el 15 de abril de 1749 resolvió el Consejo de Castilla responsabilizar al corregidor de Utrera del orden y seguridad de la procesión, eximiendo de dicha obligación a la Real Audiencia de Sevilla, que se había encargado hasta entonces. Al tiempo que se lo comunicaba, le recordaba que a partir de ese momento habría de evitar y atajar todos los años «El más leve desorden de los muchos que se experimentaban en la procesión de Ntra. Sra. de Consolación».

LA VIRGEN DE CONSOLACIÓN ES NOMBRADA PATRONA DE UTRERA

Para una población como Utrera, que vivía exclusivamente de la agricultura y de la ganadería, los factores climáticos eran realmente importantes. Por ello, cuando eran adversos y sobrevenían plagas o sequías, ya hemos visto que se instituyó en Utrera la costumbre de traer en procesión de rogativas a la Virgen de Consolación *ad pretendam pluvial*, es decir, para impetrar la lluvia. Así ocurrió en 1737, que fue llamado «de la seca universal», en el que el Ayuntamiento, ante la amenaza del hambre que se cernía sobre la población, designó a Luis Francisco de Cabrera Ponce de León, Juan Ponce de León y Pineda y Alonso Jorge Montes de Oca y Melgarejo, para que, como diputados del cabildo, organizaran la procesión que conduciría a la Virgen hasta Utrera.

Esta se organizó el 22 de marzo con gran solemnidad. Se inició con un toque de campanas en las dos parroquias y en todas las demás iglesias de Utrera, que duró quince minutos. A su término, comenzó una misa cantada en Santa María de la Mesa a la que asistieron, además del cabildo municipal y todas las autoridades civiles, los cleros de ambas parroquias con sus cruces alzadas, el vicario de la villa y el notario eclesiástico, todas las hermandades de la población llevando sus respectivas insignias, así como las comunidades religiosas masculinas: los frailes dominicos con la imagen de santo Domingo en andas; los franciscanos, con la de San Francisco; los carmelitas con la de Santa Teresa y los de San Juan de Dios con la de este último, que era su patrono y fundador.

Toda esta imponente comitiva se puso en marcha hacia el convento, seguido de un numeroso público y cuando llegó, ya estaba la Virgen en la capilla mayor, colocada en sus andas. El preste rezó las oraciones solicitando la lluvia y la imagen salió del santuario, iniciando el regreso a Santa María. Andrés Otero Campos en su libro *La Utrera de los primeros borbones* nos refiere como fue:

«Nada más salir la imagen del real comenzó a caer una fina lluvia sobre los olivares. Milagro. Cuando alcanzaron la Vereda desde la calle de la Huerta la lluvia arreció y la procesión se rompió. Los frailes corrieron a refugiar las imágenes de sus patronos en los zaguanes de la calle Ancha. Solo los monjes de San Juan de Dios, con la imagen de su patrón en hombros, se mantuvieron en la procesión, bajo la intensa lluvia, hasta Santa María. La imagen de la Virgen también continuó su camino por no poderse refugiar en ningún zaguán, dadas las grandes dimensiones de su paso. Mientras, las campanas de la Encarnación y la Compañía tañían al pasar apresurado de la comitiva. Al entrar en el Altozano, los campanarios de Santa María y Santiago rompieron a tocar. Los vecinos, refugiados en los soportales del Altozano, contemplaban atónitos el fuerte aguacero».

El pueblo de Utrera, conmovido y emocionado, llenó totalmente las naves de Santa María cuando la Virgen, a su llegada, quedó expuesta a la veneración de sus devotos. Los días siguientes —en los que se celebró una solemne novena con sermones a cargo de todas las comunidades religiosas masculinas de Utrera— y dado el gran número de personas asistentes, la iglesia permaneció abierta durante los nueve días, ininterrumpidamente, desde las siete de la mañana hasta las diez de la noche. A su término, volvió a su templo en medio del fervor popular.

También en 1743, ante la sequía que diezmaba al campo, la Virgen volvió a Utrera en rogativas e, igualmente, el otoño e invierno de 1749 y la primavera de 1750 resultaron estériles, temiéndose la pérdida de las cosechas por la falta absoluta de lluvias. Ante tal calamidad, el Ayuntamiento de Utrera decidió el 22 de marzo nombrar oficialmente a la Virgen de Consolación patrona de la villa y organizó nuevamente una procesión de rogativas que, partiendo de la parroquia de Santa María de la Mesa, llegó hasta el santuario y trajo a la Virgen hasta la parroquia, donde se le dedicó una solemne función, nombrando diputados para su organización a Benito de Ulloa y Sanabria, Pedro Luis de Ulloa y de Celis, conde de Vistahermosa y Juan Ponce de León y Pineda.

Estos organizaron los actos con gran solemnidad y boato y así, durante la procesión de rogativas que trajo la imagen a Santa María, las andas fueron portadas por las autoridades municipales y le seguía, para mantener el orden, el coronel y regimiento de caballería de Santiago, disponiendo las autoridades que solo fuesen hombres los que formasen en la comitiva. Una vez la Virgen en la parroquia, se le dedicó una solemne función por el cabildo, que predicó el mínimo fray Juan Prieto. En las jornadas siguientes también se le dedicaron a la Virgen dos funciones religiosas más: la que le ofrendó la hermandad de Utrera y la que costeó el clero parroquial de Santa María de la Mesa, volviendo la Virgen a su santuario, entre el entusiasmo de los utreranos, el 4 de abril de ese mismo año.

Con su nombramiento como patrona de Utrera por parte de las autoridades municipales, se hacía oficial y se reconocía el patronazgo que, de hecho, la Virgen venía ejerciendo en la villa desde hacía casi casi dos siglos. Con ello, Nuestra Señora de Consolación pasaba oficialmente a engrosar el grupo de patronos y especiales protectores de Utrera, junto a la Virgen del Rosario —nombrada en 1581—, Nuestra Señora de las Veredas, en 1605, y el Santísimo Cristo de Santiago, que lo fue en 1675.

LOS RETABLOS LATERALES

Continuando con la renovación de altares que iniciaron los mínimos en 1707 al sustituir el altar mayor por uno nuevo, a mediados de ese siglo se llevaron a cabo, por un tallista cuyo nombre no he logrado averiguar, los de las capillas laterales del crucero, que cobijan las imágenes del Cristo del Perdón y San Francisco de Paula. Ambas obras presentan un color verde en su fondo y tienen aplicaciones sobredoradas, pues se insertan en la tipología de retablos con estípites, característicos de mediados del siglo XVIII. Presentan un solo cuerpo, articulado en tres calles y un ático. El del Cristo del Perdón, en su calle central y sobre el sagrario, la hornacina adopta caja de crucificado, flanqueadas por imágenes de la Virgen y San Juan, de tamaño académico y finales del siglo XV. En las calles laterales, se sitúan imágenes del siglo XVIII de San Pedro y San Pablo y, sobre ella, otra de San Antonio de Padua. El ático acoge un altorrelieve de la Santísima Trinidad, entre imágenes de ángeles orantes.

El retablo de San Francisco de Paula —imagen de candelero de una gran calidad, que es atribuida por unos a Francisco Antonio Ruiz Gijón y por otros a Pedro Duque Cornejo— es gemelo al anterior, y solo se diferencia en que este no tiene sagrario, pues lo sustituye una pequeña hornacina, que hoy acoge una imagen, del siglo XIX, del Sagrado Corazón de

María. En sus calles laterales aparecen imágenes, del siglo XVIII, de San Ignacio de Loyola y San Cayetano y en la hornacina superior, San Juan Bautista. El ático tiene un altorrelieve de San Francisco amansando al lobo.

EL LAGARTO DE CONSOLACIÓN

El santuario de Nuestra Señora de Consolación a consecuencia de su fama y de los múltiples milagros que hizo la Virgen a lo largo de la historia aún conserva, como recuerdo de ese esplendoroso pasado, una de las mejores colecciones de exvotos de Andalucía, aunque los que hay actualmente, con ser numerosos, no son sino una pequeña parte de los que hubo y se perdieron o fueron expoliados. El exvoto es un testimonio de gratitud a la imagen, por parte del devoto, por haberlo socorrido en una situación crítica y angustiosa, materializado en un pequeño cuadro donde —con una leyenda alusiva— se plasma el hecho o un objeto relacionado con dicho suceso.

Ya he mencionado que la devoción a la Virgen de Consolación y la fama de sus milagros corrió ampliamente por toda España, Portugal e Hispanoamérica lo que hizo que su santuario se llenase con los recuerdos de esos prodigios, así Juan Boza y Rivera en su *Corografía de Utrera* nos dice al respecto que «las paredes de este gran templo se hallan revestidas de insignias y despojos de cuantas dolencias espirituales y temporales nos acometen, acaecidas en este reino y el de América. Hay mortajas de los que se libraron de la muerte; grillos y cadenas de cautivos, trasladados al templo desde las mazmorras de Argel; navíos casi sumergidos y que se salvaron; fieras que suspendieron su ataque al ser invocada esta celestial Señora y de otras infinitas dolencias que de ellos se demuestran».

Y es que, hasta finales del siglo XX —en que se prohibió por el peligro de incendio que entrañaba y la imagen nada higiénica que ofrecía— el santuario conservó miles de objetos que los devotos habían ido dejando a lo largo de mucho tiempo: muletas, cascos, cadenas y grilletes, piezas ortopédicas, fotografías, trenzas de pelo, instrumentos musicales, batones de bautizo, trajes de luces (de los que recuerdo personalmente dos, donados por los toreros utreranos Juan Gálvez y Curro Durán), de novia, de primera comunión, equipaciones de fútbol, uniformes militares... Todo se fue acumulando en la sala que tiene en su centro el pozo de la primitiva ermita y que, por ello, se conocía como sala de los milagros o del lagarto. Esta última denominación responde también a la presencia en ella de un caimán disecado —posiblemente un exvoto hispanoamericano— conocido en Utrera como el lagarto, del que se pueden contar numerosas anécdotas ya que es muy popular, puesto que con él han asustado, a lo largo de los años, a muchísimas generaciones de niños utreranos, narrándoles una falsa e ingenua leyenda que afirma salió del pozo.

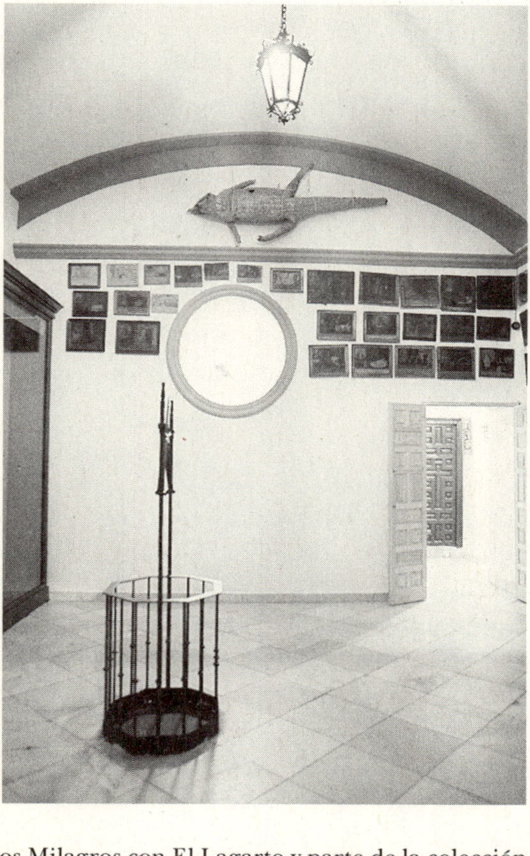

La Sala de los Milagros con El Lagarto y parte de la colección de exvotos.

Antiguamente, la colección de exvotos pintados —que hoy se compone de unas quinientas piezas y comprende ejemplares de los siglos XVII, XVIII, XIX y XX— se exhibía por las paredes del atrio de entrada, antesacristía, sacristía, la escalera de acceso al camarín y la sala ya citada. Hoy, mucho más reducida, se encuentra en su mayor parte en la antesacristía. Además de estos, también se conservan varias panoplias de madera —aunque antes también eran muchas más— en la que se apiñan, sujetos por cintas de colores, cientos de figuras metálicas de pequeño tamaño que reproducen miembros humanos (ojos, piernas y brazos), figuras masculinas y femeninas e incluso animales de labor, que también eran ofrecidos por los peregrinos y devotos.

SUCESOS PRODIGIOSOS

Durante el siglo XVIII la devoción a la Virgen de Consolación cobró aún más difusión y la fama de sus milagros siguió extendiéndose por toda España e Hispanoamérica. De entre los prodigios realizados entre sus devotos en dicha centuria, está el que obró en María de Ribera. Esta, aunque era de Utrera, vivía junto a su marido, Matías de Solís, en la collación de Santa Marina, en Sevilla. Estando embarazada, le dio un fuerte ataque de hemiplejia ante el que los médicos se mostraron muy pesimistas. Ella, al saberlo, mandó que la llevasen a Utrera. Joaquín González Moreno en su libro *Utrera en el siglo XVIII* nos lo cuenta con detalle:

> «Días después fue trasladada a Utrera con el fin de visitar el convento de Consolación, pero al llegar a la Corredera se tuvo que quedar en casa de su madre, en la calle Escobas la Vieja, donde vivía Lorenzo de Buena Cera. Acertó a pasar por allí fray Pedro Domínguez, que llevaba a los domicilios la demanda con una copia en pequeño de la Virgen de Consolación y una vecina llamada María de Vargas le llevó la imagen a la cama para que se encomendara a ella. Pasó una semana y ante los dolores de parto que padecía María se llamó a la matrona y en su presencia dio a luz a una niña a la que pusieron por nombre María Gertrudis Cristobalina. Todos los testigos depusieron ante el alcalde y escri-

bano y todos coincidían en que se había obrado un milagro de la Virgen de Consolación, pues la enferma en el momento del parto, al invocar el nombre de la Madre de Dios sanó totalmente y arrojó una gran placenta que más parecía una gallina o un conejo».

También en Consolación se produjo la conversión del fraile capuchino fray Francisco de Perusa, como nos cuenta el también capuchino fray Juan Bautista García Sánchez en su biografía del beato Diego José de Cádiz, con estas palabras:

> «Dicen las crónicas que dicho P. Francisco de Perusa había sido guardia de corps de Felipe V y que con ocasión de hallarse la corte en Sevilla y dada la familiaridad con que el rey trataba a los capuchinos cobróles grande afecto, pero sin abandonar su licenciosa vida.
>
> »Sucedióle un día, yendo a las fiestas de Consolación de Utrera, que al entrar en el santuario una fuerza oculta y misteriosa lo detuvo y repelió con violencia. Él, creyendo que se trataba de la muchedumbre que obstruía la puerta, intentó entrar de nuevo, pero fue rechazado nuevamente. Comprendiendo que la Virgen lo rechazaba por sus muchos pecados, se resolvió a dejar la corte y se hizo capuchino en el convento de Sevilla».

CONSOLACIÓN EN EL SIGLO XVIII

La Orden Mínima —que dentro de la jurisdicción del arzobispado de Sevilla tenía conventos masculinos en Sevilla, Almonte, Arahal, Aznalcázar, Écija, Huelva, Jerez de la Frontera, Morón, Osuna, Puebla de Cazalla, Puerto de Santa María y Sanlúcar de Barrameda— siempre consideró al de Consolación de Utrera como uno de sus centros más importantes y emblemáticos. Desde que se hicieron cargo de Consolación, en 1561, además de difundir su devoción por muchas partes del mundo y de construir un grandioso templo, merced a las limosnas y donaciones, los mínimos utreranos también dejaron una huella muy honda en la población y se hicieron de un rico patrimonio que sirvió para sostener holgadamente su convento e, igualmente, para ayudar a otros de su orden, que contaban con menos recursos económicos.

A pesar de residir en un convento que contaba con un extenso patrimonio, los mínimos de Consolación vivieron, personalmente, en una absoluta pobreza y austeridad, ya que los miembros de esta orden hacen un cuarto voto de abstinencia de carne, huevos y lácteos, por lo que su régimen alimenticio era cuaresmal durante todo el año y muy frugal, pues se reducía a pescado, verduras y legumbres, tanto que, para subrayarlo, era costumbre durante esta época que los frailes, el día de la festividad de San Francisco de Paula, enviaran una empanada de pescado o un plato de arroz como regalo a los devotos del santo y a los bienhechores del convento.

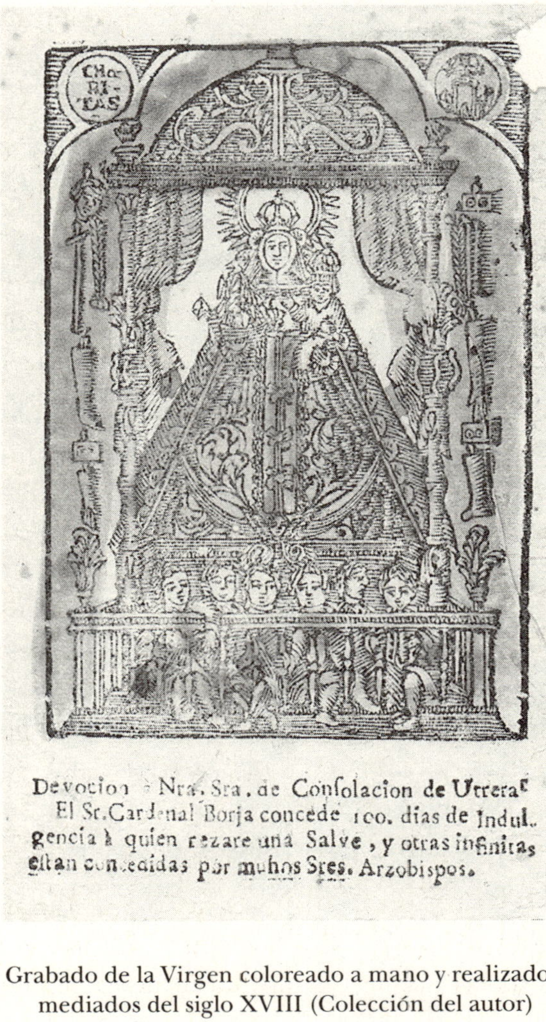

Grabado de la Virgen coloreado a mano y realizado a mediados del siglo XVIII (Colección del autor)

Esta escasez de proteínas en su nutrición fue causa de que los frailes enfermaran con frecuencia, aún más en un convento numeroso, como era el de Consolación. Y como la regla mínima preveía que, en caso de prescripción médica, había de cesar temporalmente el cuarto voto cuaresmal, también obligaba a separar al fraile enfermo de los demás mientras durase el tratamiento. Por ello el convento mantuvo, sucesivamente, dos enfermerías en el casco urbano de Utrera, ambas situada en la calle de los Negros, actual de Ramón y Cajal, y atendidas por oblatos, que así llamaban a los sirvientes de la orden.

El 28 de mayo de 1764 el secretario de la comunidad, fray Lorenzo Zamorano, remitió un informe al arzobispado de Sevilla, en el que hizo un pormenorizado inventario de las propiedades del convento y de las rentas que este percibía, que eran del siguiente modo:

—El cortijo llamado de Majalquivir o de Consolación, de seiscientas fanegas de tierra de labor, arrendado «por dos vidas», en cuatro mil ochocientos cincuenta reales de renta anual.

—Diversas suertes de tierra calma o de labor, con veintidós aranzadas, cuya renta anual eran trescientos reales.

—Otra suerte de tierra de labor, de veintidós aranzadas «dadas por una vida, con la obligación de ponerlas de garrotes de olivos y devolverlas a su muerte».

—Un conjunto de suertes de olivar con ciento cincuenta y dos aranzadas, gravadas con la obligación de mandar decir dos misas diarias y perpetuas, en la parroquia de Santa María de la Mesa.

—Otra suerte de tierra de labor, de veintidós aranzadas, dadas por cincuenta años —que se cumplían en 1785— «con la obligación de entregarla puesta de garrotes de olivos».

—Diversas suertes de viñas en varios pagos, con treinta y nueve aranzadas. De ellas once eran nuevas, quince muy viejas «y el resto tierra descepada que no puede servir sino para viñas».

—Varias suertes de pinar con cuarenta y ocho aranzadas, de las que treinta y ocho, por ser pinos muy jóvenes, señalaba que «eran incapaces de rendir alguna utilidad en muchos años y, el resto, surtía de la madera que dicho convento necesita para su reedificación y la de sus casas».

—El molino aceitero anexo al convento.

Como se puede ver, el patrimonio rústico del convento se componía de seiscientas fanegas de tierra de labor, doscientas doce de olivar, treinta y nueve aranzadas de viña y cuarenta y ocho aranzadas de pinar, que producía una renta anual a la comunidad de 5.150 reales.

Los mínimos también eran propietarios de dieciocho casas en Utrera, cuyos arrendamientos anuales producían 4.210 reales a la comunidad. Igualmente poseían tres solares —que se estaban reedificando en esos momentos— y la mitad de un molino harinero, cuya renta anual eran seiscientos reales.

Y, por último, se incluía en este apartado la huerta que rodeaba al convento, de la que se decía en el mencionado informe que «sacados los costos y el gran consumo que de ella hace la comunidad», producía anualmente setecientos cincuenta reales.

Otro de los apartados importantes dentro del patrimonio de los mínimos utreranos eran los tributos, memorias y bienes dotales a favor del convento, que rentaban 4.826 reales anuales, teniendo la comunidad la obligación —con cargo a uno de estos tributos— de enviar a la cercana villa de Los Molares un fraile sacerdote cada día de fiesta, encargado de decir misa y confesar a los fieles. Pero sin duda, el volumen mayor de ingresos anuales lo obtenía la comunidad por las misas y limosnas de los fieles, así como de los arrendamientos que pagaban los comerciantes por instalar sus puestos en el real, tanto en la romería como fuera de ella, es el caso de la mayoría de los plateros que, dada la afluencia de fieles a la ermita, tenían sus tiendas abiertas en él durante todo el año. Por ambos conceptos, la comunidad recaudaba anualmente 37.944 reales.

A todas estas rentas, que sumaban un total de 52.130 reales, había que descontarle 752 reales —de tributos impuestos sobre bienes del convento— y, con el remanente, se sostenía la comunidad, cuyos gastos anuales de médico, botica, sangrador, barbero y lavandera importaban 2.172 reales. Además, los mínimos sostuvieron una hospedería en el convento, en la que alojaban a peregrinos y devotos.

Una vez abonados todos estos gastos, lo que quedaba, que era una cantidad considerable, era lo que se empleaba en los gastos inherentes al patrimonio urbano y rústico (conservación de las casas y labranza de las fincas), en la conservación y mejoras que se llevaban a cabo en el santuario y convento y en ayudar a otros de la orden.

FRAY JUAN PRIETO

El 21 de mayo de 1752 tuvo lugar en Barcelona la elección de padre general de la Orden Mínima. En esta ocasión resultó elegido un religioso que dejaría una enorme huella en Consolación: fray Juan Prieto, natural de Morón de la Frontera y residente perpetuo en el convento de Utrera, que ya había sido elegido provincial en dos ocasiones y accedió al cargo supremo con unánime aprobación de todos los religiosos de la orden, pues obtuvo sesenta y dos votos de los monjes de Francia, Italia, Alemania y España.

Días antes de su regreso a Utrera —ya investido de la máxima autoridad entre los hijos de San Francisco de Paula— el cabildo de la villa acordó nombrar una comisión para que le diera la bienvenida. Esta tuvo lugar poco después. Juan Boza y Rivera nos describe el acto en la *Corografía de Utrera:*

> «Hizo su entrada pública el 17 de julio del mismo año en su citado convento, recibido por los señores jueces seculares, prelados eclesiásticos y clero, debajo de palio que condujeron al altar mayor de la Virgen. Ante dicha Señora hizo una elocuente oración para el acierto en tan alto empleo, a cuyo fin ponía el generalato en sus manos, para que lo dirigiese en todas sus acciones».

Fray Juan Prieto, con anterioridad, también había sido corrector del convento de Consolación, donde había llevado a cabo muchas renovaciones y mejoras y, al convertirlo en casa general durante su mandato, aún hizo más. Entre ellas está la construcción de la antesacristía —en cuyo techo y en los lunetos de la bóveda mandó pintar al fresco la vida de San Francisco de Paula— y la sacristía con sus tres retablitos barrocos (en los que hoy se venera un crucificado y dos imágenes del Niño Jesús en plomo), sus grandes cajoneras de cedro y su gran mesa de cálices de jaspe rojo, en cuyo borde, entre otras inscripciones, hay una que orgullosamente dice: «*Mensa lapidea in Hispali huc usque nulla maior*» (cuya traducción es: hasta el presente no hay mayor mesa de piedra en Sevilla). Pero sin duda su contribución más espléndida fue el coro alto, situado a los pies de la iglesia y en una enorme tribuna sobre el atrio de entrada al templo. Labrado en maderas de cedro y caoba, tiene sesenta sillas, con una talla de gran sencillez y elegancia, y en su centro se halla un facistol del mismo material.

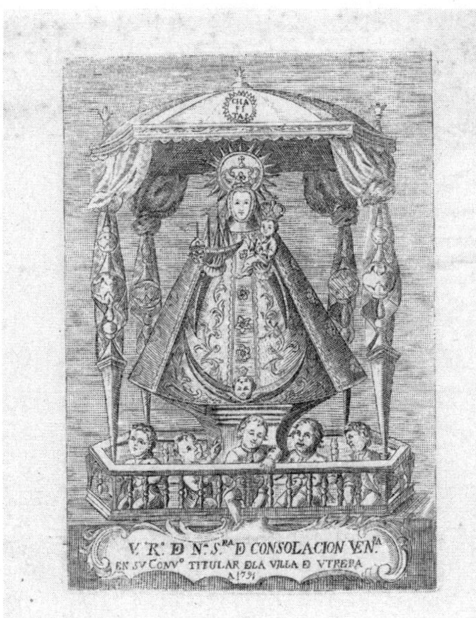

Grabado de la Virgen fechado en 1791 (Colección del autor).

El historiador Juan del Río Sotomayor, al hablar de fray Juan Prieto en su libro *Descripción de Utrera*, nos dice «que dio muchas alhajas de plata y oro, así para el servicio del altar, como para adorno de Nuestra Señora, a quien trajo un hermoso vestido desde Barcelona, donde fue electo general». Igualmente, ofreció una rica túnica de terciopelo negro bordada en oro a la imagen de San Francisco de Paula, que se venera en uno de los retablos laterales del santuario.

Otras de las reformas que llevó a cabo en Utrera fue la de suprimir el noviciado del convento, quedando solo como casa de estudios y, en los últimos años de su vida, fue el que lideró la supresión de su famosa romería a causa de los excesos que se cometían en ella. Esta decisión tuvo graves consecuencias para la comunidad y para los devotos de la Virgen en general, como tendremos oportunidad de ver más adelante, aunque fray Juan Prieto no llegó a ver sus efectos, porque murió muy poco después de la prohibición.

EL TERREMOTO DE LISBOA

Así se conoce el intenso temblor de tierra que sacudió parte de la península ibérica el 1 de noviembre de 1755, ocasionando gravísimos daños y miles de víctimas en Andalucía y Portugal, destruyendo casi por completo la capital lusitana.

A pesar de ello, el terremoto en Utrera, aunque causó importantes daños en los edificios, no causó víctimas. Se empezó a sentir el temblor por la mañana, cuando en ambas parroquias se estaban celebrando los oficios sagrados. En Santa María se desprendió un pináculo de la azotea, atravesando la bóveda y viniendo a caer con gran estrépito en el pavimento de la iglesia, mientras la gente corría aterrorizada. Afortunadamente y a pesar de que la iglesia estaba llena, no hubo que lamentar desgracias personales, aunque las torres de ambas parroquias sufrieron serios desperfectos y, posteriormente, fueron rehechas e incluso ampliadas y lo mismo ocurrió en otros muchos edificios de la población.

En vista de la gran tragedia que se podía haber producido, el cabildo y el clero de la villa, como tenían por costumbre en los momentos críticos, acordaron convocar una procesión general de acción de gracias que, dirigiéndose a Consolación, trajese la imagen a Santa María de la Mesa donde —en su calidad de parroquia mayor, principal y más antigua de Utrera—

se le dedicarían solemnes cultos durante tres días. Y aún se llenaron más de fervor los utreranos cuando los mínimos que custodiaban la imagen hicieron constar en un informe elevado por el corregidor de la villa al arzobispado «que el semblante de esta milagrosa imagen estuvo todo demudado y entristecido el tiempo que duró el terremoto».

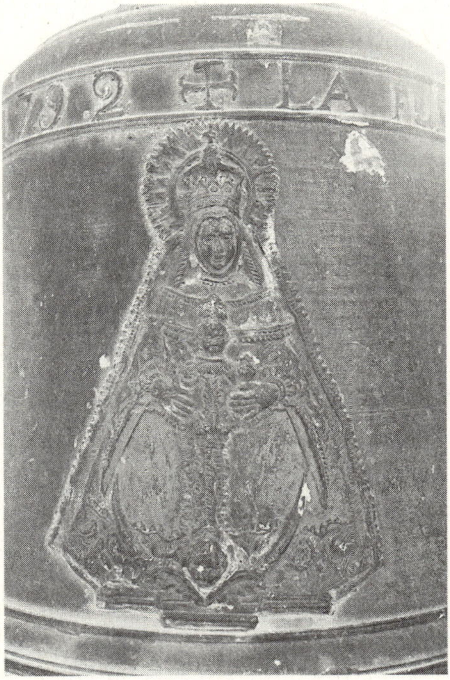

La Virgen de Consolación tal como aparece en la campana de Troya, fundida en 1792 por Zacarías Dietrich.

La procesión se celebró el 12 del mismo mes, con la asistencia de las autoridades municipales y civiles de Utrera, la de la mayor parte de las hermandades y la de todas las comunidades religiosas masculinas de la población. En esta ocasión las hermandades participantes fueron: el Rosario de la Santísima Trinidad, la de la Divina Pastora, la de Jesús, María y José; la hermandad de Consolación de Utrera, la de Nuestro Padre Jesús Nazareno, la de la Soledad, la de Ánimas de Santa María y la Sacramental de dicha parroquia, junto con la cruces parroquiales de Santiago y Santa María con ciriales y acólitos, las comunidades de dominicos, franciscanos, carmelitas y San Juan de Dios; los cleros parroquiales de Santiago y Santa María, el preste, el diácono y el vicario y, por último y cerrando el cortejo, marchaba el corregidor y los regidores de la villa, acompañados de los alguaciles y porteros.

Al llegar al real, allí aguardaba a la comitiva la Orden Mínima en pleno, presidida por su cruz alzada. Entraron todos en el santuario y en su capilla mayor delante de la Virgen, que estaba puesta en sus andas, se rezó una antífona y salió la procesión, cantándose las letanías durante el regreso a Utrera, mientras repicaban las campanas de la ermita de la Concepción y la iglesia de los jesuitas al paso de la procesión por la calle Ancha. Al llegar a Santa María, las andas de la Virgen fueron depositadas en su altar mayor, donde, durante los tres días siguientes, se celebraron solemnes cultos.

Por la mañana de la jornada siguiente predicó el mínimo portugués fray José Correa en el transcurso de la celebración de una misa cantada, acompañada de coro y orquesta, y por la tarde lo hizo el jesuita Francisco de Baena. En la jornada posterior se formó una procesión desde Santa María hasta el convento dominico utrerano, en las inmediaciones de donde se ubicó después la plaza de Abastos para, igualmente, rendir acción de gracias a la Virgen del Rosario y el último día predicó en Santa María el mínimo fray Juan Carrasco, en una misa que contó con la asistencia de las autoridades municipales y en la que, a su término, se interpretaron villancicos escritos expresamente para ello.

La procesión de regreso revistió aún más solemnidad, ya que salió por la calle Marcos Pérez a la plaza del Bacalao, donde estaba entonces la cárcel, disponiendo el corregidor —para solemnizar aún más la jornada— conceder la libertad a tres presos. Seguidamente, continuó la procesión por la calle Santa Clara —repicando las campanas de las monjas clarisas al paso de la Virgen— y subió por la cuesta de las Álvarez a Santiago —con otro repique de campanas por la parroquia y las monjas carmelitas— para salir a la plaza del Altozano y enfilar las calles Ancha y de la Huerta, camino del santuario.

EL GOBIERNO PROHÍBE LA ROMERÍA

Ya he referido que los altercados ocurridos en la multitudinaria romería de Consolación eran frecuentes y cómo, en 1749, el Consejo de Castilla eximió a la Real Audiencia del Crimen de Sevilla de la responsabilidad de mantener el orden durante la romería y en la procesión para, a partir de entonces, hacerla recaer sobre el cabildo municipal de Utrera. Desde entonces, el que la romería discurriese sin incidentes fue, para las autoridades municipales utreranas, todo un reto que dio a los regidores no pocos quebraderos de cabeza. La causa principal era que los desórdenes en la procesión —que tanto irritaban a los mínimos— se seguían produciendo cada año y, si no se hablaba de ellos, era debido a la benevolencia de las autoridades locales que, en muchos casos, no se atrevían a enfrentarse, con sus escasos medios, a una multitud enardecida y difícil de controlar.

Las quejas venían de muy atrás. En 1747, el fiscal del arzobispado de Sevilla había escrito un informe muy negativo de la romería, quejándose del comportamiento de una gran parte del numeroso público asistente, puesto que, según decía, hacían uso de «palabras lascivas y de la mayor torpeza y obscenidad». También lamentaba el jolgorio y los cantes y músicas que, desde días antes, rodeaba al santuario, trastornando absolutamente el recogimiento de la vida conventual y denunciaba que el atrio del templo, durante la noche de la víspera de la festividad de la Virgen, aparecía lleno de personas de ambos sexos que permanecían allí recostadas ya que, al parecer, la prohibición de entrar varones en el santuario durante la noche se había ido olvidando con el paso del tiempo. Asimismo, se quejaba de los altercados y pendencias que, cada año, se producían entre los romeros y la costumbre que se había ido imponiendo de llevar la Virgen a Utrera todos los años, subrayando que su paso por la cárcel se había convertido en una medida de presión para exigir más benevolencia a las autoridades a la hora de darle la libertad a algunos presos. Y, por último, terminó su informe afirmando que «las hermandades que de dichos lugares comarcanos concurren, se componen de hermanos vestidos de trajes ridículos y nada serio, cubiertas las cabezas con pañuelos en vez de capillos y unos palos o garrotes, como vulgarmente se dice, en las manos. En esa forma y con la misma indecencia entran y están en dicha iglesia y asisten a la misa solemne (que por la misma confusión y algaraza no se percibe, ni se puede oír o atenderse) van a la procesión y en número crecido, como de ciento o más, llevan dichas parigüelas de la Santa Imagen».

Posteriormente, parece que a este respecto se vivieron unos años, en apariencia, más tranquilos, pero, en 1758, nuevamente el mínimo fray Esteban Suárez, corrector del convento, volvió a sacar a la palestra el tema, solicitando a las autoridades municipales, mediante vía notarial, que pusieran freno a los desórdenes de la romería, puesto que trataban «a dcha. Santísima Imagen irreverentemente, dexandola caer y llevándola por sitios indecentes».

Realmente, el orden en la romería debió ser un asunto especialmente espinoso y complicado para el cabildo, ya que, a pesar de las quejas del mínimo, las autoridades municipales —temerosas de reacciones airadas o violentas por parte de los romeros— decidieron tratar a la multitud, según afirmaron, «con consideración, suavidad y templanza, a fin de evitar toda turbación y desconcierto de la muchedumbre». Al mismo tiempo, delegaron en los regidores Cristóbal Jiménez de Guzmán y Pedro Franco Melgarejo para que fueran a caballo junto a las andas, rodeados de la tropa necesaria para mantener el orden, rogándole a la comunidad que los mínimos que se ponían a ambos lados de la imagen «no llevaran garrote ni instrumento alguno y antes sí sea su asistencia con la modestia y mansedumbre que corresponde a su estado». Aun así, los regidores —intuyendo lo que se le venía encima— el día antes de la procesión presentaron sendos certificados médicos que justificaban su ausencia, siendo sustituidos por el también regidor Bartolomé de Morales y Palma.

A partir de 1759 el problema se agravó para el cabildo utrerano. Antonio Cabrera Rodríguez en uno de sus artículos en la revista *Vía Marciala* nos cuenta que «llegó la noticia de que el capitán general se había negado a facilitar tropa de caballería para la romería, por lo que se hizo la misma petición al asistente de Sevilla para que enviara de veinte a treinta hombres a caballo o una compañía de infantería. Poco después, la triste realidad es que se habían negado a prestar auxilio no solamente el susodicho asistente sevillano, sino también el regimiento de Jerez de la Frontera, por lo que el corregidor junto con el resto de ediles utreranos tuvieron que afrontar, un año más, con sus escasos medios, la difícil situación».

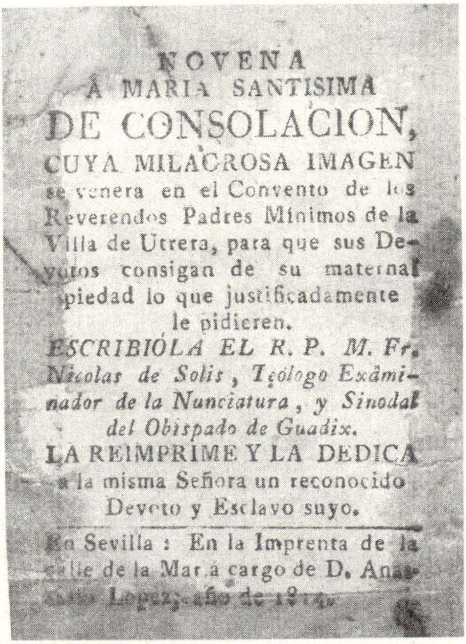
NOVENA
A MARIA SANTISIMA
DE CONSOLACION,
CUYA MILAGROSA IMAGEN
se venera en el Convento de los
Reverendos Padres Mínimos de la
Villa de Utrera, para que sus Devotos consigan de su maternal piedad lo que justificadamente le pidieren.
ESCRIBIÓLA EL R. P. M. Fr. Nicolas de Solis, Teólogo Exâminador de la Nunciatura, y Sinodal del Obispado de Guadix.
LA REIMPRIME Y LA DEDICA a la misma Señora un reconocido Devoto y Esclavo suyo.
En Sevilla: En la Imprenta de la calle de la Mar, á cargo de D. Anastasio Lopez, año de 1814.

Novena de la Virgen impresa en 1814 (Archivo del autor)

La romería continuó celebrándose en medio de estas dificultades y apoyada por el calor popular que aportaba la multitud asistente, pero, precisamente, la enorme masa de gente congregada en torno al real para participar en la celebración de la fiesta en 1770 impulsó al corrector del convento, fray Juan Prieto, a suprimir la procesión en la víspera sin previo aviso, es decir, sobre la marcha y en la noche del 7 al 8 de septiembre. Enterados de ello por el clero de la parroquia de Santa María, los miembros del cabildo, temerosos de la violenta reacción de los peregrinos si trascendía la noticia en el real, se reunieron con urgencia y a la una de la madrugada se presentó en el convento una comisión municipal, formada por Miguel Rull, teniente de asistente de la villa, y los regidores Benito de Ulloa y Sanabria y Pedro Franco Melgarejo, acompañados del síndico personero del común, Fernando Hurtado de Mendoza, que, tras una ardua discusión con el corrector mínimo, lograron, a las tres de la mañana, que este se retractara de su decisión y la procesión, a la mañana siguiente, se llevase a cabo como todos los años.

Tras la celebración de la romería y procesión de 1771 —en que se le dedicó a la Virgen, por primera vez, el texto de la novena y los gozos que aún se rezan, escritos por fray Nicolás de Solís, teólogo examinador de la Nunciatura y del obispado de Guadix— el corrector mínimo fray Juan Prieto volvió a protestar y puso de relieve los excesos que se produjeron al cabildo municipal de Utrera, que dio traslado del asunto a la Real Audiencia del Crimen de Sevilla. Esta dio conocimiento al Consejo de Castilla y, finalmente, el 25 de septiembre de ese mismo año, su presidente, el conde de Aranda, firmó una resolución por la que, en nombre del rey Carlos III, se prohibía terminantemente la celebración de la procesión de la Virgen de Consolación e incluso que la imagen se moviera de su altar y, asimismo, se ordenaba a todas las hermandades que participaban en la romería que dejaran de asistir y entregaran sus reglas y estatutos al asistente de Sevilla, Pablo de Olavide.

El año 1772 —el mismo en que falleció, siendo provincial, fray Juan Prieto, que tanto había favorecido a Consolación y, finalmente, fue el que acabó con sus grandes fastos— marcó el inicio del declinar de la fiesta, pues fue el primero en que las hermandades filiales no asistieron y la Virgen no se movió de su altar. Con la ausencia de las hermandades, el número de peregrinos y devotos decayó considerablemente. Así, el historiador Juan del Río Sotomayor en su libro *Descripción de Utrera*, dice que, «aunque no deja de concurrir alguna gente por la octava, puede decirse que no es ni aún un remedo de la antigua: sigue la feria, más no como antes y el convento ha perdido, por consiguiente, un buen número de limosnas». Igualmente, añade que desde la supresión de la procesión y, por consiguiente, cese de la romería, los únicos comerciantes que acudían a Consolación en su fiesta se reducían a «un pequeño número de mercados de tejidos de sedas y distintos buhoneros, fruteros, plateros y de otras clases».

El fin de la romería y el declinar de la festividad de Consolación también coincidió con una cierta crisis de vocaciones dentro de la Orden Mínima y así Consolación —de ser el buque insignia de la Orden en España, junto con el de la Victoria de Málaga— pasó a ser un convento más. De hecho, es una elocuente muestra del inicio de su decadencia la rápida disminución de frailes residentes en él. De este modo, de la media de sesenta que había tenido regularmente, se descendió a veintidós frailes profesos en 1775 y a dieciocho en 1783.

Aun así, el convento de Consolación vivió un auténtico *canto de cisne* en 1787, con motivo de la beatificación de los frailes mínimos Gaspar Bono y Nicolás Longobardo, que fue celebrada con gran solemnidad y cuyas imágenes pasaron a ocupar sendos retablos, levantados a los pies de la nave del santuario.

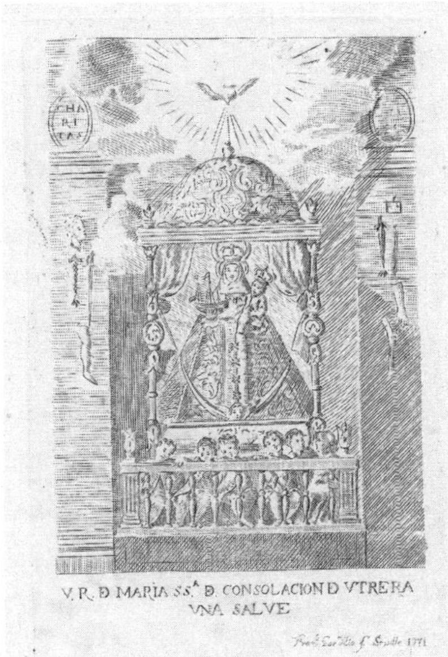

Grabado de la Virgen, obra de Francisco Gordillo en 1771 (Colección del autor).

Un curioso dato de Consolación en el siglo XVIII lo constituye la devoción que a la Virgen le profesaba el famoso bandolero utrerano Diego Corrientes, que ha pasado a la historia como «el bandido famoso / el ladrón de Andalucía / el que a los ricos robaba / y a los pobres socorría». Este bandido romántico —que a pesar de ponerse al margen de la ley, jamás se manchó las manos de sangre y sus hazañas se contaron en multitud de coplas y romances— cuando fue detenido en Portugal, tras su enconada pugna personal con el presidente de la Audiencia de Sevilla, Francisco de Bruna y Ahumada, llevaba puesta al cuello una medalla de oro de la Virgen de Consolación y, tras ser ahorcado, en marzo de 1781 y en plena juventud, en la plaza de San Francisco de Sevilla, la hermandad de la Santa Caridad de Sevilla, que se ocupó de darle cristiana sepultura, mandó decir cuatro misas por su alma en Consolación, pues así lo pidió el bandolero antes de ser ajusticiado.

Y por lo que parece, esta devoción del bandido a la Virgen era heredada de su familia pues Manuel Morales, cronista de Utrera, en un artículo de mediados del siglo XX, nos dice que en su época aún se conservaba en el santuario un exvoto, ofrecido por otro Diego Corrientes —padre del famoso bandolero— y, posteriormente y como tantos otros se perdió, pues no existe en la actualidad.

LA INVASIÓN FRANCESA

A la llegada del siglo XIX, Consolación había reducido bastante su esplendor pasado, pues los visitantes de su santuario, en su mayor parte, se limitaban a los habitantes de Utrera y los de los pueblos comarcanos. Además, en 1800 se desató una terrible epidemia de fiebre amarilla que, desde Cádiz, a donde habían llegado los primeros barcos con contagiados procedentes de La Habana, se extendió a un buen número de pueblos andaluces, entre ellos Utrera, donde causó cientos de muertos. Como era tradicional, se organizó una procesión de rogativas por el cese del contagio, que trajo a la Virgen de Consolación hasta la parroquia de Santa María de la Mesa, donde el cabildo de la villa le dedicó solemnes cultos.

Con respecto a las limosnas, habían descendido de forma tan alarmante que el convento contó con poca liquidez económica por estos años, hasta el extremo de que el corrector fray Juan Muñoz y el mínimo fray Miguel de Zayas tuvieron que adelantar diez mil reales, en cierta ocasión, para pagar los jornales de recolección de la aceituna. Asimismo, Pedro Luis de Ulloa y Halcón de Cala, conde de Vistahermosa; su primo Juan José de Ulloa y Ponce de León, marqués de Casa Ulloa y Joaquín Goyoneta, caballero Veinticuatro de Sevilla, también prestaron dinero al convento cuando este lo necesitó, aportando el primero 5.869 reales; el segundo, 4.000 reales y el tercero, 30.000 reales.

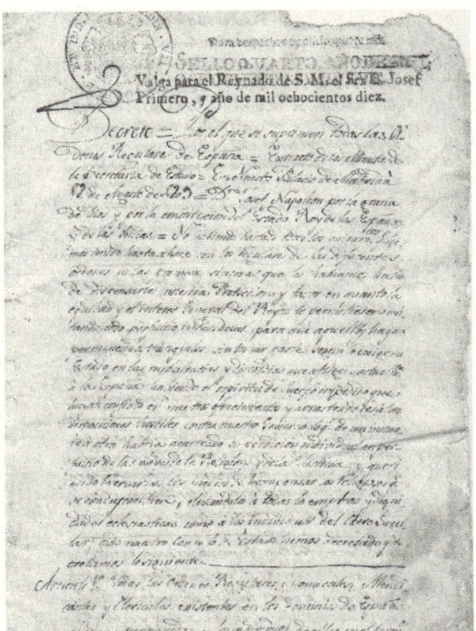
Valga para el Reynado de S. M. el Sr. D. Josef Primero, y año de mil ochocientos diez.

Diligencia de incautación de los bienes del convento por José Napoleón en 1810 (Archivo del autor)

En 1805 la utrerana Inés de Silva y Bocos, casada con José Sánchez Bayo y dama de la Real Orden de María Luisa, se hizo cargo de vestir y exornar a la imagen de la Virgen, puesto que fue nombrada su camarera por los mínimos. Desde entonces, tanto Inés de Silva como su hijo, Manuel Sánchez Silva, destacado político, tuvieron un indiscutible protagonismo en la historia del santuario, como tendremos ocasión de ver más adelante.

A principios de 1808 las tropas francesas de Napoleón Bonaparte entraron en España, pero aun cuando lo hicieron como aliados y con el pretexto de ocupar Portugal, los franceses pronto se comportaron como invasores, sojuzgando al pueblo español y sustituyendo en su trono al rey Fernando VII por José Napoleón I, hermano del emperador. A la vista de los hechos, el pueblo de Madrid se levantó en armas contra los franceses el 2 de mayo, y en toda España se constituyeron juntas de defensa para tratar de contener la invasión y combatirlos.

Cuatro días después, se celebró en la capilla del Cristo de los Milagros una junta general de vecinos de Utrera para debatir las medidas a tomar. En ella, el coronel Joaquín Cabalieri y Ponce de León propuso reclutar voluntarios para engrosar las tropas que debían combatir a los franceses y se formó una comisión integrada por él y por Pedro Luis de Ulloa y Halcón de Cala, conde de Vistahermosa; Juan José de Ulloa y Ponce de León, marqués de Casa Ulloa; Mariano Fernández-Soler y Sanabria, Diego José Vázquez y el comandante de las milicias, Miguel Suffo, para ocuparse de los preparativos bélicos. También se acordó traer a la Virgen de Consolación en procesión a Santa María de la Mesa el 10 de mayo, para rogar por el triunfo de las armas españolas.

A pesar de la gran victoria que las tropas españolas tuvieron sobre las francesas en la batalla de Bailén —librada en julio de 1808 y en la que tuvieron un destacado protagonismo los voluntarios conocidos como los garrochistas de Utrera, que entrenaban en los alrededores del santuario— se impuso pronto la superioridad de las fuerzas francesas y el 1 de febrero de 1810 entraba en Utrera el I Cuerpo de Ejército de Francia, mandado por el general Claude Perrin Víctor. Con la llegada de los franceses a Utrera, comenzó uno de los periodos más aciagos de su historia, pues se caracterizó por los saqueos, asesinatos y extorsiones que perpetraron durante el tiempo en que la villa permaneció ocupada, hasta dejar sumida a la población en la miseria más absoluta.

El expolio comenzó en el santuario de Nuestra Señora de Consolación, donde las tropas francesas saquearon y robaron la mayor parte de la plata y del tesoro de la Virgen, es el caso de las andas que usaba en la suprimida romería —de cuatro arrobas de peso—, las lámparas que la alumbraban, la lámpara de aceite del primer milagro —engarzada sobre un armazón de plata y colocada a la derecha del altar mayor—, la custodia, el frontal del altar y algunas otras piezas. Además de ello hicieron destrozos en diversas dependencias del templo y el convento, por lo que, ante sus amenazas, la comunidad —compuesta entonces por su corrector, fray Juan Muñoz, seis frailes sacerdotes, un diácono, siete frailes coristas y tres hermanos legos— abandonó el edificio y se dispersó, refugiándose algunos en distintas casas de Utrera y la imagen de la Virgen, para evitar profanaciones y tenerla custodiada en sitio seguro, fue llevada a la parroquia de Santa María de la Mesa.

Pasados doce días, el rey José Napoleón I entraba en Utrera. Deseoso de congraciarse con un pueblo que con tanto ahínco los combatía y probablemente oyendo la sugerencia del célebre abate Marchena, que formaba parte del séquito real, emitió una orden que fue publicada en *La Gaceta de Madrid*, cuyo primer artículo decía:

> «Accediendo a la solicitud de los curas párrocos y clero de la Iglesia Mayor de Utrera concedemos a esta iglesia la propiedad de la imagen de Nuestra Señora de Consolación, que fue del convento de los ex regulares Mínimos».

Poco después, el 2 de mayo, el administrador de Bienes Nacionales, Pedro de Ledesma Sanabria y Montiel, se dirigió al convento de Consolación para aplicar la ley dictada por José Napoleón el 18 de agosto de 1809, por la que suprimía todas las órdenes religiosas masculinas de España, ordenando igualmente la incautación de todos sus bienes, que pasarían a ser propiedad de la nación. Al llegar y formalizar la diligencia burocrática de la incautación se hizo constar en ella que el convento «se encontró en un total desamparo y abandono de los frailes con el motivo (según se informó) de los insultos y atropellamientos que le causaron las tropas francesas a su tránsito por esta villa, haciendo los destrozos que se pueden ver en la sacristía y otras piezas y habitaciones altas y bajas del propio convento».

Allí se hicieron con toda la magnífica biblioteca y archivo del convento. De hecho se llevaron «ciento once paquetes de a diez libros cada uno y uno de cinco, de distintas obras y tamaños, todos forrados en pergamino; seis líos de libros viejos, sin principios ni fines; dieciocho legajos de libros de pasta, con doscientos veintisiete libros en total; ocho legajos de papeles sueltos, de copias de escrituras y otros, pertenecientes al gobierno de este convento; otro legajo de cuadernillos manuscritos con varios apuntes para el mismo fin, un paquete de diez libros en pergamino que comprenden protocolos callejeros, cuentas y otras cosas del convento; otro paquete de diez libros para el mismo fin y un paquete de seis libros para lo propio».

Del mismo modo fue requisada toda la plata que no llegaron a robar los soldados franceses. La lista de los objetos incautados —que fueron los que quedaron en el santuario, seguramente por no estar a la vista al llegar las tropas— se compone de un jarro grande y palangana, un caldero con hisopo, una cruz y seis cañones para la manga, una paz, una corona, una diadema pequeña, seis cornucopias, dos platos con vinajeras, dos ciriales, la puerta del sagrario, dos atriles, una cruz de mano, seis candeleros grandes de pie de altar, ocho más pequeños, con pie redondo; otros seis candeleros más, con pie triangular; dos varas de madera, una forrada con diecinueve cañones lisos y otra con doce; cuarenta y ocho cañones más, labrados; una campanilla, dos tablas de lavabo y evangelio, una araña de cristal con mecheros de plata, una manifestador carmesí con chapa de plata, un sol dorado para cubrir al Santísimo Sacramento, diferentes piezas sueltas de arañas y frontales, un viril con cerco dorado, cinco cálices sobredorados y cuatro patenas, dos cálices cincelados, dos copones grandes dorados, una taza, un plato con vinajeras y campanilla, dos llaves del sagrario y la figura de un capitán, con un peso en total de seiscientos cincuenta y cuatro marcos, cinco onzas y once adarmes de plata, siendo enviados todos estos objetos a Sevilla y haciéndose cargo de ellos para su fundición y amonedamiento Francisco Tamariz y Rivera, tesorero del ejército francés de Andalucía.

También se hicieron cargo de todos los ornamentos y el ropaje litúrgico que existía en la sacristía, que fue depositado en la parroquia de Santa María de la Mesa, y, por último, incautaron el rico patrimonio que habían ido amasando los mínimos a lo largo del tiempo por compras o donaciones y que, en ese momento, estaba compuesto por las siguientes fincas:

—El cortijo de Majalquivir o Consolación, con 659 fanegas de tierra de labor, con caserío y dos pozos.

—Dos suertes de olivar llamadas Primera y Segunda de Los Molares, en el pago del Arrebolado, con veintidós aranzadas y catorce celemines de tierra.

—Dos suertes de olivar llamadas El Manchón de Peña y La Manquilla, en el pago de La Lombarda, con siete aranzadas y ocho celemines de tierra.

—Una suerte de olivar a la salida de la calle Molares, con una aranzada y diez celemines de tierra.

—Una suerte de olivar llamada María Vega, en el pago de La Juncosa Baja, con dos aranzadas y cuatro celemines de tierra.

—Dos suertes de olivar llamadas La Platera y El Jardinillo, en el pago de Cascalaventa, con nueve aranzadas y cinco celemines.

—Una suerte de olivar llamada Los Comunes, colindante con la huerta y pared del convento, con una aranzada y ocho celemines.

—Cuatro suertes de olivar llamada El Rosaliero, El Ahorcado, El Descanso y El Garrotal de Amaro, en el pago de Consolación, con cuarenta y dos aranzadas y once celemines de tierra.

—Una suerte de olivar llamada Valero, en el pago de La Juncosa Alta, con doce aranzadas y nueve celemines de tierra.

—Una suerte de olivar llamada La Galinda, en el pago de la Huerta del Pino, con seis aranzadas y cinco celemines de tierra.

—Dos suertes de olivar llamada Patas Gordas y Rivas, en el pago de Las Perdigueras, con veintitrés aranzadas y ocho celemines de tierra.

—Una suerte de olivar llamada Cabeza Baja, en el pago de La Berberisca, con trece aranzadas y siete celemines de tierra.

—Tres suertes de olivar llamadas del Sepulcro, Las Platerías y La Huerta Vieja, colindantes con las paredes y huerta del convento, con veinticuatro aranzadas de tierra.

—Una suerte de olivar llamada Cañada de Carmona, con cuatro aranzadas de tierra.

—Tres suertes de olivar llamada Olivar Grande, El Muguino y Gregorio, en el pago de Las Perdigueras Bajas, con catorce aranzadas de tierra.

—Cuatro suertes de olivar llamadas Primera, Segunda, Tercera y Cuarta de los Adrianes y El Portillo, en el pago de La Granja, con doce aranzadas de tierra.

—Cinco suertes de olivar llamadas Cuca de Noche y Primera, Segunda, Tercera y Cuarta de la Cerca de la Hacienda, en el pago de Marchamorón, con dieciocho aranzadas de tierra.

—Una suerte de viña llamada La Hacienda, en el pago de Marchamorón, de siete aranzadas y siete celemines.

—Una suerte de viña llamada Los Adrianes, en el pago de La Granja Alta, con cuatro aranzadas.

—Una suerte de pinar en el pago de La Granja Alta, con veintiuna aranzadas y cuatro celemines de tierra.

—Una suerte de pinar en el pago de El Saltillo, con ocho aranzadas y siete celemines de tierra.

—Una suerte de manchón llamada de Los Canasteros.

—Una suerte de manchón llamada La Viña, en el pago de Los Adrianes, con cuatro aranzadas.

—Dos suertes de tierra de labor, en el pago de Los Adrianes, con doce aranzadas.

—La huerta del convento, cercada de muros y vallados de pitas y chumberas, con pozo, noria, alberca y canales de riego; tres aranzadas de tierra de regadío para sembrar hortalizas y aranzada y media sembrada de granados, ocho pies de naranjos chinos, ochenta pies de naranjos agrios, quince pies de perales, cuatro pies de damascos y cuatro de ciruelos.

—Veinte casas en Utrera, situadas en las calles del Arroyo, Larga del Arrabalejo, Vereda de Yepes, Coronilla, de la Fuente, de la Hermosa, de la Huerta, Lorenzo Sánchez, de los Negros, del Portillo, Partera, del Tinte, Molares y plazuela de Santo Domingo.

—Cinco solares en Utrera, en las calles de la Huerta, Larga de la Vega, Nueva, de los Osos y frente al Matadero.

—El real de la Feria, con dos aceras y calles de tiendas llamadas de Francos y Bodegones, de cincuenta y tres varas de largo cada una, con tres puertas de acceso y en uno de sus lados, la capilla del Santo Sepulcro.

—Y, por último, el edificio del convento, que en el acta de incautación fue descrito del siguiente modo:

> «El edificio se halla situado fuera de esta Villa, a distancia como de un cuarto de legua, mirando por la fachada al Poniente y por las espaldas a Oriente, por donde linda con una huerta perteneciente al mismo convento. Dicho edificio tiene setenta y seis varas de frente y en ella la portería, que da paso al patio claustreado, compuesto de cuarenta varas en cuadro, por el que igualmente se entra a la sala *de profundis* y refectorio, cuyas naves tienen, aquella, cuarenta varas de largo y seis de ancho y esta, cuarenta y ocho varas de largo y once de ancho y por el dcho. refectorio se da entrada a la cocina y despensa que, igualmente, tiene veinticuatro varas de largo y seis de ancho. La yglesia compuesta de una nave, tiene sesenta y tres varas de largo y la sacristía y antesacristía que se hallan contiguas a la misma yglesia tienen veinte varas de largo y once de ancho y todo el edificio tiene de fondo desde la puerta de la yglesia hasta la referida huerta, con inclusión de un corral que media entre esta y dcha. sacristía, noventa varas y comprende en su centro el coro alto de la yglesia con sillería tallada, celdas altas y baxas, noviciado y coristado alto y otras muchas piezas de su uso».

Mientras tanto, la imagen de la Virgen permaneció en la parroquia de Santa María de la Mesa, custodiada por su clero parroquial y también por algunos frailes mínimos, que se habían instalado en Utrera. En agosto de ese mismo año 1810, el comandante militar francés que mandaba las tropas de Utrera, brigadier Carlos de Reding, siguiendo la política francesa de tratar de congraciarse —a pesar de los desmanes que protagonizaban— con un pueblo que estaba en auténtico pie de guerra contra ellos, solicitó a las autoridades municipales que la Virgen saliera en procesión.

Esta se celebró el 1 de septiembre y discurrió alrededor de la iglesia parroquial y con el mismo itinerario de la del Corpus Christi, es decir las calles de Monta Marta, Don Pedro, Puerta de la Villa, Plaza de las Pescaderías, de la Plaza y Santa Brígida. Paralelamente, los puestos que conformaban la feria se instalaron en la Mota de Santa María y en las calles inmediatas a la parroquia. Y este sería el marco donde se repetiría la celebración de la festividad de la Virgen en los años 1811 y 1812, hasta que las tropas francesas abandonaron finalmente la población en el mes de agosto. Poco después, el 27 de septiembre de 1812, tuvo lugar el solemne juramento de la Constitución que había sido promulgada el 19 de marzo de ese mismo año por las cortes españolas, reunidas en Cádiz durante la ocupación francesa.

Para dicho acto, se trasladó la corporación municipal en pleno hasta la parroquia de Santa María de la Mesa —donde se encontraba la Virgen— y allí se procedió a la lectura de la Constitución desde uno de sus púlpitos, jurándola seguidamente todos los miembros del gobierno municipal.

Con el término de la guerra y la victoria de los españoles, tras celebrar la festividad el día 8, se dispuso una solemne procesión el 12 de septiembre de 1813, que devolvió a la Virgen de Consolación a su convento, tras el retorno de los mínimos.

LA EXCLAUSTRACIÓN

Al terminar la guerra contra los franceses y regresar la Virgen a su convento, a los mínimos, una vez rehecha la comunidad, le tocaron vivir tiempos muy duros, a causa de las calamidades y miseria derivadas de la contienda y de las luchas políticas que le sucedieron, enfrentando a absolutistas (partidarios de volver al antiguo régimen, en el que el monarca ostentaba un poder absoluto) y liberales (defensores de la constitución liberal promulgada en 1812). Estas pugnas políticas comenzaron en 1814, al regresar Fernando VII de su exilio francés, que abolió la constitución y restableció el absolutismo; continuaron en 1820 con el golpe de Estado del general Riego —que volvió a imponer la constitución liberal— y tuvo su epílogo en 1823 con la invasión del ejército francés conocido como los Cien Mil Hijos de San Luis, que restauró el poder absoluto del rey Fernando VII, comenzando lo que se conoció como la Década Ominosa.

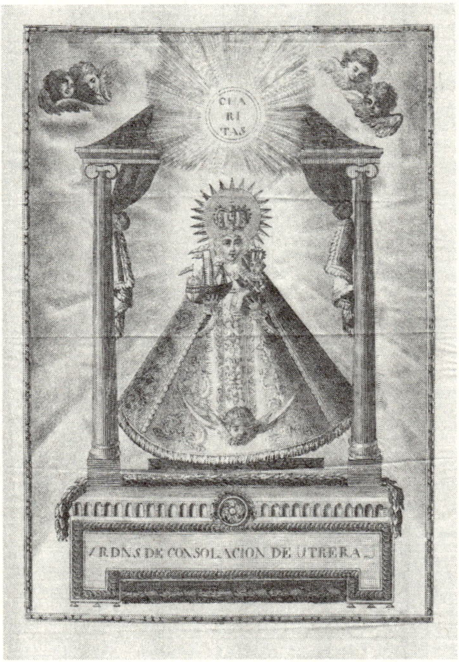

Nuestra Señora de Consolación, litografía sobre seda de finales del siglo XVIII (Colección del autor)

Aunque a los mínimos les fueron devueltas algunas fincas rústicas y urbanas, el convento ya nunca volvió a ser lo que era antes. De todos modos, aún los mínimos utreranos vivieron días tranquilos, aunque con estrecheces. Y en Utrera, organizaban las fiestas lo mejor que podían. Así, en septiembre de 1828, para celebrar la festividad de Consolación, se celebraron en la plaza del Altozano cuatro novilladas de las entonces famosas ganaderías utreranas propiedad de Soledad Núñez de Prado, viuda de José Rafael Cabrera; Juan Domínguez Ortiz, conocido como El Barbero de Utrera; Clemente y Pedro Picavea de Lesaca y Francisco Rull. Fue la muerte del rey Fernando VII, en 1833, la que marcaría el punto final de la presencia de los mínimos en Consolación.

Y es que, tras la muerte del monarca, su viuda —la regente María Cristina, que gobernaba en nombre de la pequeña reina Isabel II— al ver que el derecho al trono de su hija era disputado por su tío, el infante Carlos María Isidro, se apoyó en los liberales durante su regencia dándoles el Gobierno y estos aprovecharon la ocasión para poner en práctica su política desamortizadora de los bienes de la Iglesia.

Esta comenzó con un decreto de 2 de abril de 1834, en el que se prohibía la admisión de novicios en todas las comunidades religiosas. A este le siguió otro, de 25 de julio de 1835, que suprimió todos los conventos que tuviesen menos de doce frailes profesos y, finalmente, el de 8 de marzo de 1836, que suprimía absolutamente todas las órdenes y congregaciones religiosas en España. Entre las causas que se adujeron para su supresión estaba «el desproporcionado número de monasterios, su inutilidad para la asistencia a los fieles, el perjuicio de la amortización de sus fincas y la conveniencia de hacer circular sus bienes para aumentar los recursos del Estado y abrir nuevas fuentes de riqueza».

Finalmente, en septiembre de 1835, tras celebrar por última vez la festividad de la Virgen en el lugar que ocupaban desde 1561, se cerró el convento de Utrera, quedando como capellanes de su iglesia —que continuó abierta al culto— solo dos miembros de su extinguida comunidad: el que había sido su último corrector, fray José Guerrero —que consiguió salvar del expolio algunos libros y documentos procedentes de la antigua biblioteca— y fray Juan Pastor. Antes de cerrar el convento, el 28 de septiembre de ese mismo año, fray José Guerrero le hizo entrega a Inés de Silva, camarera de la Virgen —mediante inventario firmado por ambos— de las joyas que se salvaron del saqueo francés, por estar ocultas. Estas alhajas habían sido regaladas a la imagen por sus devotos y servían para adornarla en su festividad. Entre ellas están algunas que aún se conservan, como el barquito de cristal y oro que le regaló Rodrigo de Salinas, el rostrillo de oro, esmeraldas, diamantes y perlas; el pectoral de oro y esmeraldas —obras todas realizadas a finales del siglo XVI— y un broche muy grande, circular, de oro, esmalte y brillantes.

Pascual Madoz en su *Diccionario Geográfico Estadístico e Histórico de España* —publicado entre 1845 y 1850— nos dice de este convento:

> «Al tiempo de la exclaustración solo existían en él trece frailes, que se sostenían con ciento noventa aranzadas de olivar propio y algunas casas y censos. Y aunque el edificio está bastante bien conservado a costa de los fieles, que anualmente lo reparan con sus limosnas, estas se han disminuido al infinito. En las tiendas solo se venden ahora juguetes para niños y la romería se reduce a la visita que hacen a la Virgen durante la octava los vecinos de Utrera y algunas gentes de fuera, estableciendo paseo por las tardes en la fachada del santuario y por la noche en la calle que llaman de la Huerta. En este monasterio, que es inmenso y muy sólido, proyectó don José de Hezeta, jefe superior político de la provincia, establecer una casa de dementes según los adelantos modernos y por su encargo levantó el plano don Clemente de la Cuadra, vecino, labrador y hacendado de esta villa, pero, relevada aquella autoridad, se quedó en nada tan importante pensamiento».

SE RESTAURA LA HERMANDAD DE LA VIRGEN

Una vez en marcha la ley de desamortización de bienes eclesiásticos, dictada por el ministro Álvarez de Mendizábal, que sucedió al cierre de los conventos y puso en venta, en beneficio del Estado, los bienes que eran de su propiedad, al desecharse la idea de convertir Consolación en manicomio, se sacaron todos sus bienes a subasta y también el edificio del convento, adquiriéndolo, junto a la huerta y las tierras inmediatas, Inés de Silva, camarera de la Virgen, que instaló su domicilio en él y permaneció en su cargo, vistiendo y exornando a la imagen, hasta su muerte en 1857, recibiendo sepultura en el santuario, en la capi-

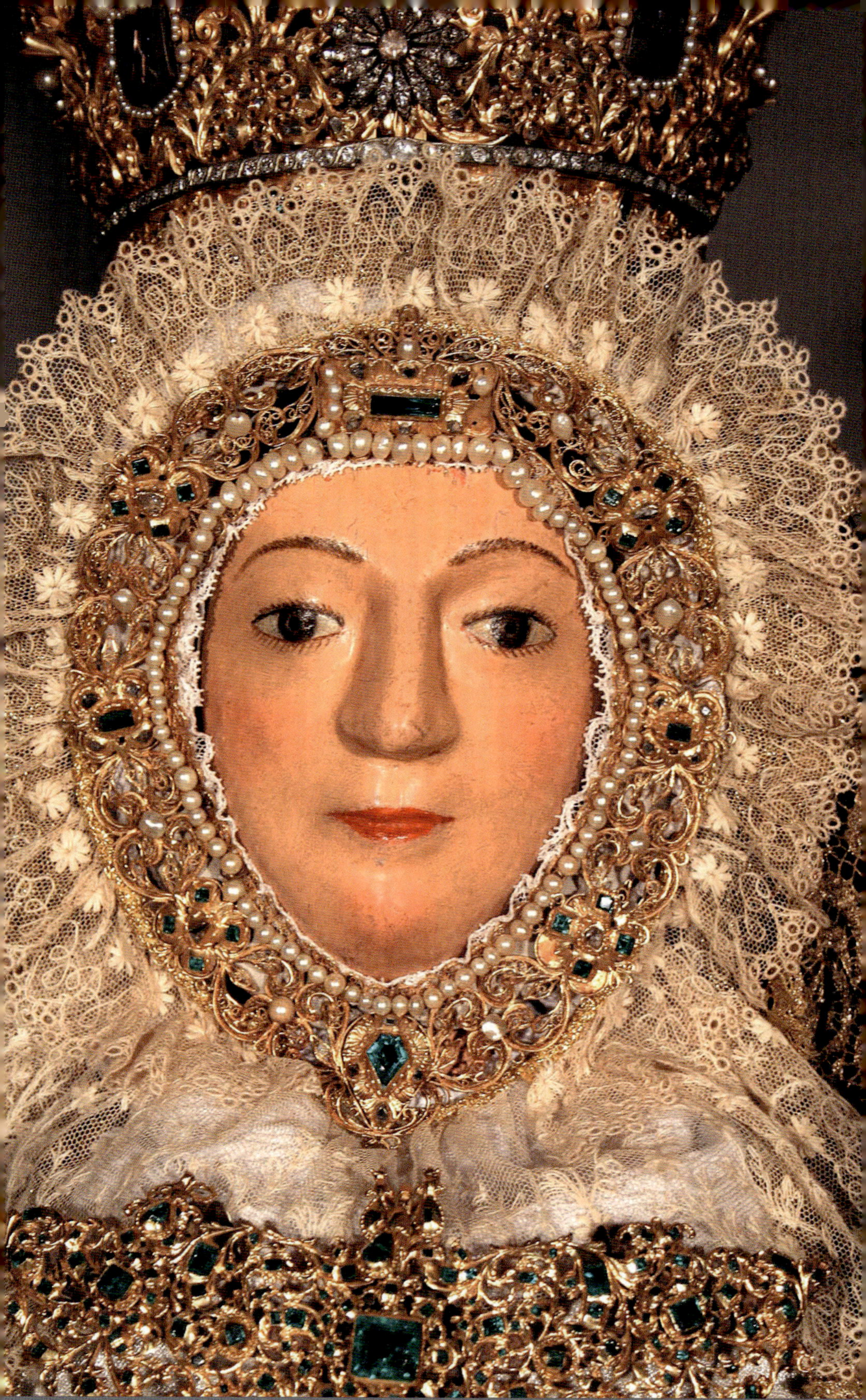

Primer plano del rostro de la Virgen con el rostrillo y pectoral de oro, esmeraldas, brillantes y perlas, ambas obras de finales del siglo XVI.

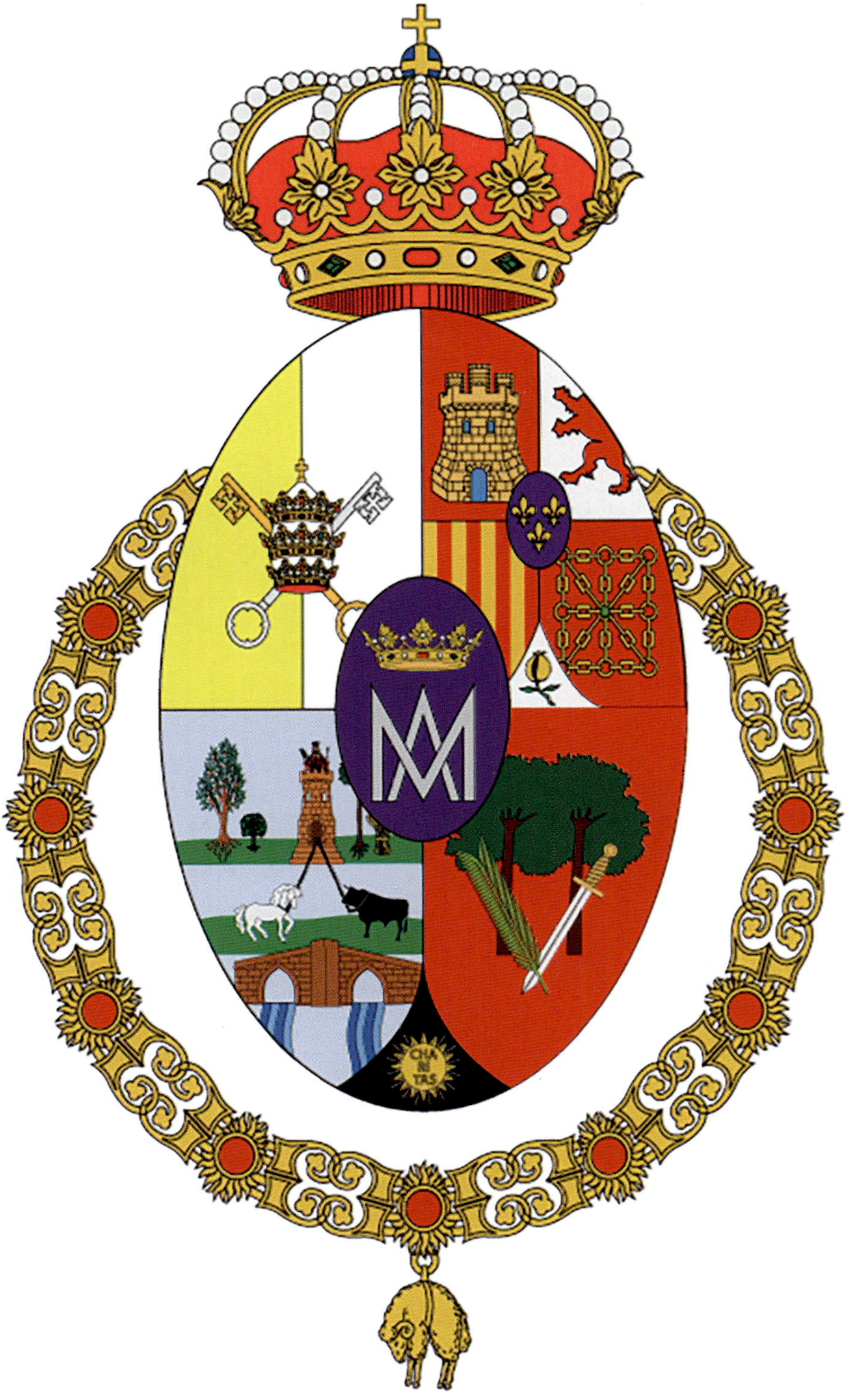

Escudo heráldico de la Pontificia, Real e Ilustre hermandad de Nuestra Señora de Consolación Coronada, Patrona de Utrera, compuesto y diseñado por el autor de este libro en 2012.

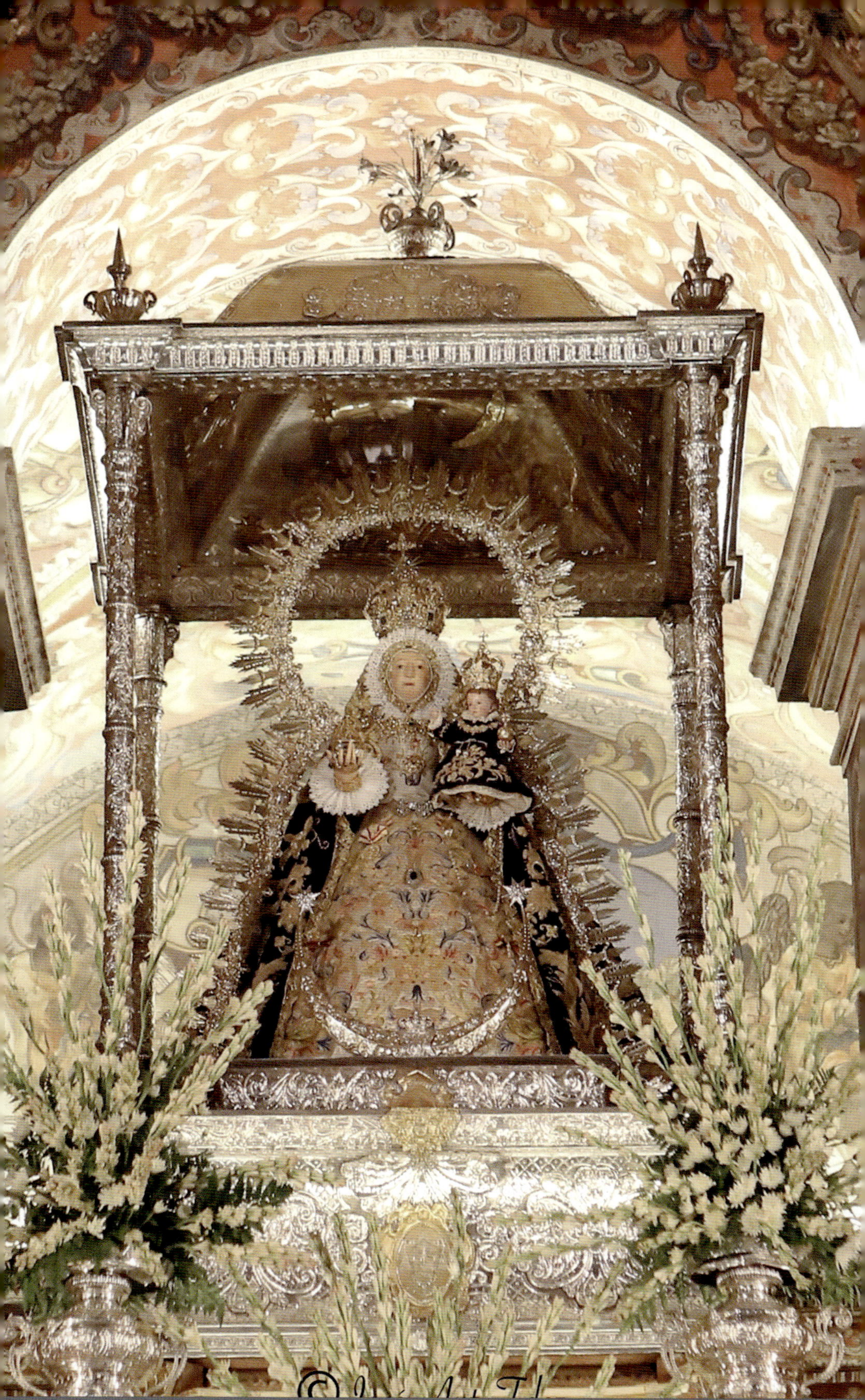

La Virgen en su camarín, en el baldaquino que labró Fernando Marmolejo en 1964 con la plata donada por sus devotos.

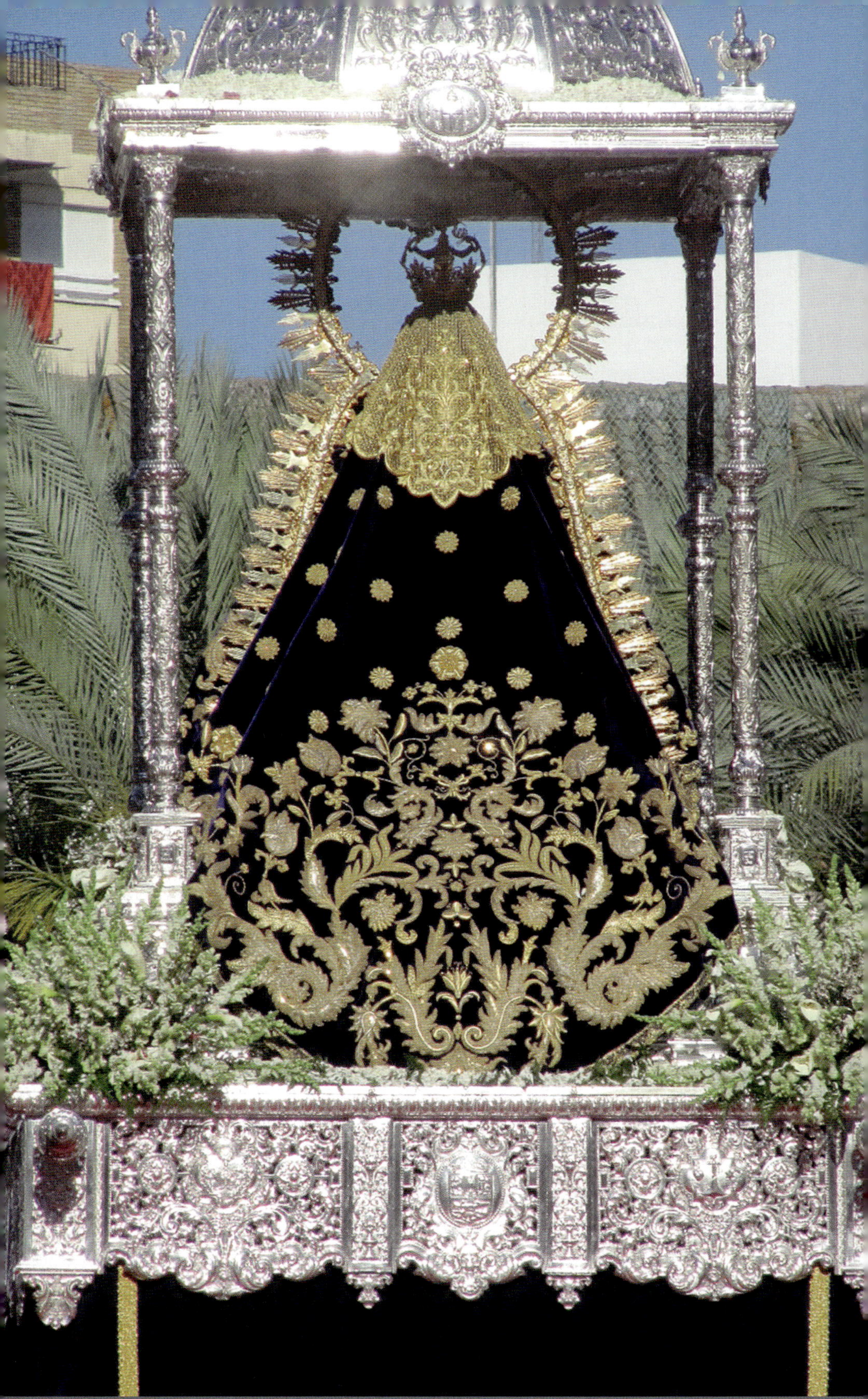

La Virgen luciendo uno de sus mantos de salida, en terciopelo azul pavo bordado en oro, obra del siglo XIX.

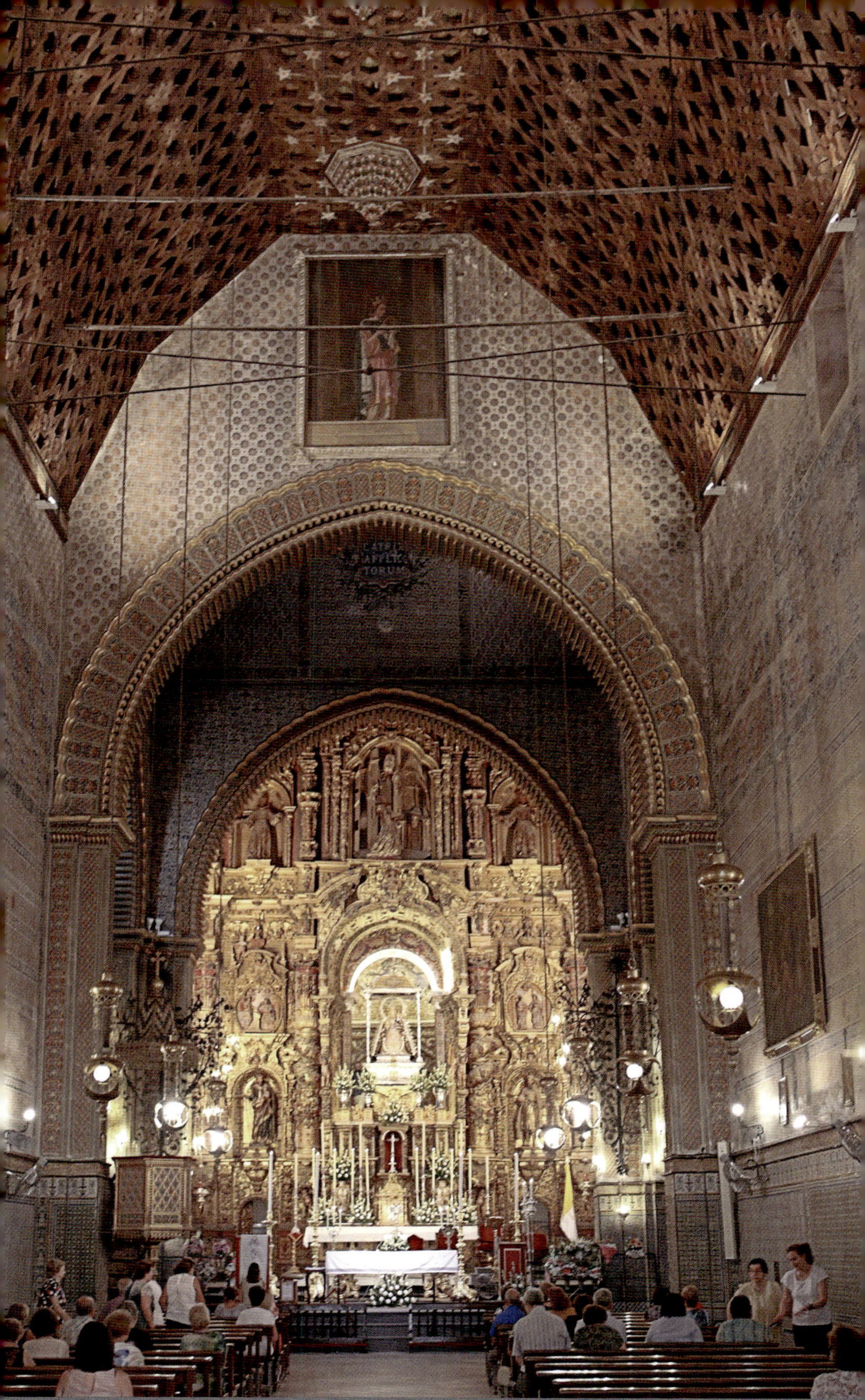

Vista general del Santuario de Consolación.

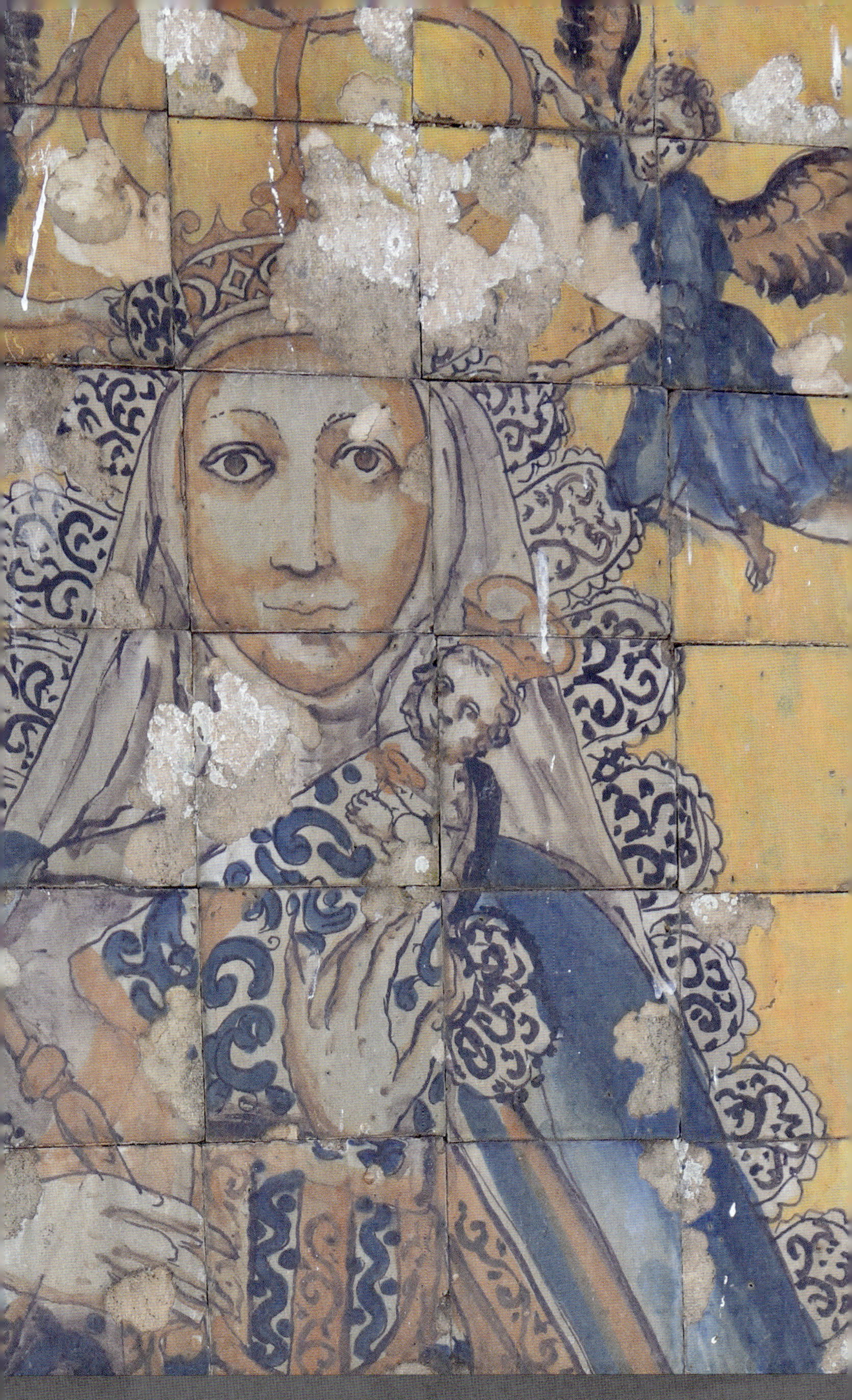

Mural cerámico de la Virgen en el chapitel de la torre, obra del siglo XVIII.

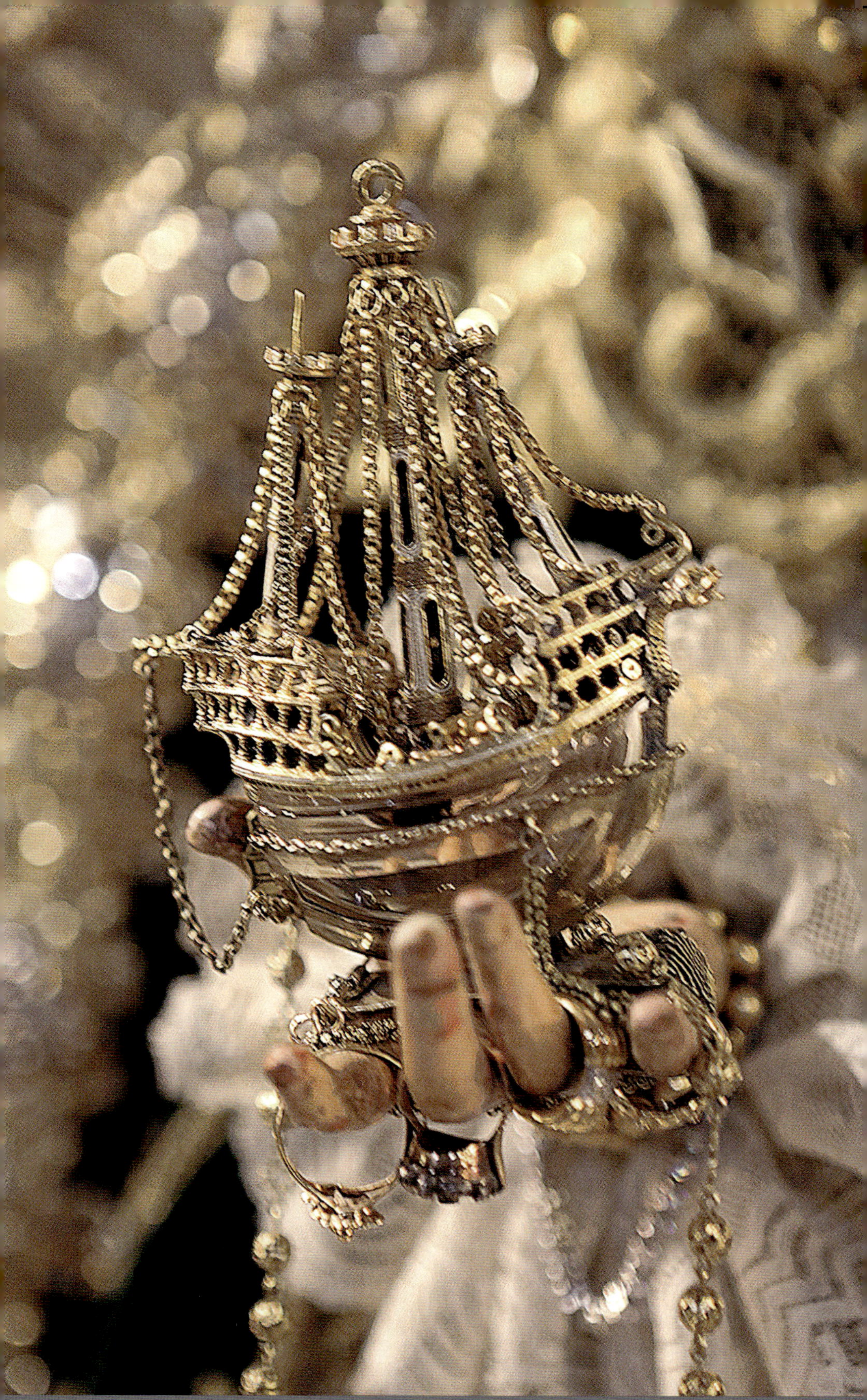

El barquito en la mano de la Virgen.

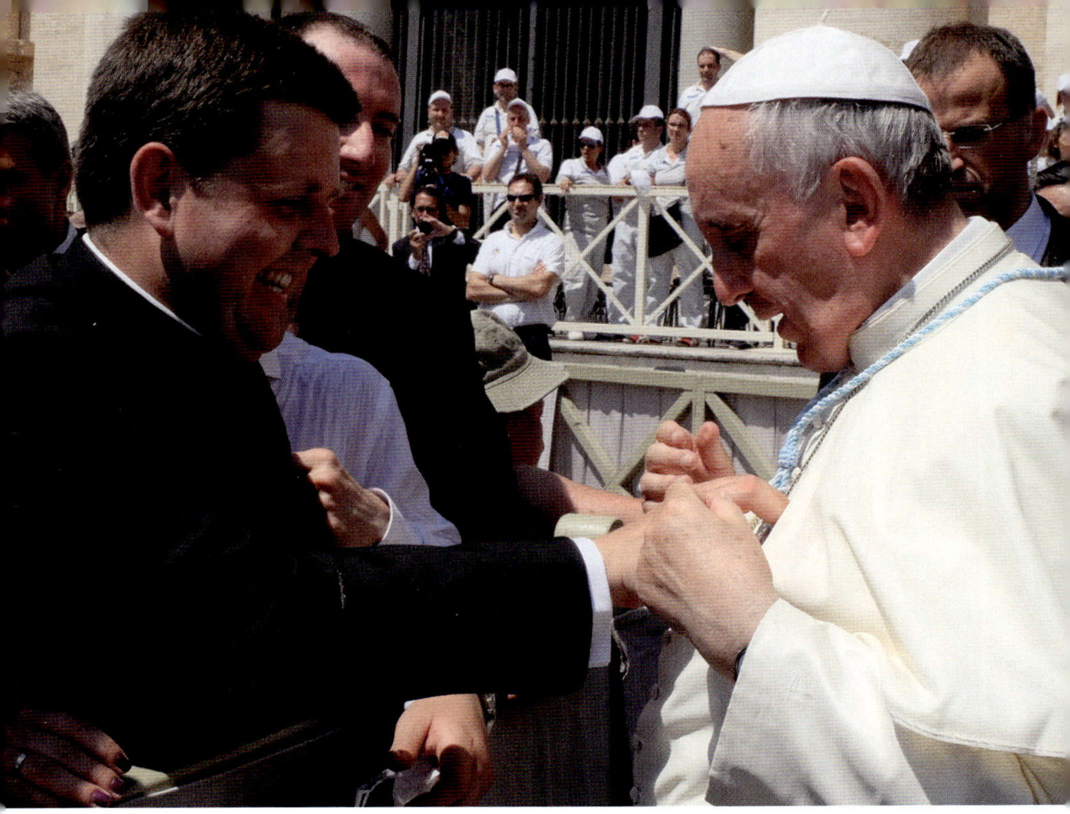

Arriba: Don Ignacio Guillén Montoto impone a S.S.
El Papa Francisco la medalla de la Virgen.
Abajo: El Príncipe de Asturias en la puerta del santuario.

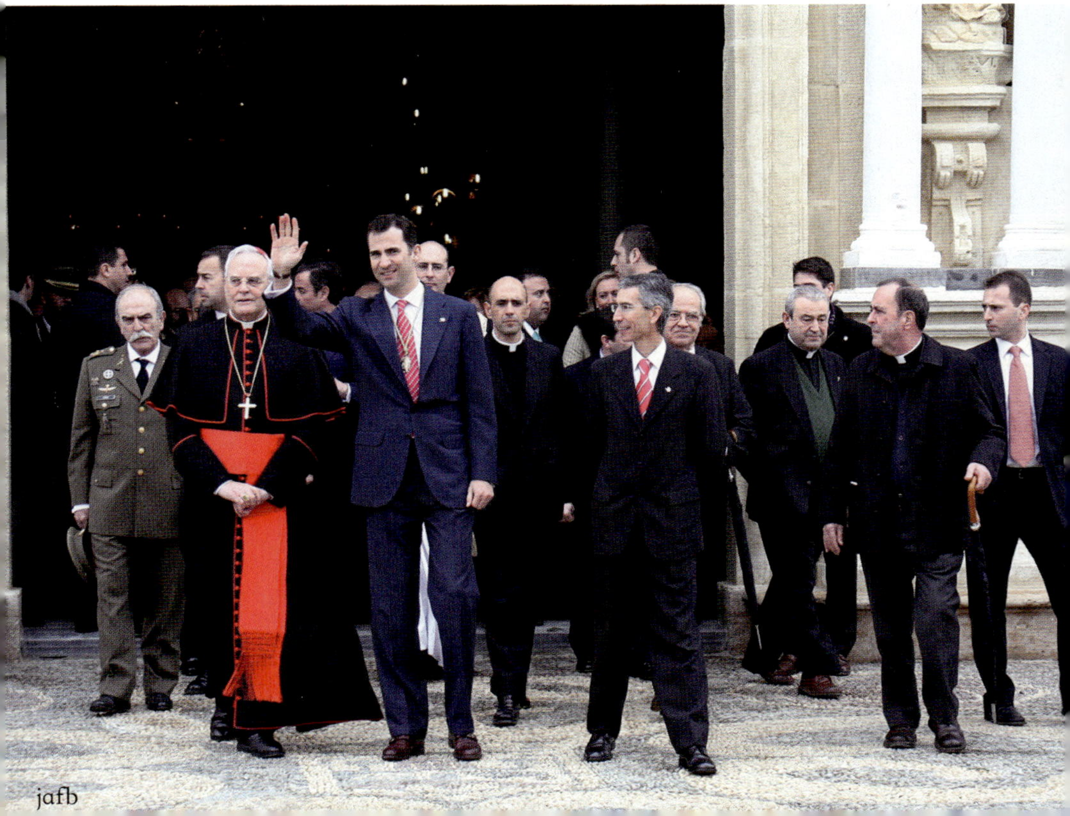

jafb

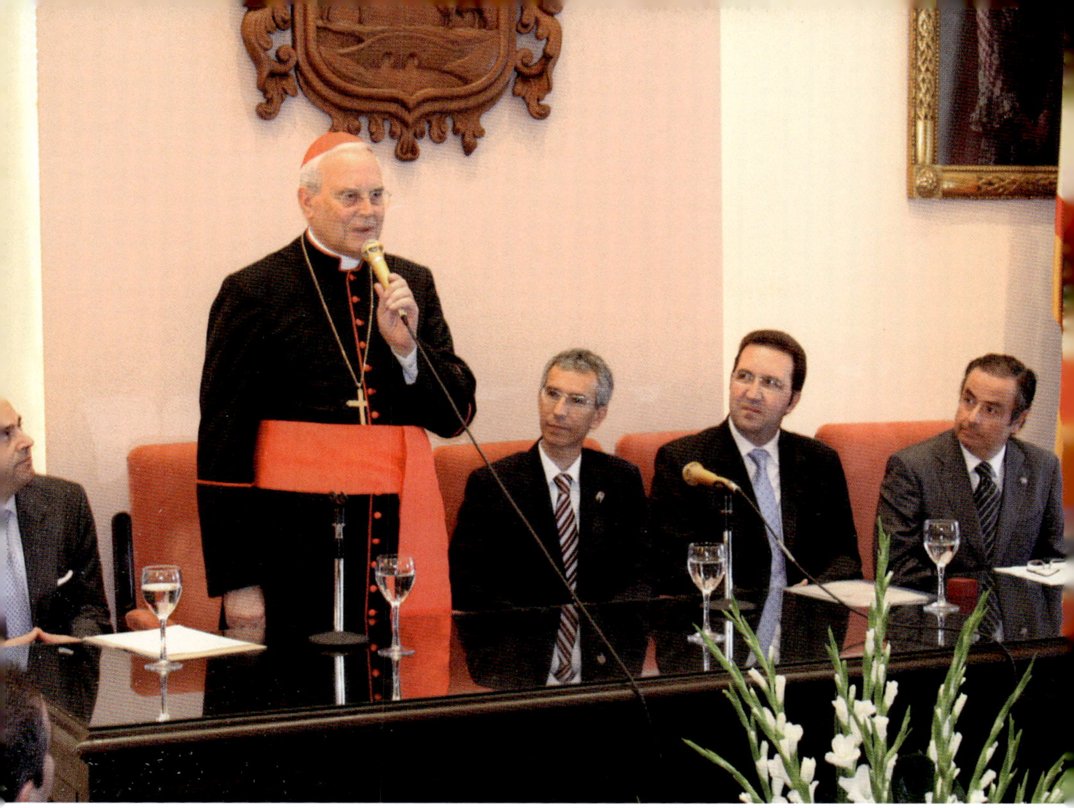

Arriba: Imposición del Mostachón de Oro al arzobispo
de Sevilla por su apoyo al Año Jubilar de 2007.
Abajo: Peregrinos y devotos en el patio de las ofrendas del santuario.

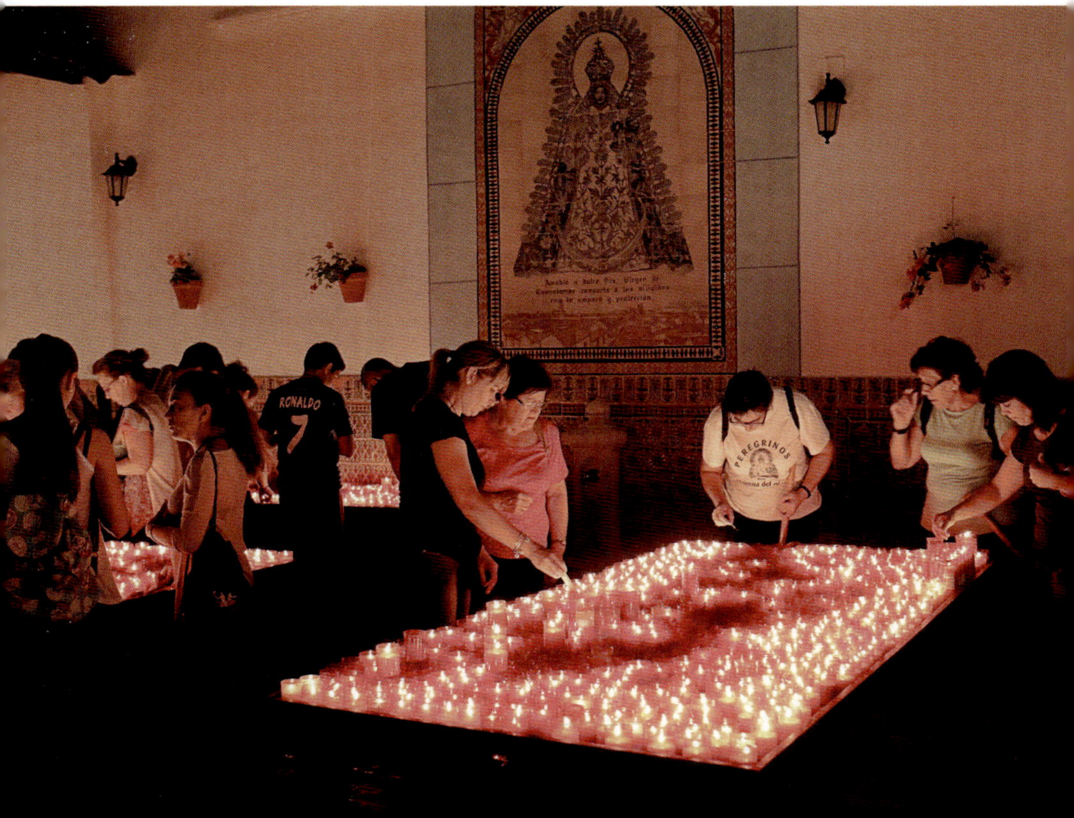

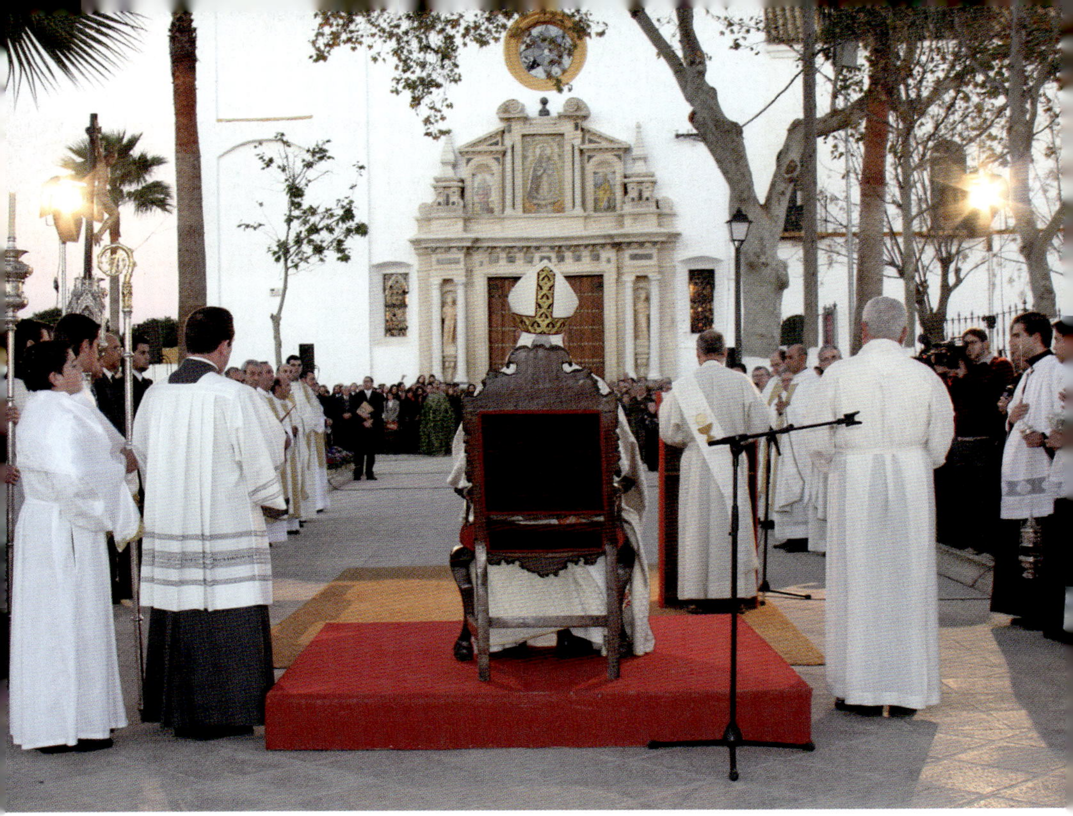

Arriba: Ceremonia de Apertura del Año Jubilar en Consolación.
Abajo: Misa de Pontifical celebrada en la Plaza
del Altozano el 1 de mayo de 2007.

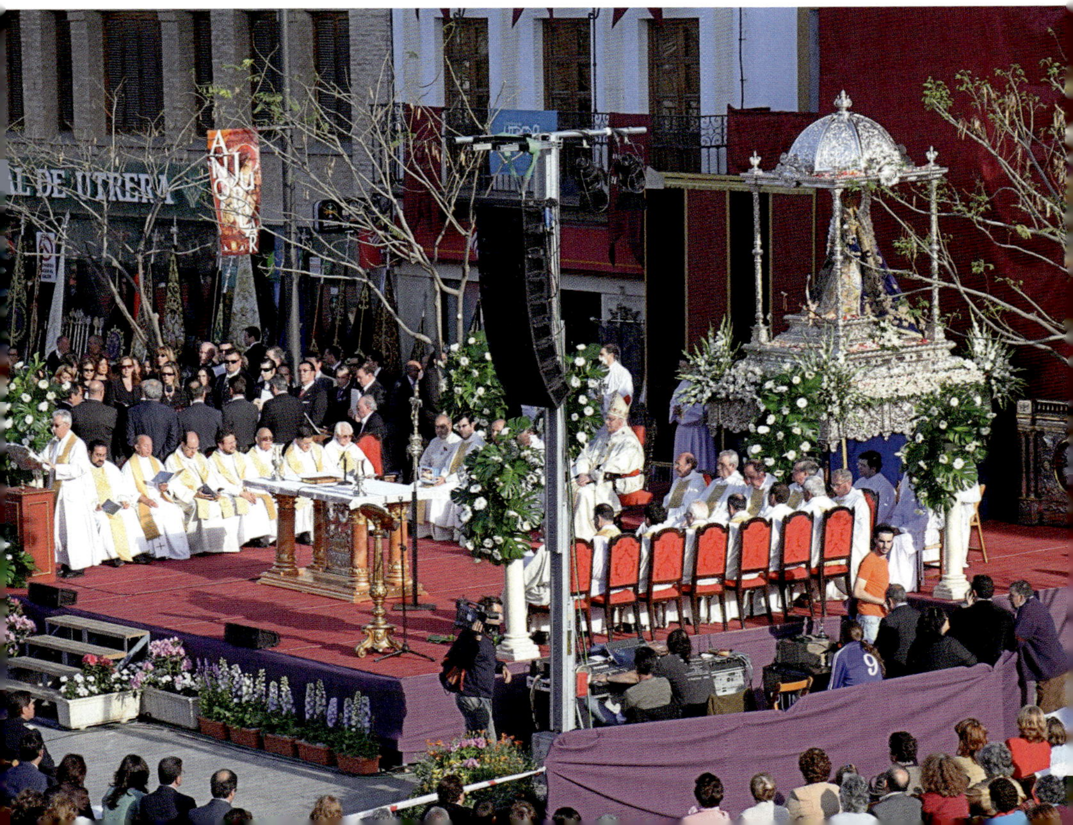

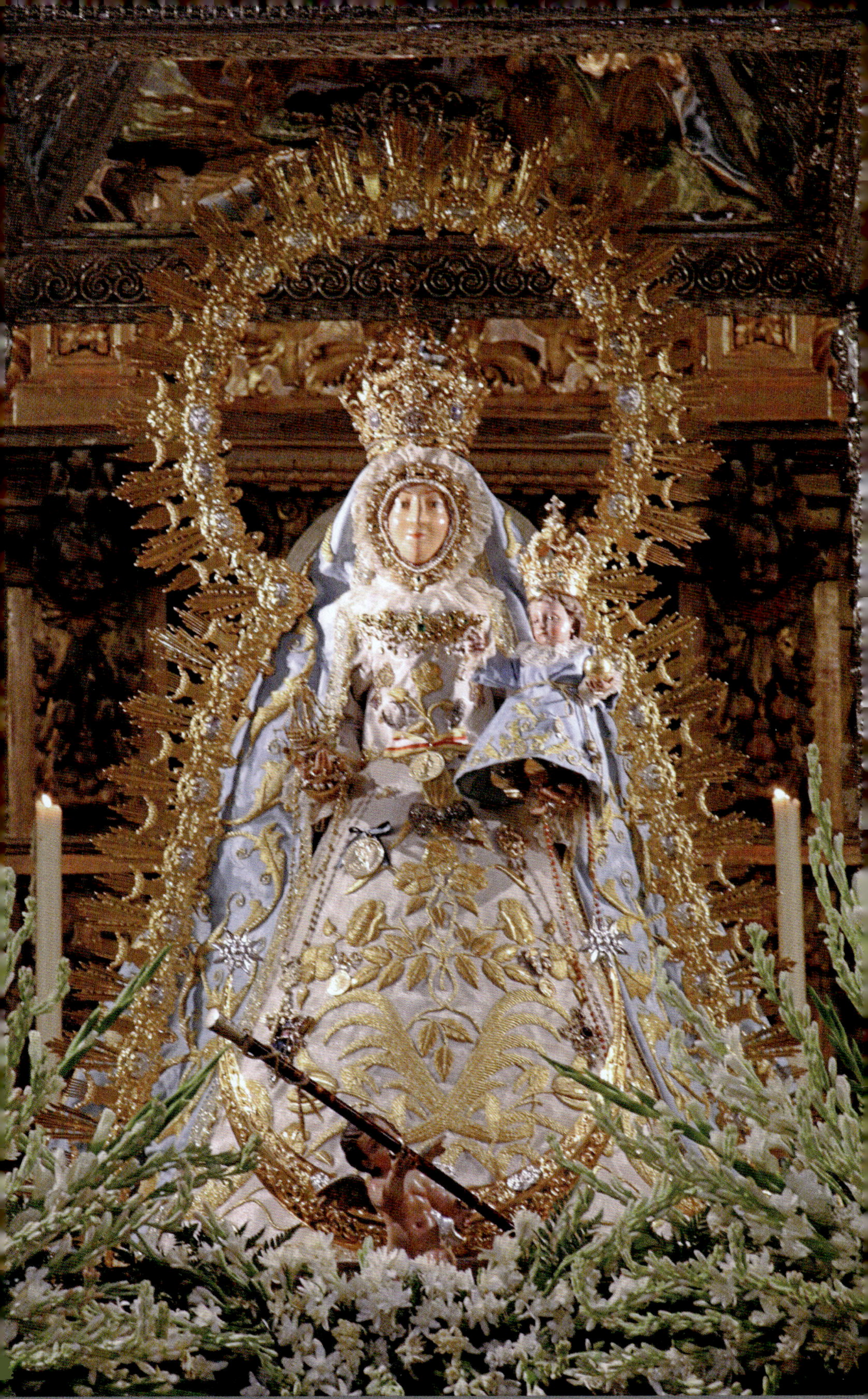

La Virgen con los estrenos de 2007, la ráfaga de Villareal y el manto celeste bordado en oro.

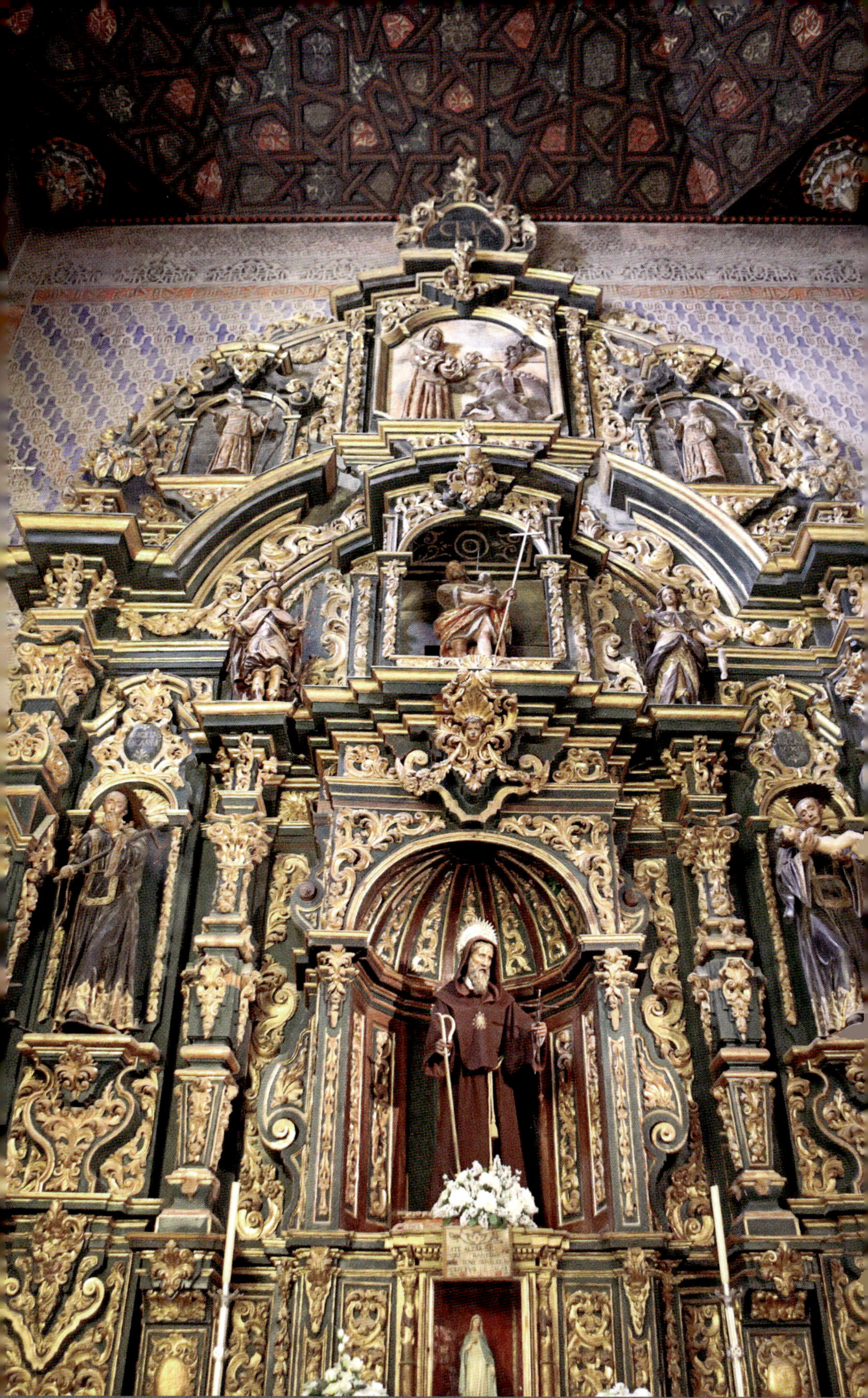

Retablo de San Francisco de Paula.

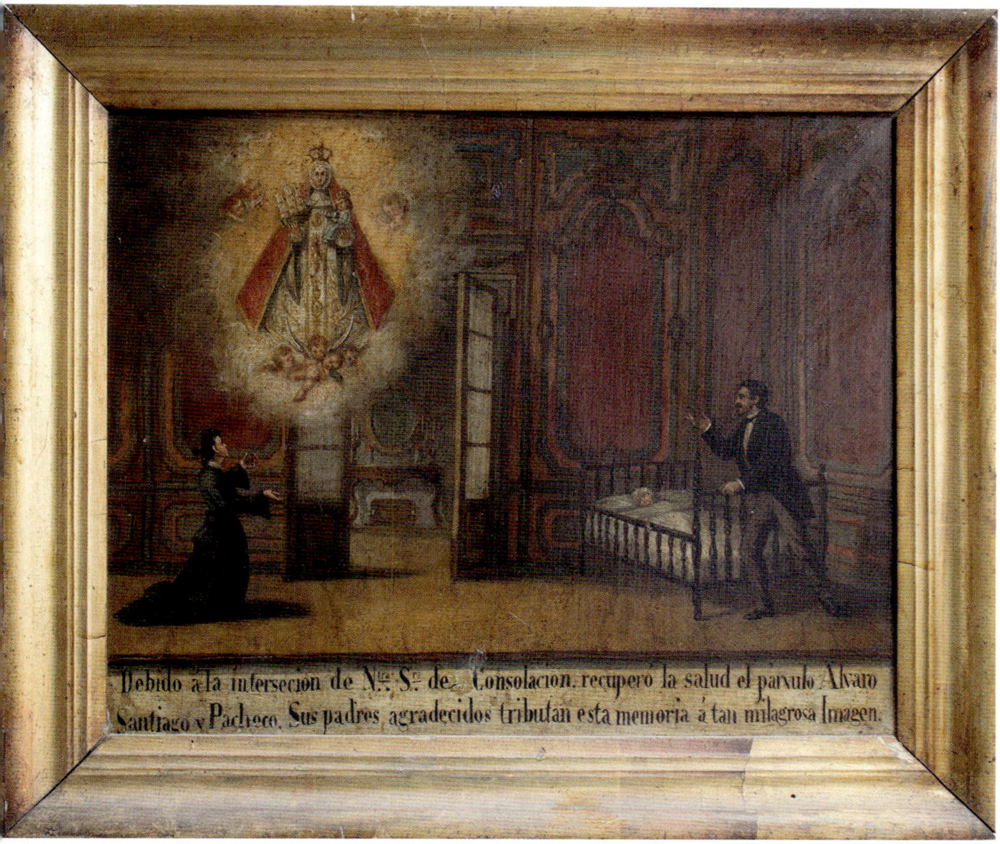

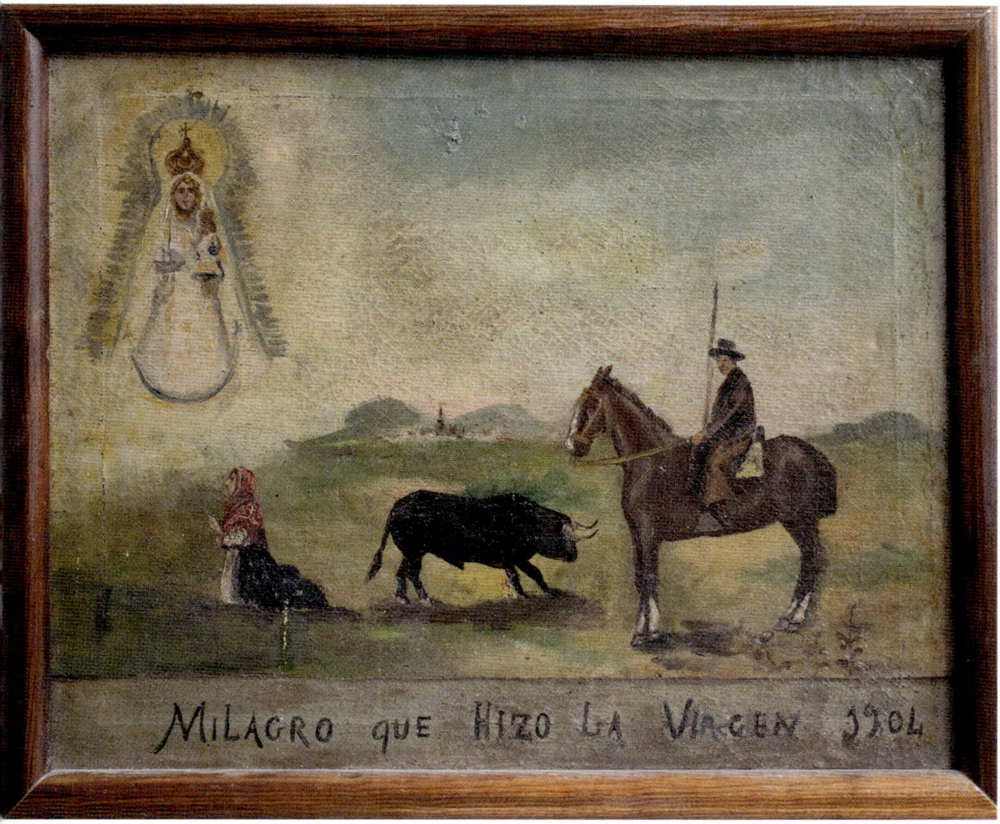

Entre los numerosos exvotos de Consolación ofrecidos por ilustres personajes, el de los marqueses de Casa Ulloa (arriba) o numerosos exvotos taurinos, como este de 1904 (abajo).

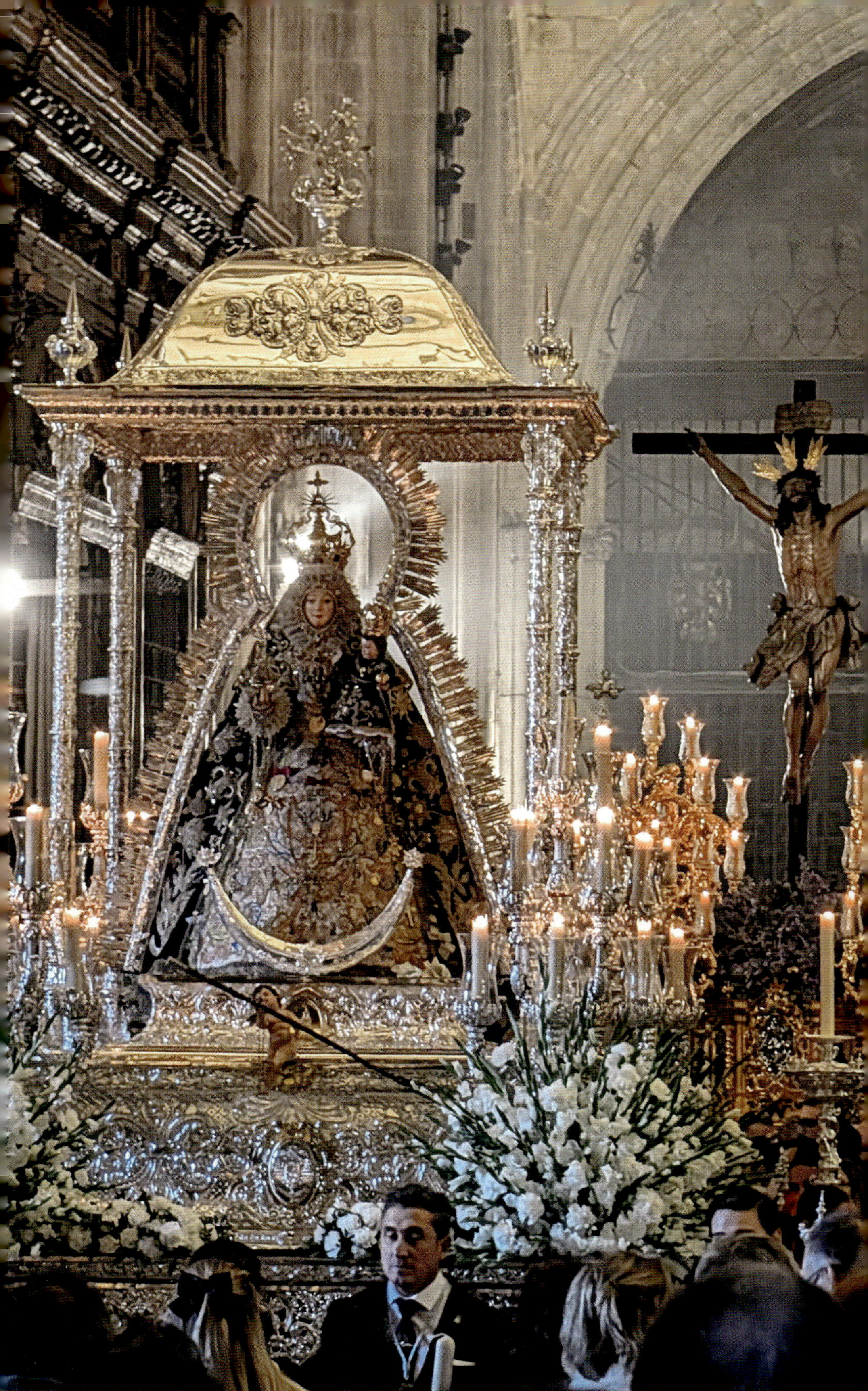

El Cachorro y la Virgen de Consolación, dentro de la Catedral.

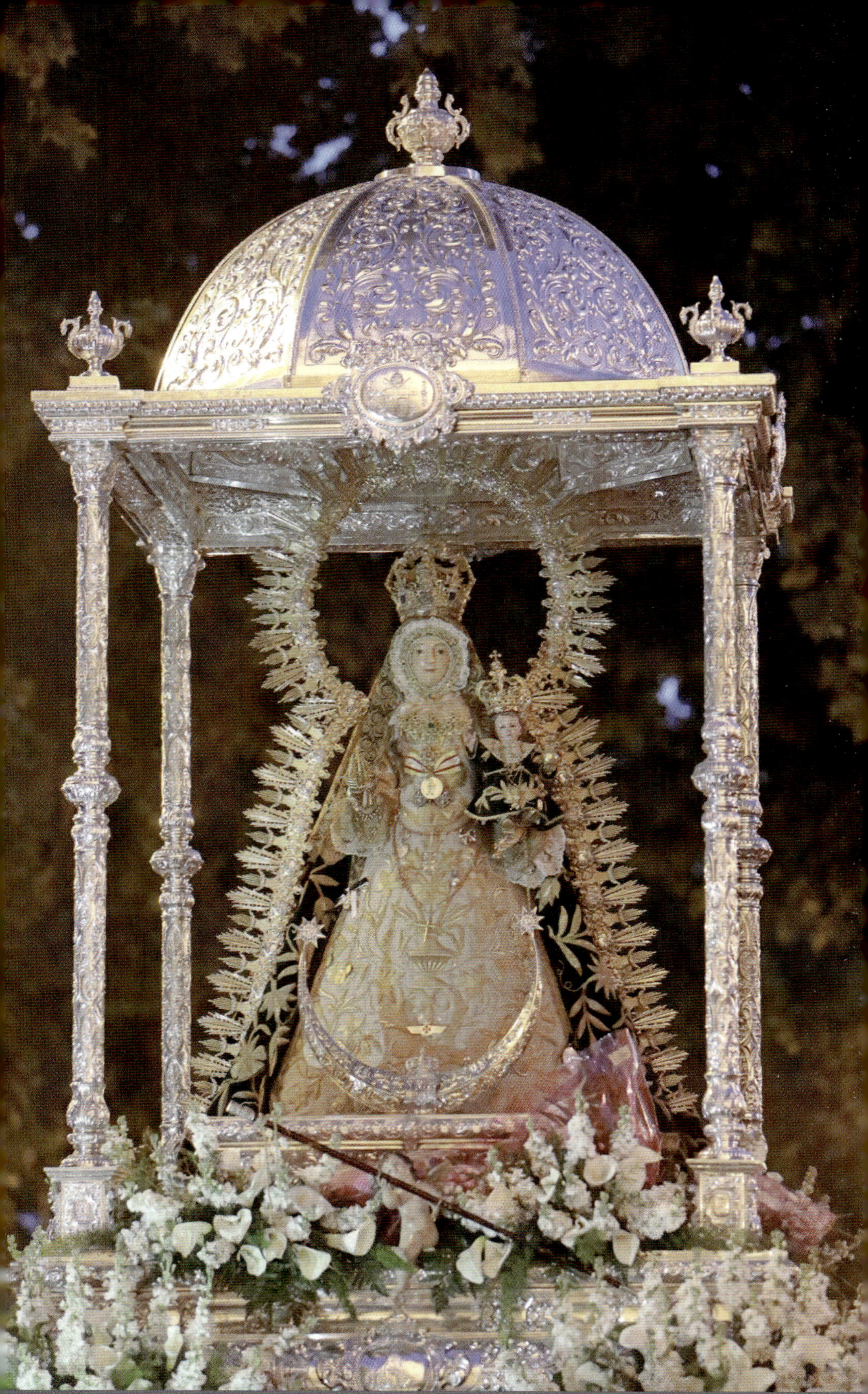

La Virgen de Consolación en el paso que le hicieron
los hijos de Juan Fernández en 1983.

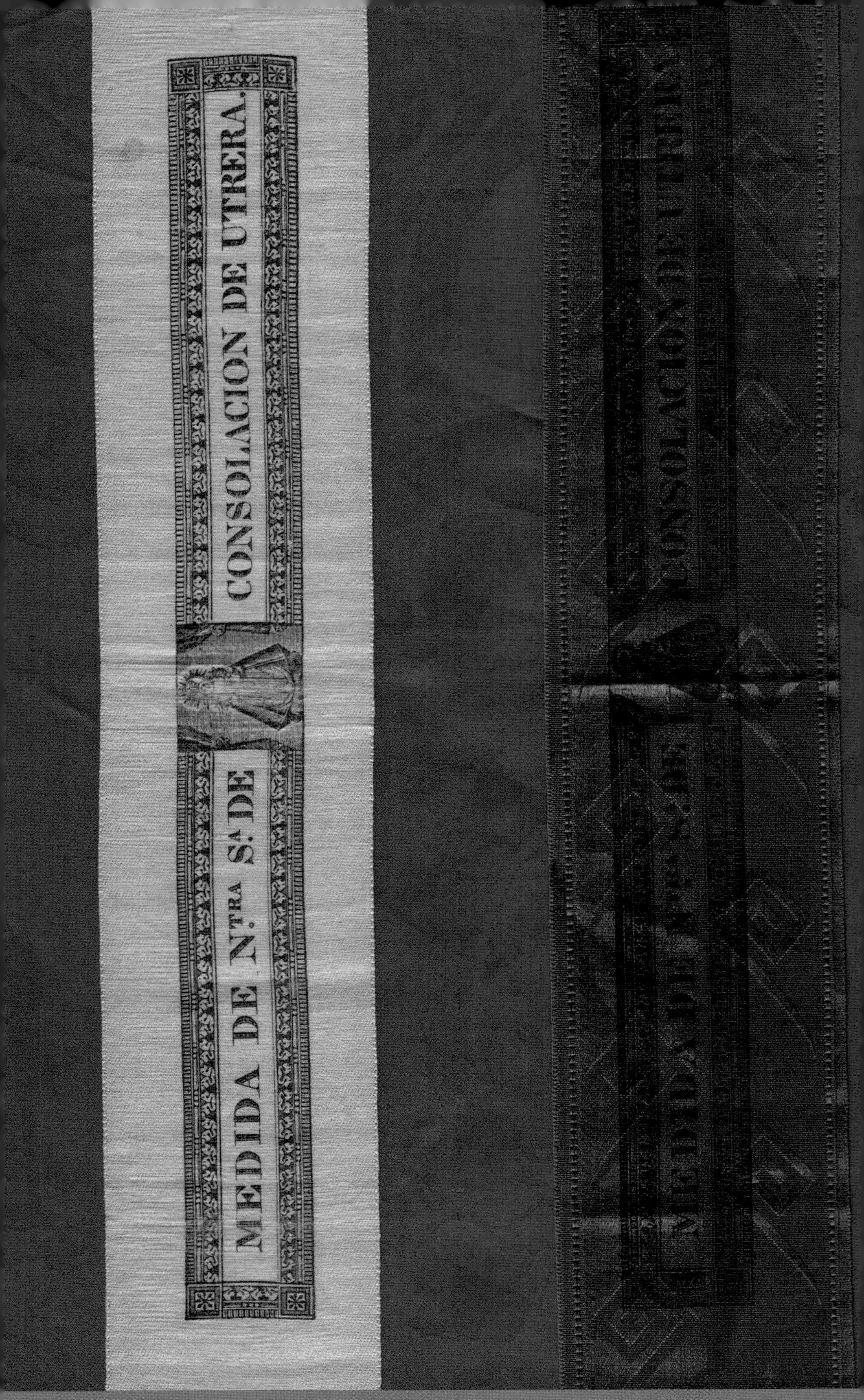

Cintas de seda, del siglo XVIII, con la medida de la Virgen que se vendían en el santuario y fueron muy populares entre los romeros (Colección del autor)

lla del Cristo del Perdón y a los pies de la Virgen que con tanto esmero cuidó durante más de medio siglo.

El pueblo de Utrera, sin embargo, añoraba tanto el bullicio como la solemnidad que, tradicionalmente, rodeaba a la Virgen y veía con tristeza como Consolación había quedado reducida a una iglesia más de la población, con solo dos de sus antiguos mínimos ejerciendo de capellanes y con escasos medios para sostenerla, pues estos subsistían de los estipendios de las misas y de las limosnas de los fieles. Por ello, empezaron a moverse en Utrera, para resucitar la hermandad de la Virgen, que había quedado desorganizada y casi extinguida después de la supresión de la romería. La idea partió del ganadero Joaquín Giráldez Cortés que, en principio, se apoyó para ello en la hermandad de Jesús Nazareno, con capilla propia en la Vereda, que había vivido unas circunstancias parecidas con la invasión francesa y había acabado por reorganizarse en 1825.

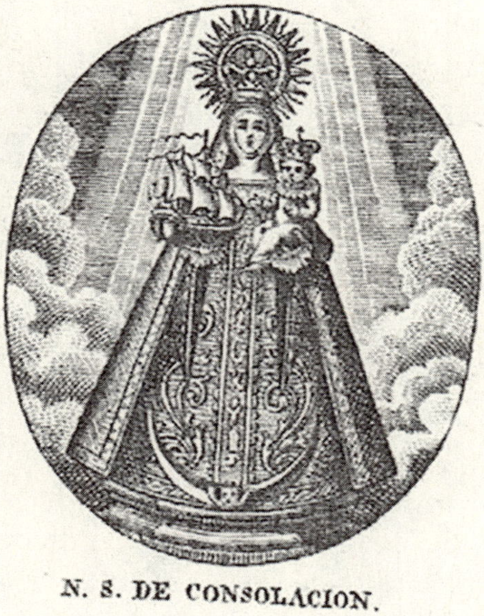

La Virgen en una litografía sobre seda de finales del siglo XIX (Colección del autor)

Para tener fondos para ello, pidieron limosnas por las calles —recaudando más de cuatro mil reales— y también crearon varias pequeñas capillas con la imagen de la Virgen, que llevaban de casa en casa. Igualmente, el 25 de julio de 1841 se reunió el cabildo general del Jesús y la incipiente hermandad de Consolación bajo la presidencia del rector de ambas, el párroco de Santa María de la Mesa, José María Tirado, para disponer la celebración de la festividad de Consolación. En el cabildo se acordó traer a la imagen a Utrera en procesión el 8 de septiembre, para lo que fue necesario construir unas andas —que costaron ciento diez reales— y un tabernáculo o baldaquino de madera de Flandes, dorado y con molduras, que realizó el escultor Joaquín Romero y tuvo de costo mil ochocientos reales. Igualmente, se nombró una comisión que se ocupase de todo lo relacionado con la Virgen, compuesta del hermano mayor, Joaquín Giráldez Cortés; el célebre picador de toros Juan Pinto, José Guerra, Antonio Ramos, Juan Reyes, el hermano mayor del Jesús, José Silva; el mayordomo de la misma corporación, José Coronilla y, por último, el rector de ambas hermandades, José María Tirado.

Poco después, el 24 de agosto de 1842, el duque de la Victoria —que ejercía la regencia en nombre de la reina Isabel II— aprobó, en nombre de esta, la constitución de la hermandad de Nuestra Señora de Consolación, de la que fue su primer hermano mayor Joaquín Giráldez Cortés. Posteriormente, ya en 1862, el Gobierno promulgó una real cédula por la que se establecía legalmente la hermandad, no como continuación de la antigua —aunque realmente lo era— y sí como una entidad nueva, con sede en el santuario.

A pesar de ello, en 1843 la recién constituida hermandad tuvo desavenencias con el clero de Santa María —a cuya feligresía pertenece el santuario— derivadas de cierta confusión creada a la hora de recaudar los estipendios de las misas. Para tratar del asunto se reunieron, el 27 de agosto de ese mismo año, el hermano mayor, Joaquín Giráldez Cortés; el vicerrector, Diego Romero; el consiliario segundo, Francisco Jiménez-Pajarero y Ferreras-Villamisar, marqués de Carrión y de Villafranca del Pítamo; el censor, que era el canónigo Francisco

Parra y Ramos; los diputados Juan Bascón y Ramón Valera y los secretarios, Juan Balaet y Leandro Ruiz de Monzón. En dicha reunión acordaron aclarar con el párroco José María Tirado las causas que este esgrimía para haber retirado su dirección espiritual a la hermandad recién fundada, problema que creó un gran malestar dentro de la junta, aunque, posteriormente, fue resuelto.

Una vez que la hermandad empezó a funcionar con normalidad, fue la encargada de la organización de los cultos y puso especial empeño en la revitalización de la devoción popular a la imagen. Para ello se tomaron diversas medidas. La primera, sacar a la Virgen en procesión con bastante frecuencia, buscando acercarla a sus devotos. De este modo ya hemos visto que fueron organizadas procesiones en 1841 e igualmente, el 8 de septiembre de 1846, tras predicar la función José María Vega y Chacón, prebendado de la catedral de Cádiz, salió la Virgen del santuario a las seis de la tarde —acompañada de los hermanos con cera y una banda de música compuesta de aficionados del pueblo— encaminándose a la parroquia de Santa María de la Mesa, recogiéndose el cortejo con la imagen a la una y media de la madrugada y también volvió la Virgen a Utrera en 1858, como narra una vieja copla que Enrique Guerrero —popular santero de Consolación en el siglo XX— recogió cuando aún era un niño y dice «Dios te salve, palomita hermosa / que en los olivares está tu habitación / que en el año cincuenta y ocho / viniste a Utrera con gran devoción / que a la ida para tu convento / con sogas de noria fuiste alumbrá…».

Asimismo, parece que en septiembre de 1859 también la Virgen procesionó por el real en la jornada de su fiesta.

En 1853 falleció fray José Guerrero, el último corrector que tuvo el convento mínimo de Consolación que, tras la exclaustración, permaneció en el puesto de capellán hasta su muerte. Como dije anteriormente, fray José logró salvar una pequeña parte de la biblioteca del convento cuando fue incautada por los franceses y, entre las obras que pudo ocultar, se hallaba un libro manuscrito en pergamino bastante antiguo, con las obras del papa San León Magno, que mencionan varios autores cuando hablan de Consolación, entre ellos Rodrigo Caro. Tras su muerte, sus albaceas y herederos entregaron, bajo inventario, los libros y documentos al vicario eclesiástico del arciprestazgo, Pedro José Ruiz, que también era uno de los curas de Santa María de la Mesa y, por otra parte, como fray José Guerrero le había entregado a Álvaro Pacheco y Aragón algunas piezas de plata del ajuar litúrgico del convento para su más segura custodia, este se las dio al arzobispo de Sevilla, que las remitió al convento de mínimas de Triana, para que fueran ellas las que las conservasen.

Las piezas de plata eran las únicas que quedaron en Consolación tras el expolio francés y se reducían a un copón de plata sobredorada, un cáliz de plata con patena y cucharita, un báculo de plata de San Francisco de Paula, un cristo pequeño, una campanilla, dos rosarios sobredorados y una diadema de resplandores. Estas piezas, tras permanecer un tiempo en el convento trianero, fueron entregadas por las mínimas en 1867 al sacerdote que sucedió a fray José Guerrero como capellán de Consolación, el también religioso mínimo exclaustrado fray Francisco de Paula Parrado y Rejel, comendador de la Orden de Isabel la Católica, que permaneció al frente del santuario hasta que falleció, el 4 de abril de 1870, recibiendo sepultura en la capilla del Cristo del Perdón de dicho templo.

EL PLEITO DEL REAL DE CONSOLACIÓN

En 1864 falleció Joaquín Giráldez Cortés, ocupando aún el cargo de hermano mayor, desde el que consiguió restaurar por completo los cultos a la Virgen de Consolación. A la vez, se preocupó de renovar el ajuar de la imagen, realizándose bajo su mandato unas ráfagas de plata y varias sayas y mantos bordados en oro, entre ellos dos de camarín, en terciopelo burdeos y raso color salmón y el magnífico de salida, de terciopelo color azul pavo. Por su destacada labor y la gran devoción que siempre le profesó, tras su muerte, recibió sepultura en el santuario, en la capilla de San Francisco de Paula y junto a su esposa, María de la Consolación Fernández-Soler y Sanabria, que después de morir Inés de Silva, también fue nombrada camarera de la Virgen, cargo que ocupó de forma vitalicia hasta su muerte, en 1880. En el puesto de hermano mayor sucedió a su marido el senador y político Manuel Sánchez Silva, hijo de aquella, que también residió en el antiguo convento, heredado de su madre, junto a la que recibió sepultura en el santuario después de su fallecimiento, en 1881.

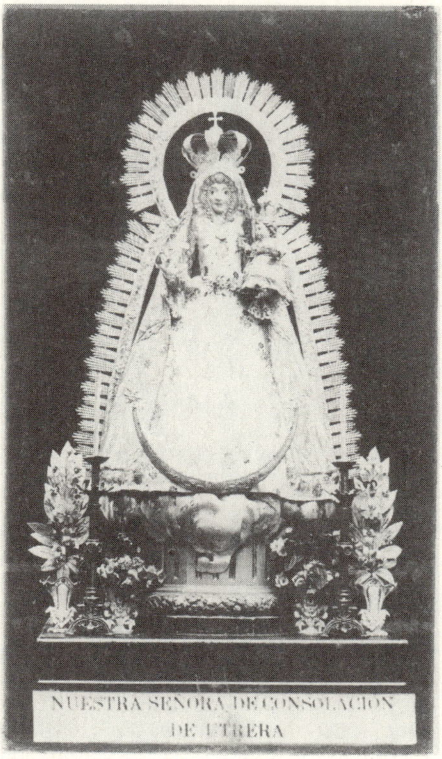

Esta es la foto más antigua que se conoce actualmente de la Virgen, está hecha sobre 1875.

Desde que se pusieron a la venta los bienes que fueron propiedad del convento mínimo, el arzobispado de Sevilla sostuvo un pleito contra el Gobierno por la propiedad de la explanada cercada que se abre frente al santuario, llamada el real. Fue el Estado el que ganó el contencioso y, por ello, el *Boletín Oficial de Propiedades y Derechos del Estado en la Provincia de Sevilla* anunció su subasta el 13 de julio de 1885. Finalmente, fue Enrique de la Cuadra y Gibaja —insigne mecenas utrerano, que había sustituido a Manuel Sánchez Silva como hermano mayor tras su muerte— el que compró el real, de su propio peculio, en mil quinientas pesetas, asegurando la libre circulación y acceso al santuario de todos los devotos de la Virgen. De forma paralela, el antiguo convento fue adquirido tras la muerte de Sánchez Silva por el industrial de Andújar Luis de Miñón y Garma, que instaló en él una casa de banca y en sus dependencias una fábrica de jabones y orujos que llevó su nombre, y al frente de las cuales estuvo Amador Arroyo Jiménez, secretario de la hermandad durante muchos años, que construyó, para él y sus descendientes, una pequeña cripta funeraria en la capilla de San Francisco de Paula, en el santuario.

EPIDEMIAS DE CÓLERA

Durante el otoño de 1864, Andalucía sufrió una gran epidemia de cólera, que causó numerosas muertes. Durante el tiempo que duró el contagio, el utrerano Luis González-Cordero Ramos hizo una promesa a la Virgen de Consolación: si Utrera se veía libre de la epidemia le dedicaría una solemne función de acción de gracias. Como así ocurrió, reunió fondos realizando una colecta entre el vecindario y esta se inició el 5 de enero de 1865, con un repique de todas las campanas de Utrera, a las doce del mediodía y por la tarde, tras el toque de oraciones, en las que se iluminaron las torres de Santa María de la Mesa y Santiago el Mayor, se lanzaron fuegos artificiales y una banda de música ofreció un concierto en la plaza del Altozano.

Al día siguiente tuvo lugar una misa en el santuario, cantada por una orquesta y dos coros y en la que predicó José María Guerra Pino, cura párroco de San Bartolomé, de Sevilla. A su término, la Virgen fue trasladada en solemne procesión a Santa María de la Mesa. De forma paralela, se distribuyeron ochocientas hogazas de pan entre los pobres y se entregaron veinte duros al alcalde de Utrera, para que también los distribuyese entre «familias pobres vergonzantes».

Veinte años más tarde, en 1885, nuevamente una epidemia de cólera sembró el terror en la comarca. Ante el peligro de contagio, se hizo en el santuario un triduo de rogativas a la Virgen, escrito por Gregorio Sainz de la Maza y Gómez de la Puente y el sacerdote Manuel Martínez, que terminaba con estos versos: «Casta Patrona de Utrera / que oyes nuestra débil voz / nuestras súplicas escucha / dándonos tu protección. / ¡Sálvanos, madre clemente/ en esta tribulación!».

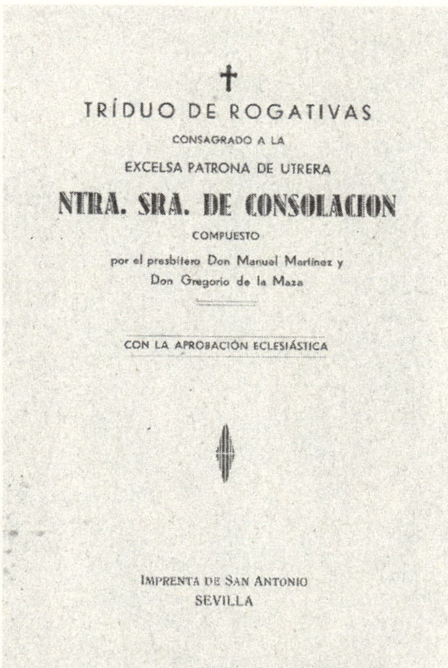

✝
TRÍDUO DE ROGATIVAS
CONSAGRADO A LA
EXCELSA PATRONA DE UTRERA
NTRA. SRA. DE CONSOLACION
COMPUESTO
por el presbítero Don Manuel Martínez y
Don Gregorio de la Maza

CON LA APROBACIÓN ECLESIÁSTICA

IMPRENTA DE SAN ANTONIO
SEVILLA

Tríduo de rogativas contra la epidemia de cólera en 1885
(Archivo del autor)

Igualmente, y para evitar la propagación de la epidemia, cuando llegó el mes de septiembre de ese año 1885, por primera vez no se celebró en Utrera la feria y velada de Nuestra Señora de Consolación.

LA PEREGRINACIÓN DE 1884

En 1884 se celebró el primer centenario del Mes de María y las asociaciones y hermandades marianas de Sevilla, con el apoyo del arzobispo fray Ceferino González, idearon una peregrinación masiva a un gran santuario de reconocida devoción y popularidad en toda la provincia. El elegido fue Consolación, en Utrera.

Previamente, los días 26, 27 y 28 de mayo se celebró en la iglesia del Salvador, de Sevilla, un triduo preparatorio, con gran asistencia de fieles. También se imprimieron folletos y estampas, con la bendición especial que el papa León XIII otorgaba a cuantos participaran en los actos.

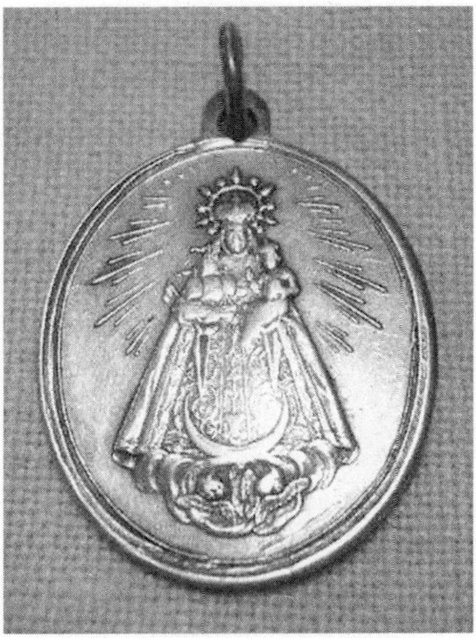

Medalla de plata de la Virgen de Consolación del siglo XIX.

El 14 de junio tuvo lugar la peregrinación solemne. Desde las primeras horas de la madrugada no cesaban de llegar a Utrera trenes repletos de gente para participar en ella. Todas las hermandades y asociaciones religiosas de Utrera también se habían preparado para que el evento alcanzara una brillantez extraordinaria.

A las cinco de la tarde llegó el tren que conducía al arzobispo de Sevilla, fray Ceferino González, que, al trasladarse a Consolación acompañado del alcalde de la ciudad, Francisco Delgado y Zuleta, pudieron ver la multitud que allí se había congregado. Más de cinco mil personas llegadas desde Sevilla, Los Palacios, La Luisiana, Morón, Marchena, El Coronil, Fuentes de Andalucía, Jerez, Puerto de Santa María, Cádiz, Lebrija, Écija y Utrera, todos llevando velas y las hermandades, sus banderas e insignias. Se rezó el rosario y preces de alabanza, celebrándose a continuación una solemne misa de pontifical, oficiada por el arzobispo de Sevilla y el obispo de Milo, conjuntamente. Al día siguiente, todos los periódicos de Andalucía y muchos de España publicaban reportajes de esta gran conmemoración religiosa.

LA VIRGEN DE CONSOLACIÓN DE LA PARROQUIA DE SANTA MARÍA DE LA MESA

En 1888 María Josefa Topete y Jiménez-Pajarero donó a la parroquia de Santa María de la Mesa una imagen de candelero y tamaño académico, de la Virgen de Consolación, que hasta entonces había presidido su oratorio privado y procedía del existente en la casa grande del mayorazgo de la familia Jiménez-Pajarero, ubicada en la calle de Don Pedro. Completó la donación con una corona, ráfaga, media luna y barquito de plata; un pequeño rostrillo de oro y piedras preciosas, un rosario de oro y dos trajes con sus correspondientes mantos: uno bordado en oro y otro en plata. A la imagen se le preparó una hornacina en la capilla anexa a la del Sagrario, donde aún hoy se encuentra. Y delante de esta imagen contrajeron matrimonio, en 1931, el célebre cantaor Juan Mendoza el Niño de Utrera y la bailaora utrerana María Manuela, como ella misma contó en una entrevista para la revista *Vía Marciala*.

A pesar de su pequeño tamaño, esta imagen es muy venerada en la feligresía, hasta el punto de que cada año, cuando llega septiembre se le celebra la novena en el altar mayor y, ante ella, rezan y cumplen sus promesas muchas personas que, por su avanzada edad, no pueden ir andando hasta su santuario.

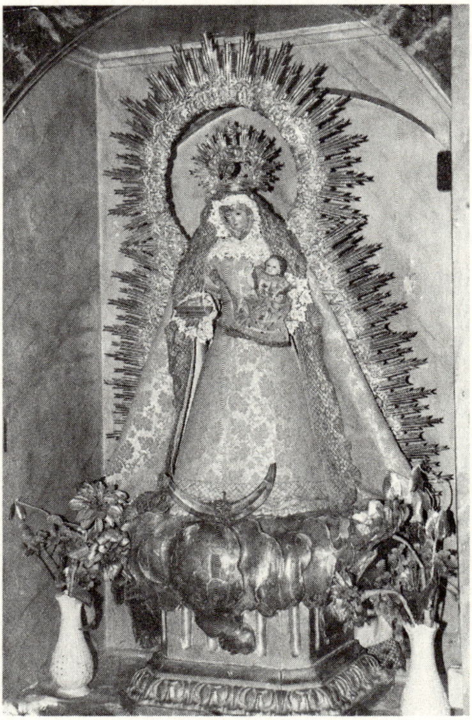

Imagen de la Virgen de Consolación que se venera en Santa María de la Mesa y fue donada en 1888 por Mª Josefa Topete y Jiménez-Pajarero.

RESTAURACIÓN DEL SANTUARIO

Corría el año 1891 cuando los párrocos de Santa María de la Mesa y Santiago el Mayor, Juan Padilla Gonzalo y Emilio Guzmán Melgarejo, se decidieron a restaurar el santuario de Consolación, dado su pésimo estado de conservación. Se realizó una cuestación por toda Utrera con el objetivo de recaudar fondos, arrojando esta un montante de 33.657 reales, a los que se sumaron los cuatro mil que, a tal fin, donó el Ayuntamiento.

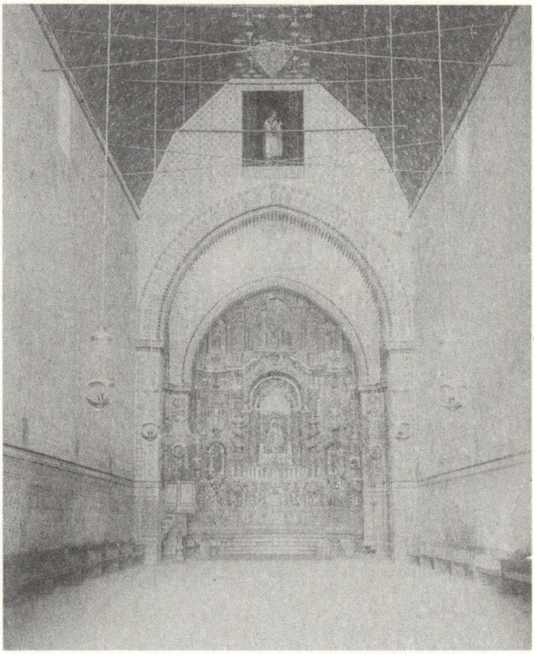

Aspecto del santuario tras la restauración de 1892.

Desde el primer momento vieron los párrocos que la cantidad era insuficiente para consolidar el edificio, de ahí que naciera una junta que se encargó del montaje de una tómbola en la feria de ese año, que dejó un total de 45.556 reales de beneficio.

Con ambas cantidades, en junio de ese mismo año, se comenzaron las obras de recalzo de los muros —que amenazaban ruina— continuándose hasta marzo de 1892, que se agotó el dinero. Viendo que con lo hecho no se garantizaba la integridad del edificio —tal era su mal estado— y no queriendo ambos párrocos dejar las cosas a la mitad, le plantearon el problema a Enrique de la Cuadra y Gibaja, marqués de San Marcial, que además de hermano mayor de la Virgen, era un mecenas desprendido y generoso, siempre dispuesto a gastar lo necesario para el engrandecimiento de Utrera. La respuesta de Enrique no se hizo esperar y autorizó que las obras —dirigidas por el ingeniero Miguel Murube Galán— prosiguieran exclusivamente a su costa. En primer lugar, mandó derribar la cúpula del crucero, que según él era baja y desproporcionada, rehaciéndose de nuevo y decorándose su cubierta de madera imitando el artesonado de la nave.

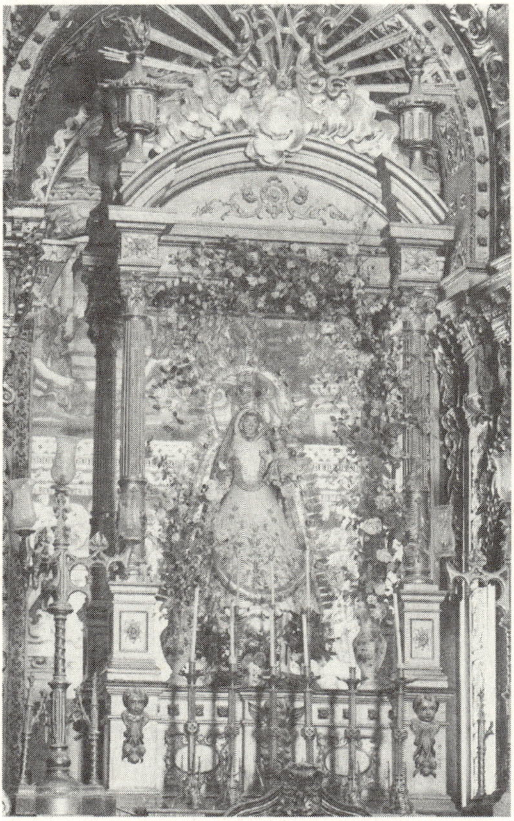

La Virgen en el baldaquino de madera dorada que le regaló Enrique de la Cuadra.

En esta se colocó un zócalo de azulejos de cerámica de cuerda seca de gran altura, obra de los talleres Mensaque, de Triana, y se quitaron los cuatro altares de la nave (en los que se veneraban los lienzos de las ánimas benditas del purgatorio y San Francisco de Sales y las imágenes de los beatos Gaspar Bono y Nicolás Longobardo) alegando su pobreza artística, aunque la causa real es que eran de unos estilos artísticos —barrocos y neoclásicos— que en ese momento eran muy poco apreciados.

Se decoraron los cuatro arcos del crucero con yeserías mudéjares sobredoradas e incluso en el zócalo de azulejos de la nave se incluyeron bandas cerámicas con escritura cúfica.

Una gran parte de las reformas y mejoras que se incluyeron corrieron a cargo del popular artista utrerano Francisco Escamilla Rodríguez. Obras suyas fueron el cancel de madera que separa el atrio de la iglesia, las cristaleras de las ventanas y las pinturas al temple de la nave, capillas y crucero, para lo que contó con la colaboración de dieciocho oficiales del taller de Antonio Cavallini, pintor de origen italiano afincado en Sevilla.

Asimismo, se pavimentó toda la superficie del atrio e iglesia con losas de mármol blanco de Carrara, se adquirieron un púlpito y una reja para el altar mayor a la fundición San Antonio, de Sevilla y, por último, se encargó un baldaquino de madera dorada para colocar en él a la Virgen en su camarín, realizado por la casa Gallego, Candela y Compañía, de Valencia.

Como complemento a todas estas novedades, Enrique de la Cuadra donó treinta y seis lámparas de plata Meneses, que fueron colocadas en los lampareros existentes a ambos lados del altar mayor y doce más grandes, de estilo árabe y doradas, para colgarlas en la nave.

Esta profunda restauración —que a veces ha sido muy criticada— se hizo siguiendo los criterios historicistas de la época y aunque es cierto que dio al santuario ese aire neomudéjar, un poco fingido, que podemos apreciar hoy, también es necesario señalar que esta intervención se hizo a lo grande, sin escatimar en nada y salvó al santuario de una ruina cierta, pues es casi seguro que, de no haberse llevado a cabo, seguramente el edificio se hubiera hundido definitivamente, tal era su mal estado y la Virgen habría sido trasladada de forma permanente a Utrera, a la parroquia de Santa María de la Mesa, como ocurrió por esos mismos años con tantas otras patronas e imágenes de devoción, que perdieron sus sedes tradicionales. Tampoco puedo omitir que fueron estas unas obras de restauración que le supusieron a Enrique de la Cuadra un fuerte desembolso, pues pagó por ellas 75.000 pesetas, lo que entonces costaba un buen cortijo de tierras de labor, tanto que, como muestra de gratitud por su desprendimiento en estas obras y también en las restauraciones del convento de Carmelitas y la parroquia de Santiago, el papa León XIII le concedió en 1892 el título de marqués de Gibaja.

LA MISIÓN DEL PADRE TARÍN

En octubre de 1893 sucedió un curioso caso y es que se proyectó en Utrera una gran misión, a cargo del jesuita Francisco de Paula Tarín —hoy próximo a ser canonizado— y que es referido en su biografía como el fracaso más sonado de su vida de misionero. El también jesuita Pedro María Ayala en su *Vida documentada del padre Tarín* recoge una narración de Diego Vélez Calero, testigo de los hechos. Según este, la misión comenzó con poca asistencia de público y el padre Tarín pensó que, para contar con un apoyo masivo de la población, sería conveniente traer a la Virgen de Consolación a la parroquia de Santa María de la Mesa y allí hacerle una novena. Pidió parecer a Antonio Santiago Calvo de la Banda y Ulloa, marqués de Casa Ulloa —que era muy adicto al jesuita—, y al párroco de Santa María, Juan Padilla, manifestando este que, a pesar de ser una excelente idea, conocía los prejuicios populares pues, tras la supresión de la romería, con la confusión que ello supuso para la gente sencilla, había nacido una leyenda popular que afirmaba que, si la Virgen pasaba la noche fuera de su santuario, en Santa María, perdía la hermandad el derecho de custodia de la imagen y lo adquiría la parroquia, en donde, llegado ese caso, debía quedarse para siempre.

Pero dejemos que sea Diego Vélez Calero quien nos narre lo ocurrido:

> «Prevaleció, sin embargo, la idea del padre Tarín y, efectivamente, así se hizo, sacando a la Virgen del santuario y conduciéndola en solemnísima procesión hasta Utrera. Al llegar la comitiva a la plaza, el padre Tarín predicó desde el balcón del ayuntamiento a la multitud que le acompañaba.
>
> »Terminada la arenga, se continuó la marcha hasta Santa María, donde se colocó a la Virgen sobre sus andas delante del

altar mayor. El pueblo entró también, tumultuoso. Ya en la parroquia se comenzó a notar cierta inquietud sospechosa y el tumulto del pueblo, poco conforme con la estancia de la Virgen en aquel lugar.

»Subió al púlpito el padre Tarín y empezando las alabanzas a la Virgen, propuso hacerle allí una novena y preguntó al pueblo si estaba contento de tener a su patrona en la ciudad. A la primera no hubo nadie que respondiese. A la segunda, unos pocos, más exaltados, empezaron a responder que no y tras ellos otros, y las voces se fueron multiplicando, hasta prorrumpir en imponente griterío.

»Dirigióse entonces el párroco y arcipreste don Juan Padilla al pueblo desde el púlpito, pretendiendo convencer y tranquilizar los ánimos, pero las voces iban creciendo, ya en total motín, gritando todos a una «¡la Virgen a su casa!».

»Y pasando de las palabras a los hechos se lanzaron en avalancha, cogiendo casi en volandas las andas donde estaba la Virgen, saliendo con ella de vuelta al santuario, seguido de los demás que, empujándose y atropellándose caminaban aprisa, cantando al mismo tiempo que corrían:

»»Dios te salve María,
llena eres de gracia;
Tú no duermes en Utrera
que Tú duermes en tu casa»».

MÁS OBRAS DE RESTAURACIÓN

Al fallecer Enrique de la Cuadra el 12 de septiembre de 1894 —suspendiéndose por dos días la feria de Utrera en señal de luto— fue elegido nuevo hermano mayor de Consolación el ganadero de toros bravos Joaquín Murube Monge, en una junta compuesta del siguiente modo:

—Hermano mayor: Joaquín Murube Monge.

—Rector: Emilio Guzmán Melgarejo.

—Vicerrector: Bonifacio Obispo Román.

—Mayordomo: Francisco Escamilla Rodríguez.

—Consiliario primero: Vicente Rodríguez Pacheco.

—Consiliario segundo: Genaro Llorente Herrero.

—Contador primero: Plácido Carro Pascual.
—Contador segundo: Francisco Torres Fernández.
—Censor: Juan Miguel Vargas Martel.
—Secretario primero: Amador Arroyo Jiménez.
—Secretario segundo: Manuel Escamilla.

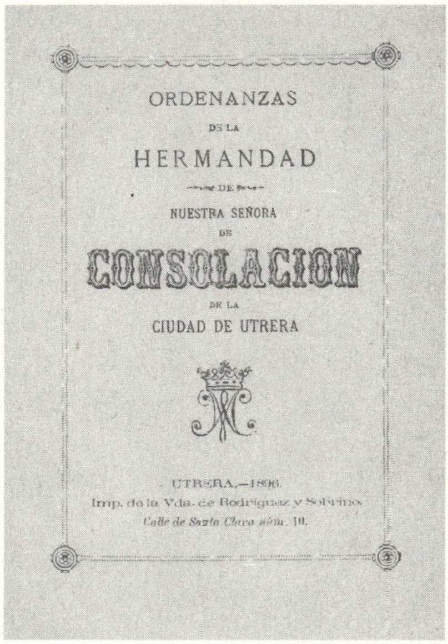

ORDENANZAS
DE LA
HERMANDAD
DE
NUESTRA SEÑORA
DE
CONSOLACION
DE LA
CIUDAD DE UTRERA

UTRERA.—1896.
Imp. de la Vda. de Rodríguez y Sobrino.
Calle de Santa Clara núm. 10.

Reglas de la hermandad en 1896 (Archivo del autor)

Esta junta continuó, en 1895, las obras de restauración que se iniciaron en 1891 y costeó Enrique de la Cuadra. De este modo, se colocaron los murales cerámicos en la portada del santuario, obras de Manuel Arellano, y también se restauró el retablo de San Francisco de Paula. Ese mismo año, el periódico jerezano *El Guadalete* publicaba una crónica de la restauración que, entre otras cosas, decía:

> «Adelanta la restauración de las capillas del convento de Nuestra Señora de Consolación. El retablo de San Francisco, de gran mérito artístico, así como el santo, que es, sin duda, la mejor escultura de nuestros templos, va a quedar admirable. El señor Escamilla, que dirige la obra, está dando una prueba más de su

> gran pericia para estos trabajos; es, sin herir la susceptibilidad de los demás artistas, uno de los mejores de Andalucía; lo mismo maneja el vaciador para hacer una escultura, que la paleta y pincel para pintar o copiar algún cuadro de gran mérito. El diputado de este distrito, señor Murube, costea la obra, que se calcula ha de ascender a dos mil duros».

Otra de las novedades que trajo esta junta fue establecer dos turnos, de mañana y tarde, en la novena de la Virgen en septiembre y también permitió la incorporación de las mujeres a la hermandad, siendo autorizada para ello por el cardenal Marcelo Spínola Maestre, arzobispo de Sevilla, el 3 de agosto de 1896. En esa fecha fue nombrada camarera de la Virgen su esposa, Tomasa Escribano Roca, que se movió extraordinariamente para conseguir regalos —entre ellos de la reina regente María Cristina, que fue nombrada hermana honoraria— y de otras personalidades e instituciones, destinados a la tómbola que la hermandad montaba en el real y durante la feria para conseguir fondos. Durante esta época, al cobro de la cuota anual que pagaban los hermanos se le llamaba «averiguación» y ascendía a tres pesetas.

La familia de Tomasa Escribano era muy devota de la Virgen de Consolación, hasta tal punto que al fallecer sus padres, Serafín Escribano Escribano y Josefa Roca Saborido, en 1864 y 1872, ambos recibieron sepultura en el santuario, en la capilla del Cristo del Perdón.

VUELVEN LOS MÍNIMOS A CONSOLACIÓN

En febrero de 1896 el mínimo fray Francisco Roldos —delegado para restablecer la orden en España por el corrector general— solicitó al cardenal Marcelo Spínola y Maestre, arzobispo de Sevilla, la vuelta de su orden a su antiguo convento de Consolación. Para ello contaba con el apoyo del abogado sevillano Agustín Lamas Silgado y la colaboración del párroco de Santa María de la Mesa y arcipreste de Utrera, Juan Padilla

Gonzalo, que era partidario de que una orden religiosa se hiciese cargo del santuario y del culto a la Virgen.

Según fray Francisco Roldos —que en ese momento era maestro de novicios en el convento mínimo de San Andrea delle Fratte de Roma— existía la posibilidad de formar una comunidad fundacional que se trasladara a Utrera, presidida por él y compuesta por tres o cuatro frailes jóvenes más, que podrían ser ordenados sacerdotes en pocos años. Con el visto bueno del arcipreste de Utrera, se comenzó a preparar la vuelta de los mínimos a Consolación y, con tal motivo, los párrocos de Santa María y Santiago, Juan Padilla y Francisco Parra, visitaron a varias familias utreranas, consiguiendo para la nueva comunidad cinco camas con sus sábanas y mantas, una mesa y seis sillas, platos, vasos, ollas y cazuelas; una arroba de aceite, una fanega de garbanzos, una arroba de bacalao y ciento cincuenta pesetas en metálico.

El 1 de diciembre, tomó posesión la comunidad —compuesta de fray Francisco Roldos como corrector, tres frailes coristas italianos y un hermano lego— de su nuevo convento, al que se le otorgó la categoría de noviciado, para que pudieran profesar en él solemnemente los tres coristas. Al principio, dado que el antiguo convento había pasado a manos privadas, los mínimos se establecieron con gran estrechez e incomodidad en unas habitaciones situadas bajo el camarín de la Virgen y, poco después y gracias a una donación, se construyó un pequeño edificio de estilo neomudéjar para residencia de la comunidad, adosado a la portada del santuario.

Pero pronto, todas las circunstancias se pusieron en contra. Algunos meses más tarde, en junio de 1897, los tres coristas regresaron a Italia, por problemas de salud, y el hermano lego se retiró también, por carecer de vocación religiosa. Además, los mínimos chocaron con la junta de gobierno de la hermandad de la Virgen —por la venta de recuerdos y medallas en el santuario— y, por ello, el hermano mayor, Joaquín Murube Monge, se quejó al arzobispo de Sevilla de su conducta, manifestando que, desde que fray Francisco Roldos se quedó solo, apenas estaba en Utrera —solo aparecía, decía, en septiembre, para la festividad de Consolación— quedando el santuario, durante meses, a cargo de un santero seglar llamado Fernando Espejo. Igualmente, fray Francisco Roldos se enfrentó al Ayuntamiento de Utrera por la licencia municipal de unas obras realizadas en el pequeño convento y, como tampoco era posible en ese momento mandar más frailes y levantar la comunidad, todo ello hizo que se desengañara de la fundación en Consolación, renunciando a ello y devolviéndole el santuario y cuanto le correspondía, mediante inventario, al arzobispado de Sevilla el 21 de marzo de 1901. Al ver nuevamente el santuario sin asistencia religiosa, el arzobispo nombró capellán del mismo al popular sacerdote utrerano Joaquín Matos Maya, al que le había costeado su carrera eclesiástica Enrique de la Cuadra, marqués de San Marcial.

Posteriormente, el 21 de julio de 1903, Antonio Aragón Fernández, miembro de la congregación de los Clérigos Regulares Menores, pidió el santuario al arzobispo de Sevilla para instalar en él una comunidad de clérigos regulares menores. Ante la solicitud, el prelado consultó al arcipreste de Utrera, Juan Padilla, que desautorizó el nuevo intento de fundación, aduciendo que una comunidad en el santuario habría de chocar, necesariamente, con la hermandad de la Virgen, como ya había ocurrido anteriormente con los mínimos y acabaría con la armonía que unía a la hermandad y al capellán. Ante su actitud negativa, la pretensión de una nueva fundación en Consolación fue desestimada y se dio por cerrado el asunto.

LA FERIA DE CONSOLACIÓN

A partir de la segunda mitad del siglo XIX, el Ayuntamiento de Utrera creó la feria y velada de Consolación, sustituyendo a la antigua romería. Al igual que en Sevilla, también se creó, de forma paralela, una feria de ganado que se instalaba en terrenos de La Vega, junto a la fuente de Ocho Caños, y permanecía instalada durante las fiestas. Veamos, como ejemplo, el desarrollo de la feria de Consolación del año 1897. Ese año se nombró una comisión para organizar las fiestas, compuesta por el alcalde, José Gutiérrez de Piñeres y de los Ríos y los regidores Federico del Castillo Algarín, Rafael González-Pérez y Fernández-Céspedes, Clemente Moratal Muñoz y Juan Miguel de Vargas Martel.

Predicó la novena de la Virgen uno de los más famosos oradores sagrados de la época, el sacerdote Bartolomé Romero Gago, provisor eclesiástico de la diócesis de Sevilla y desde el 2 al 6 de septiembre hubo un tablao en la plaza del Altozano —entonces llamada de la Constitución- que estaba iluminada *a la veneciana* y fue ocupado por la banda municipal, que daba un concierto cada noche.

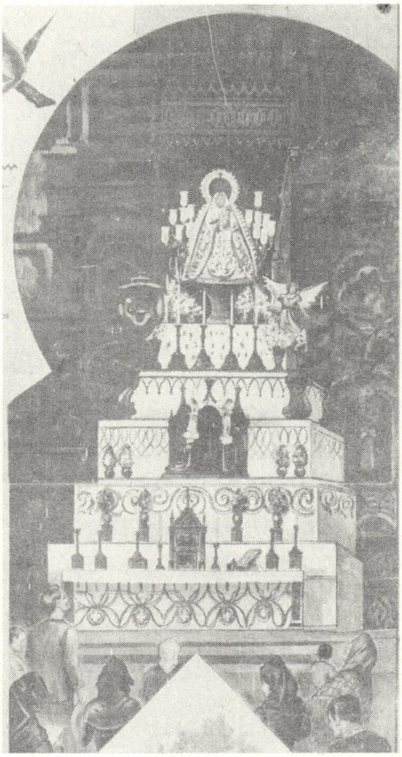

La Virgen en un altar de cultos tal como aparece
en el cartel de feria de 1899.

La feria propiamente dicha comenzó en el real, la noche del 7. Toda la explanada que se abre frente al santuario estaba ocupada por puestos de juguetes, kioscos y ventorrillos, además de las buñolerías que, tradicionalmente, montaban los gitanos y las cuatro casetas *de sociedad* con que entonces contaba la población, y eran las que montaban el Casino Utrerano, el Círculo Conservador, El Liceo Utrerano y el Casino de Artesanos, que, cada noche de las de la feria, organizaban animados bailes. También eran muy numerosas las tómbolas, destacando la que ponía la hermandad de Consolación, que recaudaba regalos de un buen número de devotos e instituciones. En ese año, uno de los grandes atractivos de la tómbola fueron dos magníficos jarrones de bronce, donados por el Ayuntamiento.

En la tarde del día 8 hubo corrida de toros en la nueva plaza del Arrecife, inaugurada dos años antes. En ella Félix Velasco y Francisco Carrillo dieron muerte a seis toros de la ganadería de Rafael de Surga Molina, de Las Cabezas y uno de los grandes alicientes de la corrida lo constituía la presencia del picador utrerano Antonio Mayo, *Mayito*, que actuaba por primera vez en su pueblo. La tarde del 11 de septiembre hubo becerrada y carreras de cintas en la plaza de toros, presididas por jóvenes de la localidad ataviadas de mantilla y en las que tomaron parte un gran número de utreranos a caballo, alzándose con el triunfo en la carrera Joaquín Murube Escribano.

Desde la noche del 7 de septiembre hasta la del 15, o sea, durante todas las noches de la feria, hubo en el real funciones de fuegos artificiales, realizados por Carmen Míguez, viuda de Manuel Martínez Pinillos. Al término de los festejos, el Ayuntamiento acordó agradecer al labrador jerezano Manuel Guerrero de Castro la colaboración prestada para el montaje de la feria de ganado y, asimismo, hacer entrega de un artístico pergamino a Agustín López de Aguilar como muestra de gratitud por su colaboración en la celebración de una feria que, a juicio de la prensa sevillana, alcanzó un gran esplendor y brillantez.

LA LLEGADA DEL SIGLO XX

En 1901 falleció el hermano mayor, Joaquín Murube Monge. Tras su muerte fue enterrado en la cripta sepulcral que había adquirido para panteón familiar, a la que se accede por una escalera situada en la sala de los milagros y fue sustituido en su cargo de hermano mayor por el hijo primogénito de Enrique de la Cuadra: Fernando de la Cuadra y Sainz de la Maza, II marqués de San Marcial.

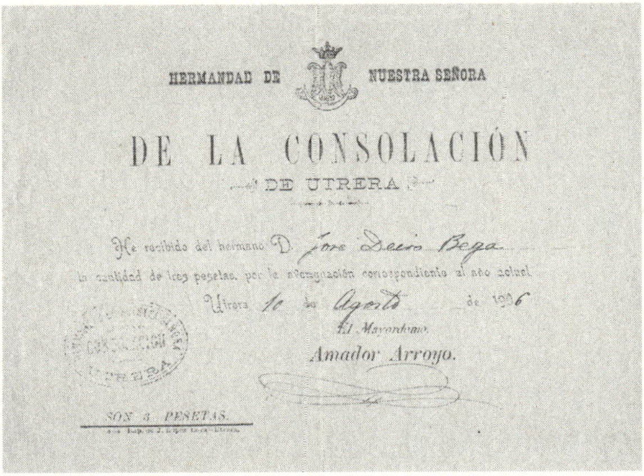
HERMANDAD DE NUESTRA SEÑORA

DE LA CONSOLACIÓN

DE UTRERA

He recibido del hermano D. José Decio Bega

la cantidad de tres pesetas, por la [illegible] correspondiente al año actual

Utrera 10 de Agosto de 1906

El Mayordomo,

Amador Arroyo.

SON 3 PESETAS.

Cuota anual que pagaban los hermanos en 1906 (Archivo del autor)

Como ya dije, al irse los mínimos fue nombrado capellán del santuario el sacerdote utrerano Joaquín Matos, personaje muy popular en Utrera que iba cada día a Consolación montado en una burrita. Del cura Matos —como lo llamaban sus contemporáneos— se cuentan muchas anécdotas, una de ellas, recogida por Salvador de Quinta Rodríguez en su pregón de la Virgen en 1984, nos que dice fue el primero que llegó a cobrar dos pesetas por una misa en el santuario. Ello dio lugar a que una devota le preguntara:

—Padre… ¿Qué vale ya una misa, aquí, en Consolación?

—Dos pesetas.

—Ojú que cara, po en Los Molares solo vale una…

—¿Una peseta? —refunfuñó el cura Matos—. ¡Pues así serán esas misas, hija mía, así serán esas misas!

También se cuenta que al ir diariamente a Consolación observaba cada día a un hombre muy humilde y cargado de años que, también montado en un borriquillo, iba cada día al santuario y pasaba mucho tiempo delante de la Virgen. En una ocasión el padre Matos, acercándose a él, le habló acerca de la conveniencia de asistir a misa, de recibir los sacramentos... Pero la contestación del anciano no se hizo esperar: «Mirusté, padre, yo le agradezco su interé, pero yo, pa hablá con Dio no necesito de correores y con la Virgen de Consolación, menos entoavía».

El año 1917, al predicar unos cultos en Consolación el célebre sacerdote Juan Cabello y Castilla, el cura Matos —instado por los devotos de la Virgen— le pidió que investigara la historia de Consolación. Este así lo hizo y escribió un pequeño opúsculo con la historia de la Virgen que se puso a la venta en el santuario.

Igualmente, se hizo cargo de la limpieza y cuidado del santuario como santera una modesta mujer, conocida popularmente como Anita la Patricia, que, a pesar de ser casi analfabeta, le hacía a la Virgen letrillas cargadas de sencillez e ingenuidad, como la que decía: «Quisiera ser palomita / blanca de la primavera / para poderte besar / esa carita morena». O aquella otra: «En la puerta del convento / cantaban las golondrinas / y decían en sus cantares: / «¡Qué carita tan divina!»».

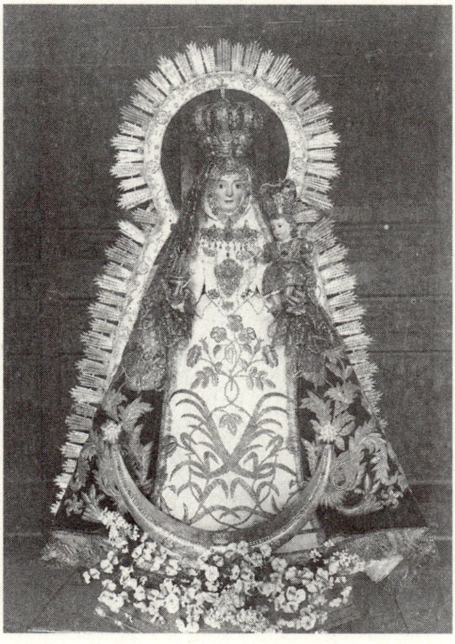

La Virgen de Consolación a principios del siglo XX en una fotografía de Joaquín Giráldez Riarola.

En 1914 los hermanos Fernando y Federico de la Cuadra y Sainz de la Maza vendieron el real de Consolación, que fue adquirido por Luis de Miñón y Garma en quince mil quinientas pesetas, firmándose la escritura de venta el 6 de mayo. También la hermandad estrenó nuevo hermano mayor: José Giráldez Riarola, en cuyo mandato se colocó nueva techumbre en la sacristía —a causa de su pésimo estado— y en la sala de los milagros o del lagarto.

LOS HERMANOS ÁLVAREZ QUINTERO Y CONSOLACIÓN

De entre los hijos ilustres de Utrera hay dos que brillan con luz propia en el mundo del teatro y de las letras españolas: se trata de Serafín y Joaquín Álvarez Quintero, los comediógrafos más populares y aclamados en la España del siglo XX.

Serafín y Joaquín, aunque se marcharon a Madrid siendo aún casi unos niños, siempre se sintieron utreranos hasta la médula. La mejor prueba de ello es su gran devoción a la Virgen de Consolación, plasmada en muchas de sus obras. Es el caso de *Cancionera,* donde escriben «¡Orvídate Cansionera!/ y yo le diré a mi madre / que eres la Virgen de Utrera» o en un soneto dedicado a Francisco Rodríguez Marín, ilustre escritor ursaonense, al que le dicen: *Soneto que Don Quijote de la Mancha ofrece al señor don Francisco Rodríguez Marín, orgullo y pres de Osuna y gloria singular de España, al cumplir sus ochenta y pico; y que lleva a sus manos un humilde devoto de la Virgen de Consolación de Utrera.*

Igualmente, con el nombre de Consolación bautizaron ambos hermanos su casa de veraneo, un hermoso chalet en El Escorial donde, en sitio bien visible, pusieron su exlibris: un barquito —como el que tiene la Virgen en su mano— con dos velas. Cuando los hermanos Álvarez Quintero fueron nombrados hijos predilectos de Utrera, en 1915, el Ayuntamiento, presidido por su alcalde Vicente Gutiérrez de Piñeres y de los Ríos, organizó varios actos. Cuando finalizaron estos, se organizó un banquete en su honor, celebrado en la Huerta de Mures y al que asistieron más de doscientos comensales que, a su término, acompañaron a Serafín y Joaquín al santuario de Consolación, donde depositaron, a los pies de la Virgen, los centros de flores que adornaron las mesas del almuerzo, mientras rezaban la salve. Pero quizás el testimonio más elocuente de este cariño de los escritores hacia la Virgen no los proporciona Juan Guerrero García en uno de sus artículos en el que dice:

> «Una tarde del año treinta, estando yo estudiando en Sevilla, me encontré a Serafín y Joaquín por el parque sevillano. Todos reconocimos a los ilustres paseantes y a ellos nos dirigimos. Nuestra presentación no la recuerdo bien, pero sí parte del diálogo:
>
> —Ustedes son don Serafín y don Joaquín Álvarez Quintero y son de mi pueblo, de Utrera.
>
> —¡Claro que sí! De Utrera; y allí hemos estado esta mañana ¿Vosotros también sois de Utrera?
>
> Ante mi respuesta afirmativa, volvió a preguntarme:
>
> —¿Cómo te llamas? ¿En qué calle vives?
>
> —Me llamo Juan y vivo en la calle Ancha, en la misma calle donde vive su primo don Luis de los Ríos.
>
> —Entonces, si nos conoces a nosotros y a mi primo... a lo mejor somos de la familia y, como buen familiar, le vas a repetir a mi primo el encargo que le di esta mañana. Le dices que a doña Juana González le busquen otra calle en Utrera y a Cristóbal Colón también y, a esas dos calles, las bauticen con un solo nombre: Madre de Consolación.

Hizo mella dentro del Ayuntamiento utrerano el consejo de los ilustres escritores pues, algunos años más tarde, la calle Ancha era rotulada como Virgen de Consolación.

Posteriormente, en 1932, escribieron la letra de una preciosa zambra dedicada a la Virgen, a la que le puso música Francisco Guerrero García. Y cómo eran muchos los devotos que querían tenerla, se imprimió para venderse en el santuario al precio de dos pesetas, pagando los gastos de imprenta un grupo de bienhechores, integrado por Consolación de Solís-Beaumont y Zuleta, viuda de Flores; Consolación Delgado de los Ríos, viuda de Gutiérrez de Piñeres; María Jesús de los Ríos Quintero, marquesa de la Gomera; Mercedes Gutiérrez de Piñeres y de la Cuadra, Tomasa Escribano Roca, viuda de Murube; Asunción Álvarez, viuda de Romero; Martina Moreno

Moreno, viuda de Alcázar; Consolación Calderón Uclés, viuda de Ruiz-Verde; Francisca Zapata Pérez, viuda de Solís-Beaumont; Diego y Concepción Vélez Calero, Francisco Cuéllar Linares, Álvaro Carrión Gavira y su esposa, Rosario de Diego Martínez; Leopoldo Rodríguez Bárcena y Francisco Fernández de Heredia y Listrán.

LA VIRGEN VUELVE A SALIR EN ROMERÍA

El año 1930 resultó elegido hermano mayor Ignacio Fernández del Castillo y Viar al que acompañaba en la junta, como secretario, Ignacio de Torres y Santiago Calvo de la Banda, que instituyeron la celebración, cada año, de una misa cantada en Consolación el uno de enero, dándole gracias por el año pasado y pedir su auxilio en el venidero.

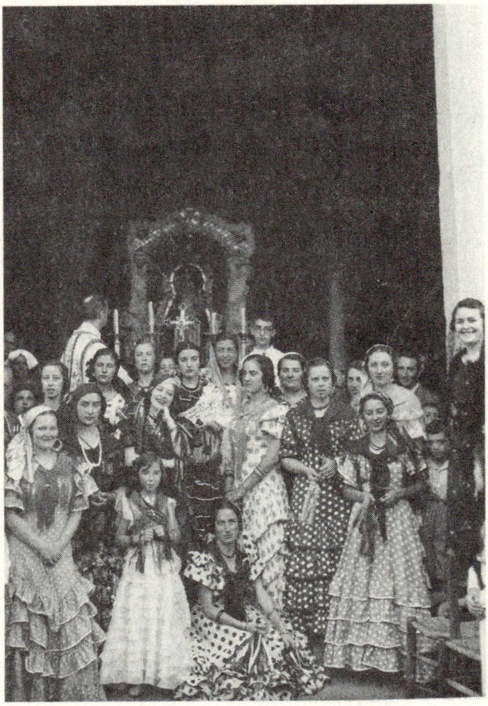

Una imagen de la romería celebrada en 1935.

Pero sin duda lo más destacado de su mandato fue la romería celebrada el 8 de septiembre de 1935. Y es digno de reseñarse que en plena república —en la que existía una fuerte corriente anticlerical, hasta el punto de que las hermandades de Semana Santa se quedaron varios años sin salir— fuera el alcalde de Utrera, Miguel Salvago Beauchy, el que intercediera ante la hermandad para que la Virgen saliese en romería, pues así lo quería el pueblo.

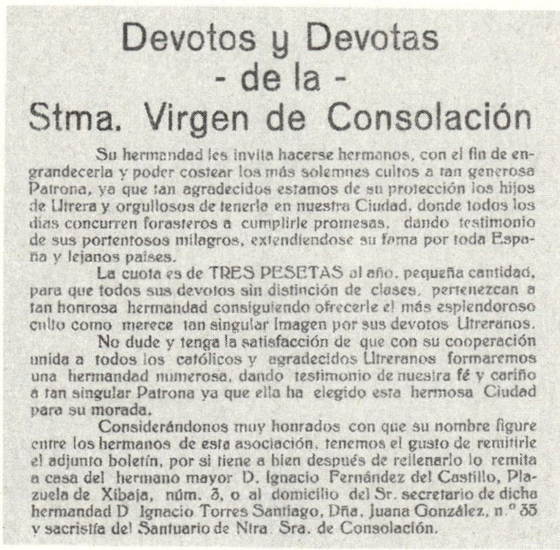

Devotos y Devotas
- de la -
Stma. Virgen de Consolación

Su hermandad les invita hacerse hermanos, con el fin de engrandecerla y poder costear los más solemnes cultos a tan generosa Patrona, ya que tan agradecidos estamos de su protección los hijos de Utrera y orgullosos de tenerla en nuestra Ciudad, donde todos los dias concurren forasteros a cumplirle promesas, dando testimonio de sus portentosos milagros, extendiendose su fama por toda España y lejanos paises.

La cuota es de TRES PESETAS al año, pequeña cantidad, para que todos sus devotos sin distinción de clases, pertenezcan a tan honrosa hermandad consiguiendo ofrecerle el más espiendoroso culto como merece tan singular Imagen por sus devotos Utreranos.

No dude y tenga la satisfacción de que con su cooperación unida a todos los católicos y agradecidos Utreranos formaremos una hermandad numerosa, dando testimonio de nuestra fé y cariño a tan singular Patrona ya que ella ha elegido esta hermosa Ciudad para su morada.

Considerándonos muy honrados con que su nombre figure entre los hermanos de esta asociación, tenemos el gusto de remitirle el adjunto boletín, por si tiene a bien después de rellenarlo lo remita a casa del hermano mayor D. Ignacio Fernández del Castillo, Plazuela de Xibaja, núm. 3, o al domicilio del Sr. secretario de dicha hermandad D Ignacio Torres Santiago, Dña, Juana González, n.º 35 y sacristía del Santuario de Ntra. Sra. de Consolación.

Hojilla impresa en los años treinta del siglo XX para captar hermanos (Archivo del autor)

Al pedirse al palacio arzobispal la autorización para ello, el cardenal Ilundain la dio, aunque no muy convencido, dada la inseguridad reinante y con la condición expresa de que la Virgen solo podía llegar hasta el fielato (la casilla donde se pagaban los consumos al entrar mercaderías en el pueblo, situada en la esquina del paseo de los Coches y la calle de la Huerta). En estas circunstancias, tanto el hermano mayor como el secretario y el mayordomo, Francisco Benavides Pérez y Antonio Ulquiano-Murga García, párroco de Santa María de la Mesa, se pusieron a trabajar para que todo resultara un éxito, como así fue.

La romería comenzó a las seis de la mañana, con una misa ante la Virgen —colocada sobre el templete del Niño de la

Bola, de Santa María, y este puesto sobre la carreta de bueyes de la Virgen de Valme, de Dos Hermanas— en la puerta del santuario.

A esa hora ya en el real y por el camino no cabía un alfiler. Una inmensa multitud de caballistas, muchachas vestidas de flamenca y romeros a pie y en carretas bellamente engalanadas, acompañaron a la imagen. Prácticamente, toda Utrera y muchísima gente llegada de los pueblos de la comarca. De Dos Hermanas vinieron cincuenta caballistas y Los Molares casi se quedó vacío, pues la mayor parte de sus vecinos vinieron andando hasta Consolación.

Fue un detalle muy comentado que Fernando Flores de Solís-Beaumont (el gran piloto utrerano, uno de los primeros en tener avioneta privada en España) fue arrojando pétalos de flores, desde su avioneta, a la Virgen durante el recorrido. Fue tal el entusiasmo que incluso, al llegar al fielato, hubo quien propuso no hacer caso a la orden del prelado y seguir hasta Utrera. Sin embargo, prevaleció la opinión del párroco de Santa María y solo se recorrió el itinerario autorizado.

LA GUERRA CIVIL

El estallido de la Guerra Civil —que tan graves consecuencias tuvo en España— también tuvo en Consolación, como en todo, una lógica repercusión.

Comenzó en la primavera de 1936, cuando el recién elegido hermano mayor, Francisco Benavides Pérez, viendo la inestabilidad política y el desorden existente en la calle, temeroso ante posibles desmanes en el santuario, mandó esconder la imagen de la Virgen en un sitio secreto y mandó colocar en su camarín otra con cierto parecido, que había en la sacristía. Pero los devotos se dieron cuenta del cambio y corrió la voz por Utrera, alguien pensó que la imagen verdadera había sido robada y se produjo algo parecido a un motín popular. Finalmente hubo que reponer a la Virgen en su camarín porque así lo exigió el pueblo, pues pensaba que la imagen estaba segura en su altar ya que decían «¿qué hijo de Utrera va a ser capaz de atentar contra la Virgen de Consolación?».

Asimismo, la camarera de la Virgen, que lo era desde unos años atrás Carmen González-Camino y González, para evitar robos y saqueos, arrendó una caja de seguridad en la sucursal utrerana del banco Hispano-Americano, en la calle Ancha, en la que guardó las alhajas que servían para adornar a la imagen, incluido el barquito de cristal y oro.

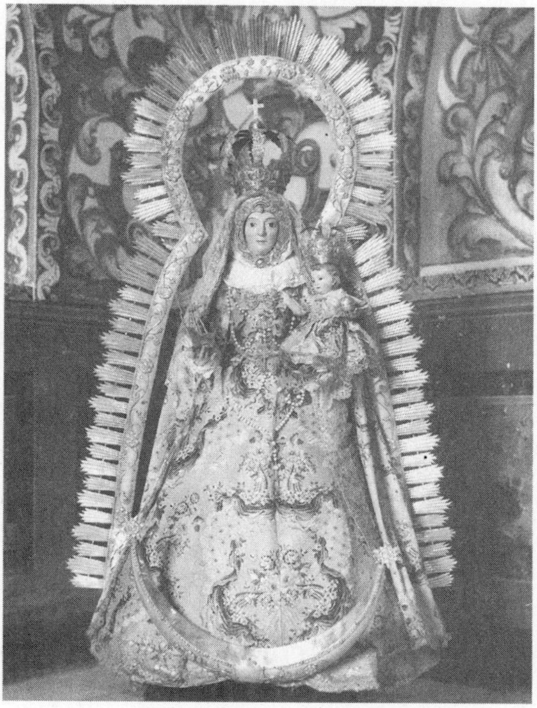

La Virgen, a finales de los años cuarenta, ataviada con manto y saya de brocado, del siglo XVIII.

Afortunadamente nada pasó. Aunque en julio de 1936, en los días previos a la toma de Utrera por las tropas nacionales, grupos de milicianos asaltaron varias iglesias de Utrera, el santuario fue respetado. Por ello y a pesar de las trágicas circunstancias que se vivían, el 30 de agosto comenzó la novena, como cada año. Fue predicada por el capuchino fray Modesto Eizmendi y el 31 de agosto se ofreció por las almas de dos miembros de la junta de clavería de la hermandad que habían sido asesinados antes de entrar las tropas en el pueblo: el antiguo hermano mayor, José Giráldez Riarola, y Francisco Fernández de Heredia y Listrán. El día ocho, festividad de la Virgen, asistió a la misa que ofreció el Ayuntamiento de Utrera el general Gonzalo Queipo de Llano que, a su término, fue agasajado por las autoridades asistentes con un pequeño ágape.

Del mismo modo, fue el célebre sacerdote jesuita Mariano Ayala el que predicó los cultos y la novena de la festividad de la Virgen, en septiembre de 1938.

LA ROMERÍA DEL FINAL DE LA GUERRA

El 1 de abril de 1939 terminó la Guerra Civil. Con tal motivo, en septiembre se trató de repetir la salida de la Virgen en romería, para darle gracias por el final de la trágica y sangrienta contienda que enfrentó a los españoles. Sin embargo, esta vez la decisión de sacar a la Virgen estuvo rodeada de una fuerte polémica, ya que fueron muchos los hermanos y devotos que se pronunciaron en contra.

Al final, sin embargo, se impuso la idea de las autoridades y la Virgen salió en carreta de bueyes la tarde del 7 de septiembre, recorriendo las calles de la Huerta, Vereda, El Charco, La Corredera y la Fuente Vieja hasta llegar a la plaza del Altozano, quedando depositada esa noche en la capilla de San Francisco. Durante el recorrido, acompañó a la imagen una inmensa multitud de caballistas y romeros en carretas engalanadas.

Esa noche hubo un concurso de cante flamenco en la plaza, con tres premios de cien, cincuenta y veinticinco pesetas, estando compuesto el jurado por Francisco Guerrero Muñoz, Francisco Arias de Saavedra Alonso e Ignacio de Torres-Lineros y Torres, asesorados por el presidente del concurso, Antonio Boralla.

Al día siguiente, por la mañana, se celebró ante la Virgen, en San Francisco, un solemne funeral por los fallecidos en la guerra y, a su término, fue trasladada la imagen a la parroquia de Santa María de la Mesa, desde la que retornó a su santuario en la tarde de ese día, en una solemne procesión en la que participaron todas las autoridades civiles y religiosas de Utrera.

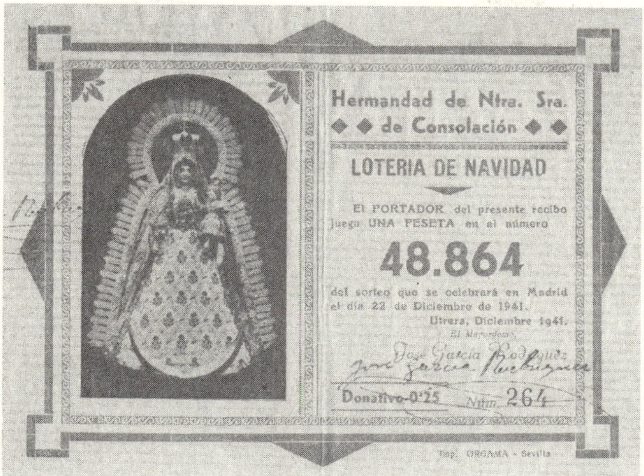

Billete de loteria de navidad de la Hermandad de Consolación en 1941 (Archivo del autor)

EL ESTUDIANTADO FILOSÓFICO SALESIANO

En 1940, siendo hermano mayor de la Virgen Juan Moreno Caballero, se consiguió que la congregación salesiana —que llegó a Utrera en 1881— se hiciera cargo del santuario de Consolación, instalando en el antiguo convento mínimo —que fue cedido al efecto por su propietaria, María de la Cabeza de Miñón y Lara— un estudiantado filosófico para que los novicios salesianos realizaran en él sus estudios. Desde que los salesianos llegaron a Consolación los cultos revistieron una enorme solemnidad y brillantez y, asimismo, fueron unos grandes propagadores de la devoción a Consolación, ante la satisfacción y complacencia de sus miles de devotos.

Y es que los salesianos lideraron una serie de iniciativas muy beneficiosas. La primera, la creación de la emisora de radio Consolación, inaugurada por el cardenal Segura —arzobispo de Sevilla entonces— que retransmitía en directo los cultos desde el santuario, lo que fue una importante novedad para Utrera, que jamás había tenido una emisora. Del mismo modo, los salesianos empezaron a imprimir la hojita *Consolación*—con la que propagaron aún más su devoción por toda Andalucía— y también publicaron dos opúsculos de la historia de la Virgen, con texto del cronista de Utrera, Manuel Morales Álvarez.

Como ya he dicho, los cultos durante el tiempo que los hijos de don Bosco estuvieron al frente del santuario fueron especialmente solemnes y brillantes, particularmente las novenas de Consolación y María Auxiliadora, así como también es destacable el espectacular nacimiento que montaban en navidad. En todos ellos tuvo una destacada participación la magnífica escolanía del santuario, que cantaba los oficios litúrgicos en latín y gregoriano y ejecutaba con gran maestría la música polifónica clásica de Juan Luis de Vitoria y la más moderna de Iruarizaga. Entre los salesianos que se dedicaron a la música en Consolación, sin duda destaca el utrerano Fernando García, que compuso un bello himno a la Virgen que aún se canta y comienza «¡Oh Virgen Soberana / consuelo del que llora / la dicha que atesora / tu maternal amor. / Inunde los hogares/ de un pueblo agradecido / que ante tus pies rendido / implora tu favor».

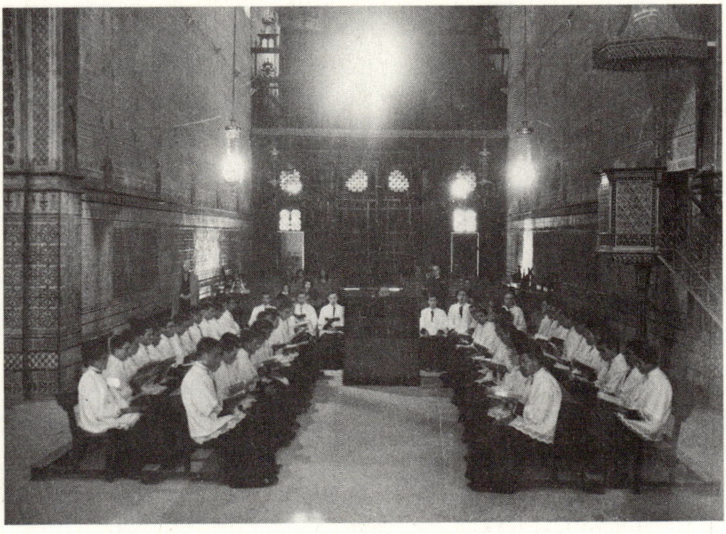

La escolanía dio gran solemnidad a los cultos el tiempo que los Salesianos estuvieron en Consolación.

Especialmente sonada fue la visita que realizó a Consolación el V sucesor de San Juan Bosco, Renato Ziggiotti, en octubre de 1953, para presidir la solemne ceremonia de ordenación de nuevos salesianos, con la asistencia de todas las autoridades civiles y religiosas de la ciudad y numeroso público, que llenó por completo el santuario.

Desde que los salesianos reabrieron el antiguo convento, contaron con la inestimable ayuda de un entusiasta grupo de colaboradores. Entre ellos están Sofía Fernández de Heredia Deiró y Balbina Deiró Domínguez —ambas camareras de la Virgen durante muchos años—, Joaquín Giráldez Torres, que fue hermano mayor de 1959 a 1963; Julio Noguera Giuli, Trinidad Valverde de Martín y Casilda Rodríguez de Guerrero.

HECHOS PRODIGIOSOS

Los salesianos, igual que habían hecho anteriormente los mínimos, llevaron durante el tiempo que estuvieron en el santuario un libro-registro con sucesos prodigiosos cuyos protagonistas atribuían a la Virgen su feliz desenlace. Estos son algunos de ellos:

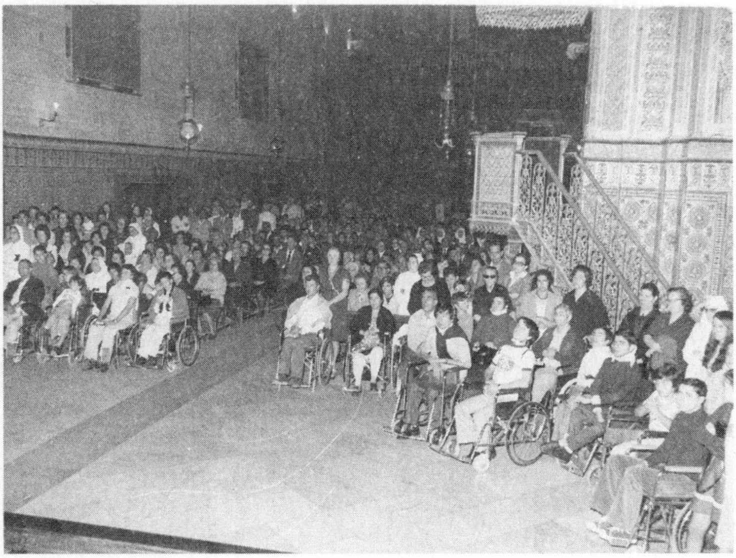

Enfermos y peregrinos ante las plantas de la Virgen de Consolación

«El día de la Ascensión, 27 de marzo de 1954, vino andando desde El Torbiscal a este santuario Pedro Madrigal Romero, natural de Umbrete, a dar gracias a Dios por este favor: Se encontraba a la puerta de la ermita de El Torbiscal el domingo 23, presenciando la procesión de María Auxiliadora, de pronto, quedó espantado al oír un grito en los fieles que contemplaban la salida de la procesión, a la par que señalaban hacia él. Se encomendó a la Santísima Virgen de Consolación (cuyo santuario había visitado el domingo anterior, pidiéndole su protección en todos los instantes de su vida) y echó el cuerpo hacia atrás en el preciso momento en que caía el badajo de la campana que estaba repicando, dándole solo en un pie sin producirle daño alguno.

»Él atribuye su salvación a la Santísima Virgen, que le inspiró el movimiento providencial por el cual el badajo, cayendo desde una altura de doce metros, no le dio en la cabeza. [...] La joven Consuelo Alberti, natural de Utrera, de quince años de edad, estaba gravemente enferma de peritonitis y de otras complicaciones como meningitis, que las habían llevado a las puertas de la muerte.

»Una noche, a las cuatro de la madrugada, estando sin conocimiento a causa de la altísima fiebre que padecía (más de cuarenta grados) la joven se incorporó, diciendo a su madre allí presente «la Santísima Virgen ha venido a curarme». Con las manos juntas oró fervorosamente algunos instantes, después se durmió tranquilamente. Horas después, a las ocho, despertó. La madre, temiendo que comenzara de nuevo a delirar, le preguntó cómo se encontraba. «Me encuentro bien», respondió la joven, «porque la Virgen ha venido y me ha curado. Aquí está otra vez, voy a darle las gracias».

»Desde ese momento comenzó a mejorar rápidamente y hoy se encuentra completamente bien. Su familia, agradecida, vino al santuario y ofreció a la que es Consuelo de los Afligidos, una misa y veinticuatro velas. [...] El niño Pepito Olmedo, de Sevilla, de tres años de edad, se encontraba enfermo de meningitis y en tal estado que daba lástima verlo. Los médicos de la clínica en que fue asistido no daban ninguna esperanza de curación, por lo cual sus familiares lo llevaron de nuevo a su casa. Eran las once de la noche cuando salió de la clínica. Mientras iban a su domicilio, la madre y la abuela del niño, utreranas, no cesaban de encomendarlo a la Virgen de Consolación y el consuelo de tan buena madre no se hizo esperar.

»Al llegar a casa el niño no tenía síntomas ya de enfermedad y comió con apetito un trozo de pan que se encontró. Al día siguiente el médico, asombradísimo, pudo comprobar que la enfermedad había desaparecido por completo.

»Sus familiares vinieron al santuario con el niño para agradecer a la Virgen un favor tan singular, y allí su abuela manifestó «todo lo que le pido me lo concede»».

DEFINICIÓN DEL DOGMA ASUNCIONISTA

El año 1951 fue instituido año santo por el papa Pío XII y, además, fue declarada solemnemente la asunción de la Virgen María al cielo en cuerpo y alma como dogma de la Iglesia. Como también se cumplía el II Centenario del nombramiento de la Virgen de Consolación como patrona de Utrera, se decidió solemnizar ambas conmemoraciones con la venida de la imagen a Utrera.

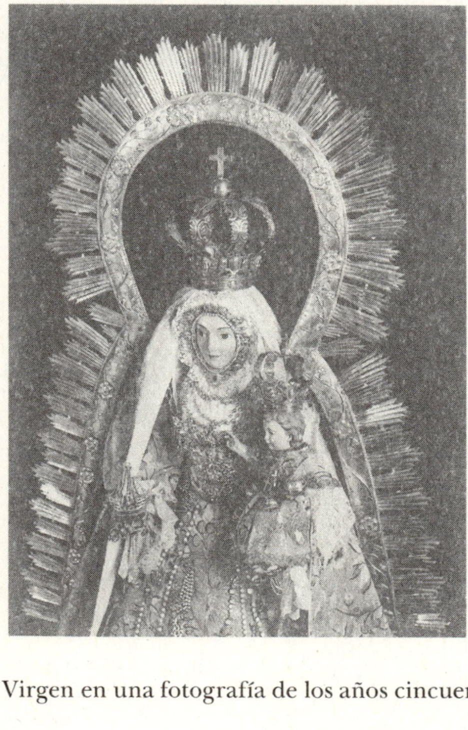

La Virgen en una fotografía de los años cincuenta.

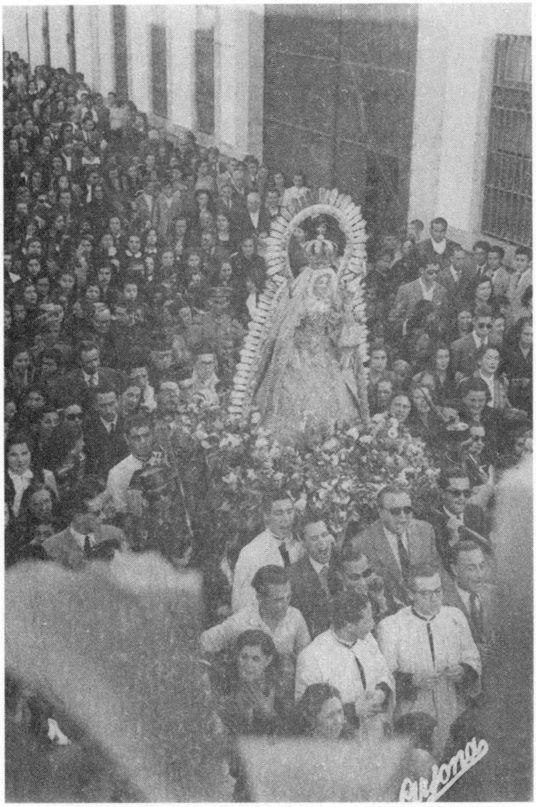

La Virgen va a Utrera con motivo del II Centenario de su patronazgo. 1950.

Esta se celebró el 15 de abril y la Virgen, en andas, recorrió el camino y la calle de la Huerta entre el entusiasmo de los fieles —entre ellos muchos llegados andando desde Los Molares— y acompañada de todas las autoridades civiles y religiosas de Utrera, hasta llegar a la plaza, que se encontraba a rebosar de gente. Allí, el director de los salesianos, José Mondéjar, rezó diversas oraciones, siguiéndole el cronista de Utrera, Manuel Morales Álvarez, que leyó unos versos y cerró el acto el párroco de Santa María de la Mesa, Crescencio Moreno Moreno. Antes de iniciar el regreso al santuario, las andas que portaban a la Virgen hicieron estación en las capillas de San Francisco y del Carmen, siguiendo a la imagen en su recorrido una gran multitud, hasta que, ya avanzada la noche, se recogió en su santuario. Igualmente, el hermano mayor, Federico de la Cuadra

Irízar, estuvo presente en la ceremonia de la declaración solemne del dogma asuncionista, pues viajó a Roma en unión de Juan Moreno Caballero, representando ambos a la hermandad, a la que Pío XII, por ello, le otorgó el título de pontificia.

MEJORAS EN EL SANTUARIO

Durante el tiempo que los salesianos permanecieron en Consolación se preocuparon, especialmente, de realizar una importante serie de mejoras en el santuario y de renovar su ajuar litúrgico.

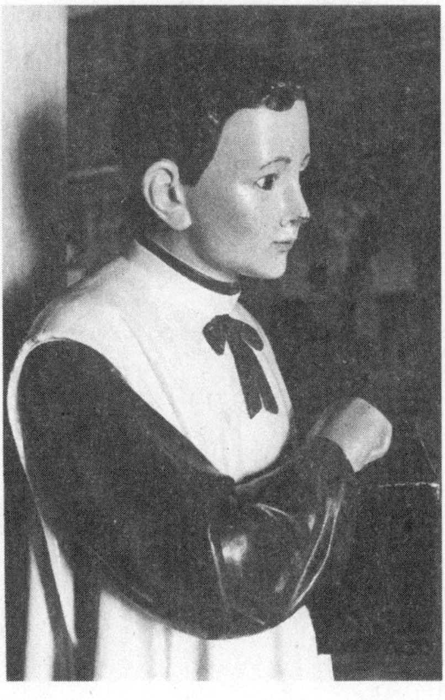

La imagen del monaguillo se ha convertido en todo un símbolo de Consolación.

La más importante de ellas fue la adquisición, por parte de la hermandad, de una importante y valiosa serie de lienzos al óleo de gran tamaño, que reproducen escenas de la vida de la Virgen. Como descubrió el historiador Jesús Mena García, los cuadros que plasman el nacimiento de la Virgen, los desposorios con San José, la visita a Santa Isabel, la adoración de los pastores, la adoración de los Reyes Magos y la presentación de Jesús en el templo son obra del pintor utrerano Juan Carlos Ruiz Gijón —hermano de Francisco Antonio, el imaginero que hizo *El Cachorro*— y los pintó entre 1660 y 1673. Estos cuadros, pasaron a decorar la nave del templo, al igual que cuatro, inferiores en calidad, del siglo XVIII y autor anónimo, que también adornan los muros de la capilla mayor y las del Perdón y San Francisco de Paula y reproducen la dormición y asunción de la Virgen, la crucifixión y la muerte de San Francisco de Paula.

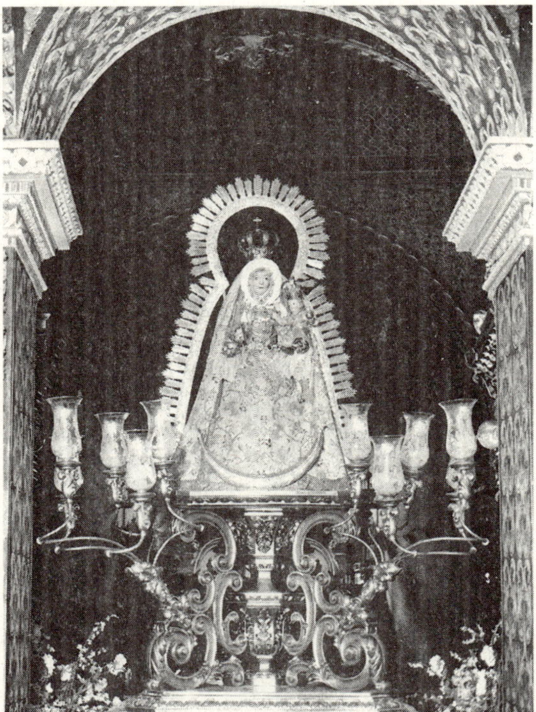

La Virgen, a principios de los años cincuenta, en la peana de madera dorada que le hicieron los Salesianos.

En 1951 y por suscripción popular se adquirieron cinco lámparas arañas de cristal, que se colocaron en el presbiterio y hoy no existen; se estrenó una peana para la Virgen —ya que el baldaquino estaba en muy mal estado— diseñada por Fernando de la Cuadra Irízar, una crestería para la embocadura del camarín y unos blandones grandes para el presbiterio, realizadas todas estas piezas en madera dorada ya que, la economía de posguerra que imperaba no daba para más. También se hizo una puerta para el sagrario de plata cincelada, se colocó en el atrio del templo una lápida de mármol —costeada por Joaquín Jiménez García— con el *Cantarcillo a la Virgen de Consolación*, obra del escritor gaditano José María Pemán y se puso, en mayo de 1950, un gran mural cerámico de la Virgen de Consolación en la estación de ferrocarril de Utrera, dándole la bienvenida a los viajeros que llegan a la ciudad.

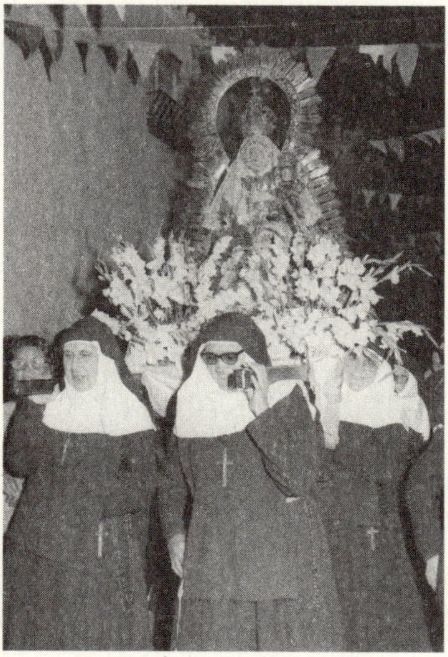

Las Hermanas de la Cruz, Camareras Honorarias y Perpetuas, portan a la Virgen en una de sus venidas a Utrera.

Y ya, por último, los salesianos colocaron, adosado a una de las columnas de mármol del atrio de entrada al templo, un limosnero hecho en Olot de pasta de madera, que representa la figura, en tamaño natural, de un monaguillo que sostiene la arqueta para echar las limosnas. Este monaguillo —aunque existen otros idénticos en diversas iglesias, por ser una obra en serie— con el tiempo se ha convertido en un símbolo entrañable para los utreranos y devotos de la Virgen y en una de las señas de identidad del santuario, como el barquito o el lagarto.

También fue en esta época cuando la hermandad nombró camareras honorarias y perpetuas a las Hermanas de la Cruz, haciéndose cargo de custodiar las ropas de la imagen en su convento y de vestirla, junto a las camareras efectivas. Y en el convento permaneció el ajuar de la Virgen hasta que, en 2007, se restauraron y habilitaron las cajoneras de la sacristía para su conservación.

En 1955 se estrenaron cuatro nuevas campanas para la torre del santuario, costeadas por suscripción popular. Se fundieron en Torredonjimeno (Jaén) y fueron bautizadas como Consolación de los Afligidos, Auxilio de los Cristianos, Reina de los Ángeles y Dulce Nombre.

EL AÑO SANTO MARIANO

El papa Pío XII, muy dado a las grandes celebraciones católicas, declaró el año 1954 año santo mariano, solemnizándose con numerosas ceremonias religiosas en todo el orbe cristiano. En Utrera, los párrocos de Santa María y Santiago, junto a los salesianos, el Ayuntamiento y la hermandad, presidida por Federico de la Cuadra Irízar, decidieron traer a la Virgen a Utrera, para recorrer prácticamente todo el pueblo. Así salió en andas del santuario el 12 de septiembre, trasladándose a la capilla de la Trinidad, en la calle de la Fuente, donde se quedó esa noche. Al día siguiente visitó la parroquia de Santiago, pasando también allí la noche, para terminar el tercer día yendo a Santa María de la Mesa, donde también pernoctó, visitando —durante el trayecto de una iglesia a otra— las capillas de los Dolores, Carmelitas, Hospital de la Santa Resurrección, San Francisco, Sagrada Familia, El Carmen y San Bartolomé, hasta llegar a la plaza, donde se había organizado una concentración de imágenes marianas de la ciudad. Estaban allí las vírgenes de la Mesa, de Santa María; la del Socorro, de Santiago; Dolores, del

Santo Entierro; Angustias, de Jesús Nazareno; Desamparados, de la Trinidad; María Auxiliadora, del Colegio Salesiano; Milagrosa, de las Hijas de la Caridad del Hospitalito; Salud, de las Hermanas de la Cruz; Virgen Niña, del colegio de la Sagrada Familia; Inmaculada Concepción, del convento de Carmelitas y la Asunción, del colegio Santa Rosa de Lima.

Una vez allí, ante casi cinco mil personas, el cardenal Segura —entonces polémico arzobispo de Sevilla— ofició una solemne misa en medio de la plaza, al término de la cual cada imagen volvió a su templo en medio de una gran cantidad de gente que llenaba las calles.

ANTECEDENTES DE LA CORONACIÓN

Aunque desde muchos años atrás en Utrera se venía hablando de la posibilidad de coronar canónicamente a la Virgen de Consolación, siempre se hacía de forma privada, sin que se iniciaran realmente los entonces delicados y difíciles trámites para llevarlo a cabo. Fue el salesiano José Caño el primero que, recogiendo el sentir unánime de los utreranos, comenzó a plantearlo tanto en la emisora de radio, como en la revista de feria, en la revista *Cumbres* y en la hojita *Consolación*. El que fue párroco de Santa María de la Mesa durante tantos años, Miguel Román Castellano, recuerda en sus memorias que, al mandarlo el cardenal Bueno Monreal a Utrera en 1956, entre los objetivos pastorales que le marcó, le recalcó muy especialmente que consiguiera la tan deseada coronación de la patrona de Utrera. Al fin, el Ayuntamiento en pleno envió el 14 de agosto de 1956 una solicitud al arzobispo de Sevilla solicitando, oficialmente y en nombre de la población, la coronación canónica de la imagen. El cardenal Bueno Monreal, a modo de respuesta, publicó una pastoral en febrero de 1959 en la que, como requisito previo al inicio de los trámites para la coronación, exhortaba al pueblo de Utrera a la celebración de una gran misión en la ciudad.

LOS MUCHACHOS DE CONSOLACIÓN

En 1957 tuvo lugar la fundación de la Hermandad Obrera de Apostolado y Penitencia del Santísimo Cristo del Perdón y María Santísima de la Amargura que, desde su creación, fue conocida como Los Muchachos de Consolación.

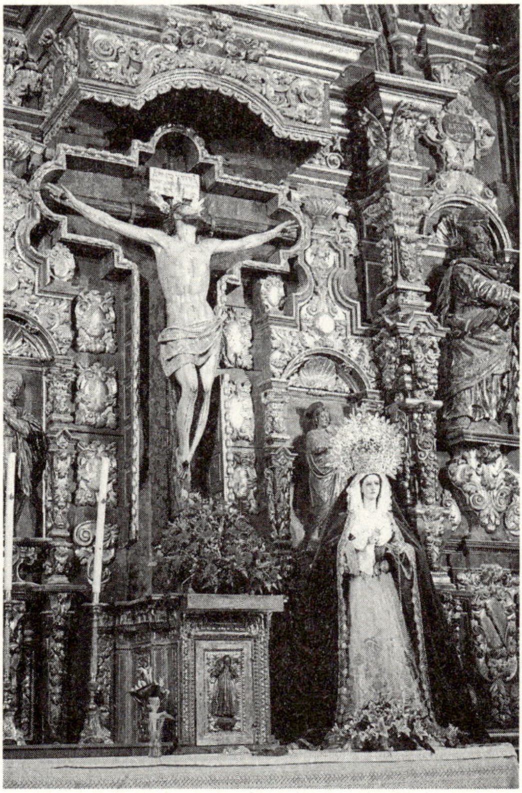

Los titulares de los Muchachos de Consolación, el Cristo del Perdón y María Santísima de la Amargura.

Esta corporación nació a raíz de unos campeonatos de fútbol organizados por el salesiano José Canal, para secundar las consignas dictadas por el papa Pío XII «Por un mundo mejor». Dada la aceptación que tuvo el campeonato, su organizador creyó que la creación de una hermandad con los participantes sería un eficaz vehículo de evangelización. Sus titulares son el Cristo del Perdón, el crucificado atribuido a Gaspar Núñez Delgado que recibe culto en el santuario y en la antigüedad salía en procesión por el real el Domingo de Lázaro, y la Virgen de la Amargura, dolorosa de candelero, del siglo XIX, que le fue donada por María Mateos Íñigo. Esta hermandad realiza su estación de penitencia en la tarde del Lunes Santo y, desde entonces, ha ido en constante ascenso, pues se ha convertido en una corporación muy numerosa y popular dentro de la Semana Santa de Utrera, a la vez que ha ido reuniendo su propio patrimonio procesional.

LA GRAN MISIÓN DE 1959

Como requisito previo a la coronación canónica de la Virgen de Consolación, tuvo lugar, en 1959, una gran misión a cargo de cuarenta hermanos misioneros de San Vicente de Paúl. Desde el 26 de abril hasta el 10 de mayo funcionaron veintiséis centros en la ciudad y en todo el término municipal, presididos por otras tantas imágenes de distintas advocaciones, cuyo exorno corrió a cargo de las distintas hermandades y asociaciones religiosas de la ciudad. De forma paralela se misionaron casi la totalidad de los cortijos del término y se celebraron una gran cantidad de actos formativos y conferencias, igualmente, les fueron administrados los sacramentos a la práctica totalidad de la población.

El día 26 se celebró la apertura, con la celebración de un solemne acto en la plaza, presidido por la Virgen de Consolación, que llegó desde el santuario en un camión y escoltada por conductores de bicicletas y vespas. En el transcurso de la eucaristía —que fue presidida por el cardenal Bueno Monreal y concelebrada por más de cien sacerdotes— el arzobispo impartió la bendición a la muchedumbre que llenaba la plaza.

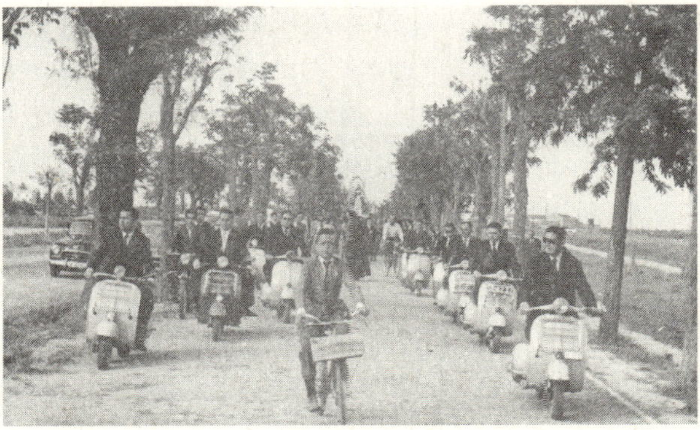

La Virgen con una escolta de bicicletas y vespas en la misión de 1959.

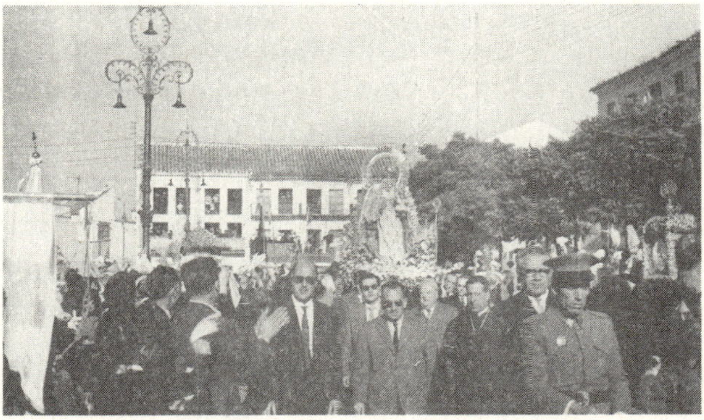

La Virgen por la Plaza durante la misión de 1959

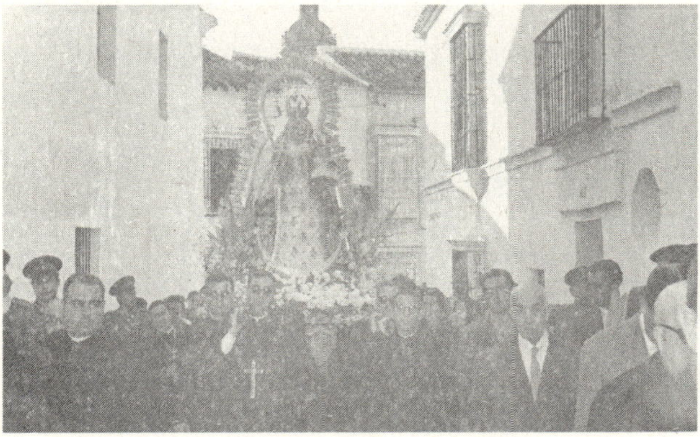

La Virgen durante la misión de 1959 sube por Rodrigo Caro. Delante, Federico de la Cuadra Irízar.

SE MARCHAN LOS SALESIANOS DEL SANTUARIO

A pesar de la gran labor que los salesianos realizaban desde Consolación, se vieron precisados a plantearse su marcha. La causa eran las pésimas condiciones en que vivían los estudiantes: dentro de un edificio grande, viejo y destartalado, que necesitaba urgentes y costosas obras para hacerlo habitable. Los salesianos quisieron comprar el edificio y arreglarlo, pero su dueña no quiso venderlo. Ante estas dificultades, no les quedó otra solución, con gran pena por su parte, que abandonar Consolación el 10 de noviembre de 1961, trasladando el estudiantado filosófico a San José del Valle (Cádiz) donde sí contaban con un edificio adecuado para ello. Nuevamente quedaba Consolación abandonado y vacío, en medio de la tristeza de los utreranos. Al dejarlo la congregación salesiana, el arzobispo de Sevilla nombró rector del santuario a Miguel Román Castellano, párroco de Santa María de la Mesa, que permaneció en el cargo casi medio siglo.

DON MIGUEL ROMÁN CASTELLANO

Con la llegada de don Miguel Román al santuario comenzó una nueva etapa en Consolación, marcada por los preparativos de la coronación canónica, que fueron largos y complicados. En este nuevo periodo don Miguel —que inició una febril actividad— contó con el decidido apoyo del nuevo hermano mayor de la Virgen: el escritor Salvador de Quinta Rodríguez que, además de colaborar con el rector en todo durante los casi treinta años que permaneció al frente de la hermandad, fue uno de los grandes difusores de la devoción a la Virgen en sus artículos periodísticos y también tuvo en Consolación la inspiración de una buena parte de su obra poética.

PREPARATIVOS DE LA CORONACIÓN

Después de la gran misión de 1959, los preparativos se sucedieron a ritmo de vértigo. El 7 de septiembre de 1962 tuvo lugar en la Puerta del Perdón, de la parroquia de Santa María de la Mesa, el pregón procoronación, pronunciado por el arzobispo auxiliar de Sevilla, José María Cirarda Lachiondo, ante cientos de devotos y representantes del Ayuntamiento y las hermandades de Utrera.

Ese año, la novena fue predicada por sacerdotes utreranos y la función de la Virgen, el 8 de septiembre, se ofició de medio pontifical y fue presidida por el arzobispo de Sevilla, cardenal José María Bueno Monreal.

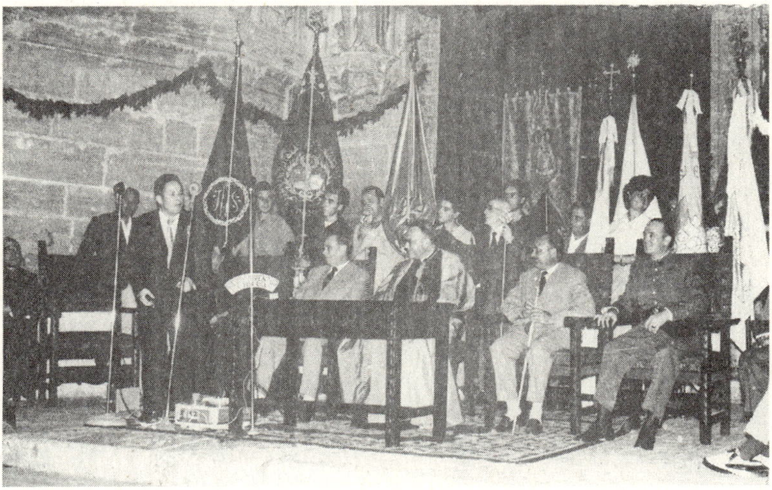

José María Cirarda Lachiondo pronuncia el pregón de la Coronación en la Puerta del Perdón de Santa María de la Mesa, en 1963.

Asimismo, el 21 de octubre de ese mismo año empezaron a trabajar las ocho comisiones creadas para la coronación canónica, distribuidas de la siguiente forma:

—Cultos: los sacerdotes Francisco de Paula Hernández Fuentes, Miguel Román Castellano, Francisco Barrueco Barrueco, Cristóbal Hidalgo Ojeda, Manuel Rodríguez Falcón y Manuel Mateos Gamito.

—Propaganda: Miguel Román Castellano, Salvador de Quinta Rodríguez, Julio Gómez Blanco, José Martínez Bravo, José Fresneda Rodríguez, Antonio Gordillo Cabeza, Andrés Calderón Gómez y Francisco Guerrero García.

—Arte: Miguel Román Castellano, Joaquín Giráldez Torres, Manuel Morales Álvarez, Enrique Valenzuela Mohedano, Manuel García Fernández, Antonio Sousa Reina, José María Guerrero Bustamante y Antonio Carmona González.

—Festejos: Miguel Román Castellano, Antonio de Aquino Araujo, Andrés Calderón Gómez y Manuel Peña Narváez.

—Hacienda: Miguel Román Castellano, Julio Noguera Giuli, Juan Moreno Caballero, Salvador de Quinta Rodríguez y Francisco Peña Moreno.

—Niños: Miguel Román Castellano, Manuel Rodríguez Falcón, Sres. directores de las escuelas religiosas, Sres. directores de las escuelas nacionales y Sres. directores de las escuelas privadas.

—Caridad: Miguel Román Castellano, Manuel Mateos Gamito, Manuel García Méndez, Antonio Gordillo Cabezas, Antonio Calderón Gómez, Antonio Benavides Ayala, Balbina Deiró Domínguez, María Luisa Sánchez de Ibargüen Troya y Pilar Díaz Fuentes.

—Señoras: Balbina Deiró Domínguez, María Luisa del Castillo de Rivas, Josefa Benavides de Naranjo y María Luisa Sánchez de Ibargüen Troya.

LA PRIMERA FIESTA NACIONAL DEL ALGODÓN

Entre los muchos eventos que se celebraron en Utrera en la década de los sesenta, destaca sin duda alguna la I Fiesta Nacional del Algodón, que tuvo lugar en octubre de 1963. Utrera fue el primer lugar donde se sembró algodón en España, que se convirtió en una gran fuente de riqueza agrícola e industrial y la fiesta se ideó para dar a conocer al mundo la extraordinaria calidad de esta fibra textil, que fue conocida como el oro blanco.

Para ello la comisión organizadora —presidida por Juan Guardiola Soto, conde de Jimera de Líbar— montó un amplio programa de festejos en el que había de todo: partidos de fútbol, torneos, teatro, pregones, justas literarias, desfiles, concursos agrícolas, corridas de toros, fiestas flamencas, banquetes... Se eligió como reina de las fiestas a Cayetana Fitz James Stuart y Silva, duquesa de Alba, y como reina infantil a Mariola Martínez-Bordiú y Franco, una de las nietas del entonces jefe del Estado.

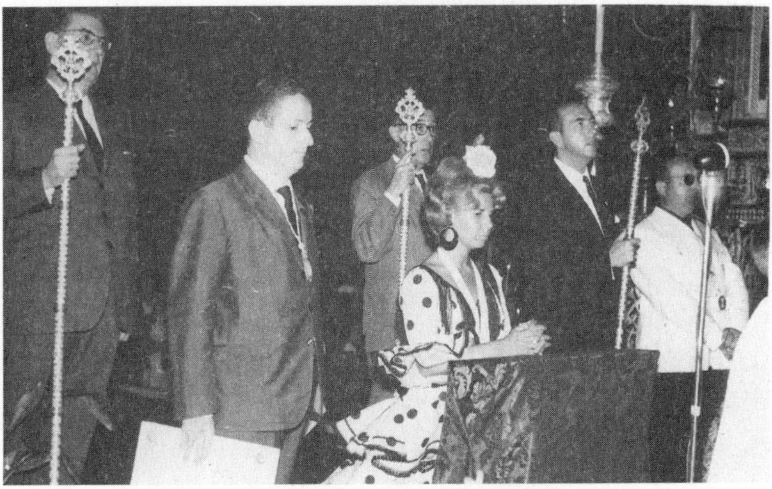

La Duquesa de Alba fue nombrada Hermana Honoraria en 1963.

Dentro de las justas literarias —cuyo mantenedor fue el escritor José María Pemán— se estableció como tema la Virgen de Consolación para el segundo puesto, que habría de ser desarrollado en un tríptico de sonetos, dotado con un premio de siete mil quinientas pesetas, que fue ganado por el sacerdote Constantino Benito Plaza.

Durante el tiempo que duró la muestra, las visitas de autoridades a Consolación se multiplicaron. El día 16 lo hizo el gobernador civil, José Utrera Molina, y la duquesa de Alba, que fueron recibidos como hermanos honorarios y fueron acompañados por el conde de Jimera de Líbar, presidente de la fiesta, y Esteban de Torres y González-Camino, marqués de Casa Ulloa, además del rector y el hermano mayor, mientras la Orquesta Bética de Cámara y la Coral Sevillana entonaban la salve. Días más tarde lo hicieron la reina infantil y su hermana María del Carmen, acompañadas de sus padres, los marqueses de Villaverde, siendo también recibidos como hermanos honorarios por el rector, el alcalde y el resto de autoridades, firmando a continuación en el libro de honor de la hermandad.

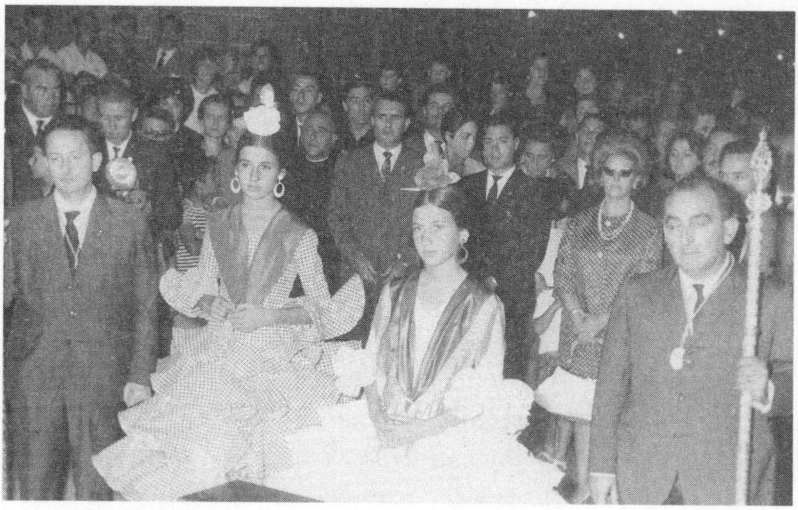

Mariola y Carmen Martínez-Bordiú en el santuario
durante la 1ª Fiesta Nacional del Algodón

LA VIRGEN, ALCALDESA PERPETUA DE UTRERA

En 1963 se celebró un pleno del Excelentísimo Ayuntamiento de Utrera con carácter extraordinario. En él, el alcalde, Alfredo Naranjo Batmale, propuso que, como muestra de su extraordinaria devoción y en agradecimiento a los muchos favores que la ciudad recibe de su patrona, esta fuera nombrada alcaldesa perpetua de la ciudad, lo que fue votado afirmativamente por absoluta unanimidad. Se recordó especialmente la trágica fecha de la riada, el 27 de diciembre del año anterior, cuando el arroyo Calzas Anchas, desbordado a causa de las intensas lluvias, inundó Utrera, arrollándolo todo a su paso. Aunque las pérdidas materiales fueron muy cuantiosas, solo hubo que lamentar tres desgracias personales, aunque podían haber sido muchísimas más, dada la magnitud del desastre.

Por todo ello, al cumplirse el primer aniversario se organizó un rosario hasta el santuario con asistencia de todas las autoridades locales. Una vez allí, después de proceder el secretario del Ayuntamiento a la lectura del acta, el alcalde también leyó unas cuartillas en las que refería la gratitud de la ciudad a su Virgen. Subiendo al camarín, le hizo entrega a la imagen del bastón de mando y el pergamino acreditativo del título de alcaldesa perpetua de la ciudad, que fue enmarcado y colocado allí, en el mismo camarín.

LA CORONACIÓN CANÓNICA

El 22 de julio de 1963, el recién elegido papa Pablo VI firmó el decreto que autorizaba la coronación canónica de la Virgen de Consolación, la primera que se otorgaba en su pontificado. Si leemos los periódicos y revistas de la época vemos que, tanto el pontífice como el cabildo de San Pedro, de Roma, quedaron gratamente sorprendidos e impresionados con los tres volúmenes que les fueron enviados. En ellos se explicaba, con todo lujo de detalles y numerosas fotografías, la enorme proyección de la devoción a la Virgen, así como su antigüedad y su importancia dentro de la piedad popular andaluza. Y en ellos se incluían las adhesiones a la coronación de prelados, sacerdotes, asociaciones religiosas y civiles, autoridades y fieles.

Dado que la imagen precisaba una restauración, esta se llevó a cabo en enero de 1964, realizada por el profesor Francisco Arquillo, bajo la supervisión del catedrático de arte José Hernández Díaz. En la restauración, entre otras actuaciones, se realizó un nuevo candelero y se arregló la policromía, que estaba dañada en la frente y barbilla de la imagen.

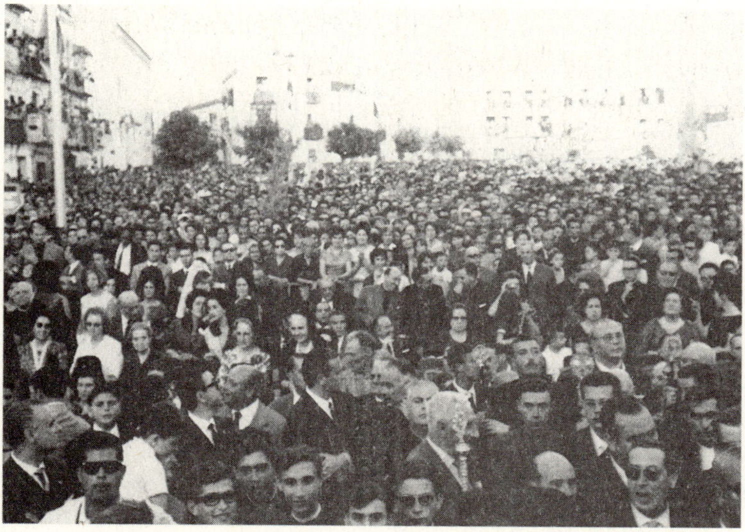

Así estaba la plaza de público durante la Coronación Canónica.

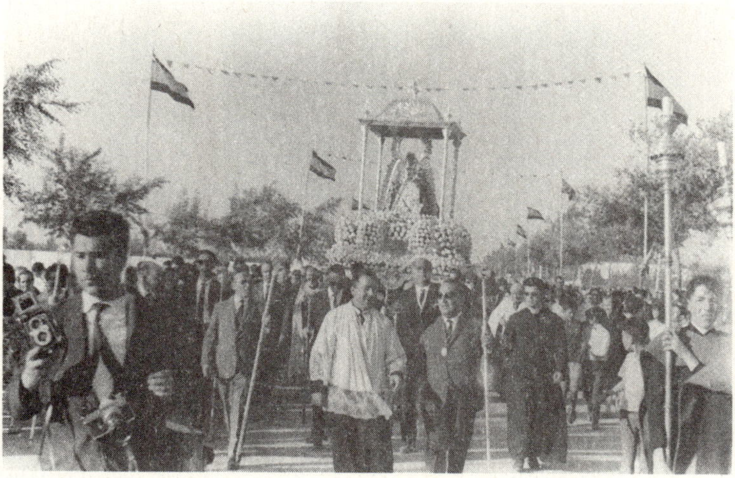

Con una sencilla corona de flores iba la Virgen,
camino de la Plaza, para ser coronada.

Con anterioridad se había efectuado una campaña para recoger oro, plata y joyas entre los utreranos, para confeccionar la corona. Su realización corrió a cargo del orfebre Fernando Marmolejo, que empleó en la de la Virgen dos kilos de oro, doscientos brillantes, treinta esmeraldas y una gran perla. Para la del Niño Jesús se precisó medio kilo de oro, setenta y cinco brillantes, diez esmeraldas y ocho rubíes. Ambas están inspiradas en las coronas reales españolas, aunque en este caso se incluyó en su decoración —además de filacterias con diversas leyendas— los escudos de la ciudad y sus parroquias.

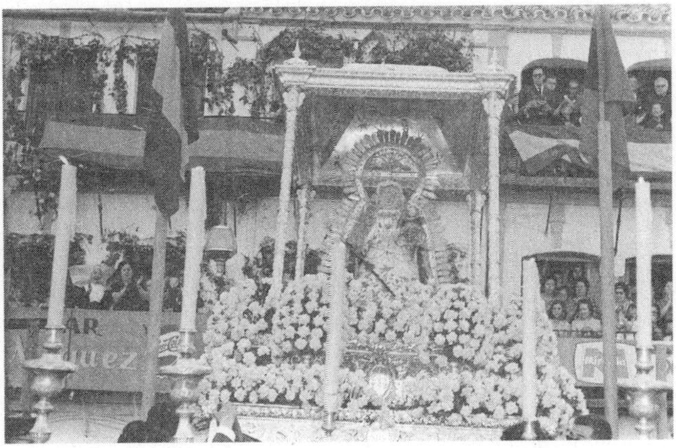

La Virgen llega a la Plaza para ser coronada. 1964.

También se construyó para esta ocasión —con la plata donada por los fieles— el paso y el baldaquino de plata, inspirado en los que tuvo la imagen desde la antigüedad, y de los cuales el último le fue robado cuando la invasión francesa. Como gesto fraternal, la hermandad sevillana de la Macarena, que también estaba a punto de ser coronada canónicamente el 31 de ese mes, costeó y regaló la peana que la Virgen de Consolación estrenó en su coronación.

El mes de abril de 1964 fue de una incansable actividad. Hubo una conferencia de iconografía mariana a cargo del catedrático José Hernández Díaz y un pregón de la coronación, pronunciado en el teatro por el notario Blas Piñar López. De forma paralela, se celebró un triduo preparatorio en todas las iglesias de Utrera y uno más, con gran solemnidad, en el santuario, predicado por los obispos de Cádiz, Zaragoza y el auxiliar de Sevilla, al que siguió una magna exposición de arte sacro en la iglesia de San Francisco —que reunió lo mejor del patrimonio artístico utrerano en imaginería, pintura, orfebrería y bordado— así como bendición de enfermos, primeras comuniones y presentación de recién nacidos en el santuario, reparto de limosnas a los necesitados y hasta la inauguración de una nueva barriada utrerana, con el nombre de Coronación.

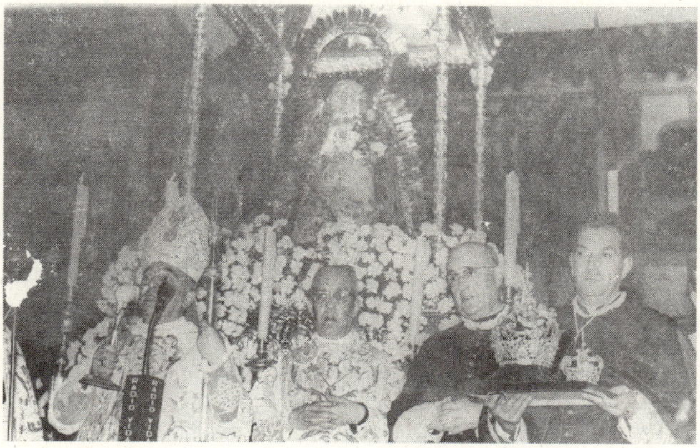

El cardenal Bueno Monreal y don Miguel Román
durante la Misa de Pontifical.

Y llegó el gran día. El 1 de mayo, a las seis de la mañana, partió el rosario de la aurora desde Santa María de la Mesa hasta Consolación, integrado por las hermandades locales y una multitud impresionante. Una vez llegado al santuario se sucedieron las misas delante de la Virgen, que ya estaba colocada en su paso.

A las seis de la tarde se puso en marcha la procesión, en la que formaban todas las autoridades eclesiásticas y civiles de Utrera, la totalidad de hermandades y asociaciones religiosas locales y muchas de la provincia, como la Macarena de Sevilla. Actuó de capataz José Luis Gutiérrez de Piñeres Cuéllar que, durante el recorrido, fue cediendo *chicotás* al resto de capataces utreranos.

Utrera se había engalanado como nunca; todas las hermandades, asociaciones y fieles habían rivalizado para que la ciudad brillara ese día de modo extraordinario, con calles decoradas y arcos de triunfo. Con una sencilla corona de flores blancas sobre su cabeza, la Virgen de Consolación llegó hasta la plaza del Altozano, donde no cabía un alfiler. Todo estaba a rebosar: la misma plaza, los balcones, las calles adyacentes... Ya esperaban en el estrado construido en su centro el vicepresidente del Gobierno, general Agustín Muñoz Grandes, y su esposa, María Galilea, y el gobernador civil de Sevilla, José Utrera Molina, junto a la suya, Margarita Gómez Blanco, que ejercieron de padrinos de la ceremonia.

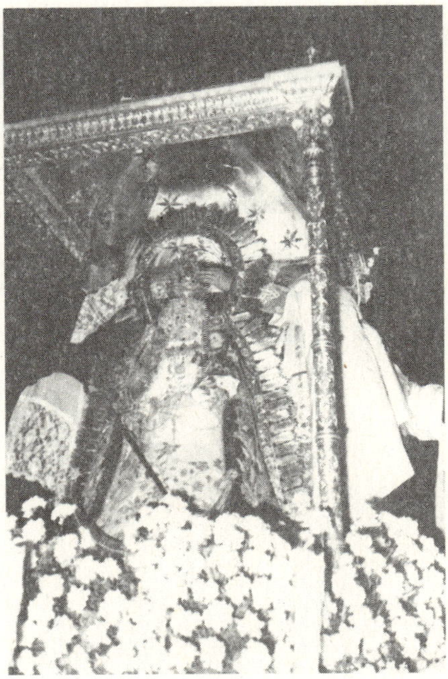

La Virgen es coronada por el cardenal arzobispo de Sevilla y el rector del santuario.

El cardenal arzobispo de Sevilla, José María Bueno Monreal, comenzó la solemne misa de pontifical, auxiliado por los tres obispos que habían predicado el triduo preparatorio, el rector del santuario y el resto del clero local. La parte musical corrió a cargo de la escolanía de la Virgen de los Reyes, dirigida por Ángel Urcelay y por la masa coral del colegio salesiano. Después de leer el breve apostólico, el cardenal y don Miguel Román, al unísono, pusieron las coronas de oro sobre las cabezas de la Virgen y el Niño y, a juicio de quienes lo vivieron, fue un momento inenarrable: cuatro bandas de música tocaron conjuntamente la marcha real, repicaron todas las campanas de Utrera, se soltaron centenares de palomas y la multitud, emocionada, agitaba sus pañuelos. Cuando se hizo silencio sonó, vibrante en miles de voces, el himno de la coronación que había escrito Salvador de Quinta Rodríguez y al que puso música Francisco Guerrero.

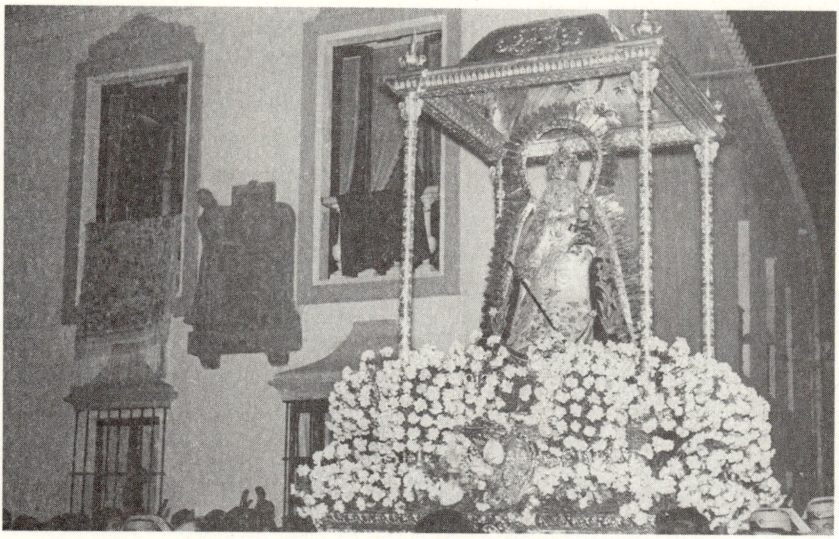

La Virgen, tras ser coronada, desfila por la desaparecida casa natal de los hermanos Álvarez Quintero.

Al término de la solemne eucaristía se puso de nuevo en marcha la procesión que, prácticamente, recorrió toda Utrera de modo triunfal. La Virgen estuvo en casi todos los barrios —bellamente engalanados— cruzó el Arco de la Villa, entró en las Carmelitas y se paseó por todas las calles hasta su recogida en el santuario, a altas horas de la madrugada. Utrera había vivido una de las jornadas más grandes de toda su historia.

Al día siguiente comenzó el triduo de acción de gracias, celebrado en el santuario y con una gran asistencia de fieles, al término del cual se expuso públicamente la imagen por primera vez en besamanos, para que todos sus devotos pudieran venerarla de cerca, una vez más. Y a partir del primer año y como recuerdo de la coronación, se instituyó anualmente la procesión de la Virgen el 1 de mayo, recorriendo el parque inmediato al santuario que lleva su nombre.

VISITAS ILUSTRES

1968 fue un año de visitas de grandes personalidades a Consolación. La primera, fue la que realizó Joseph Kennedy el 26 de julio. Meses antes había sido asesinado su padre, el senador Robert Kennedy, cuando era uno de los candidatos favoritos a la presidencia de los Estados Unidos.

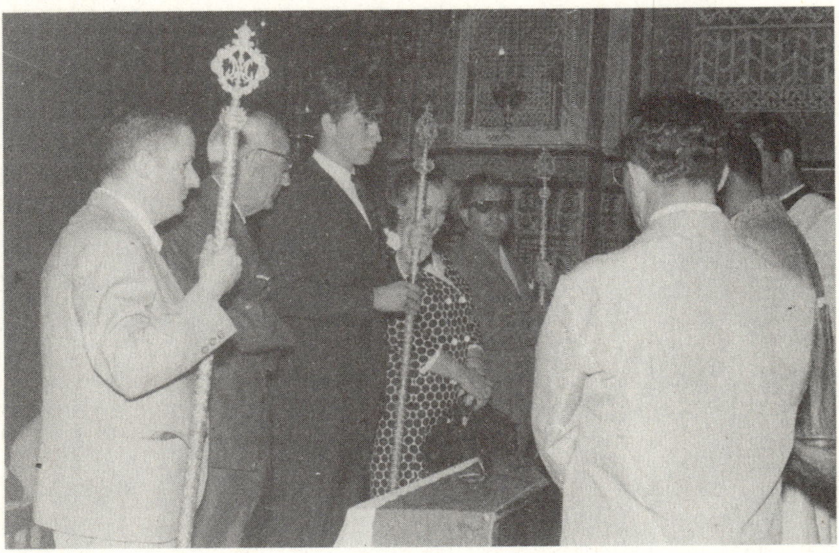

Joseph Kennedy acompañado de Salvador Guardiola y Mª Luisa Dominguez visita el santuario en 1968.

Ese asesinato, tras el de su hermano John Fitzgerald Kennedy cuando ostentaba la presidencia en 1963, produjo una gran conmoción en todo el mundo. Tratándose de una familia tan mediática, cuando Joseph Kennedy vino a pasar una temporada a El Toruño, invitado por Salvador Guardiola Fantoni y su esposa, María Luisa Domínguez y Pérez de Vargas, todos los periódicos españoles se hicieron eco de la noticia. Como los Kennedy son católicos, sus anfitriones acompañaron a Joseph al santuario de Consolación, donde fue recibido por el rector, Miguel Román Castellano, y el hermano mayor, Salvador de Quinta Rodríguez, que le otorgaron el título de hermano honorario.

La segunda visita fue la de don Juan Carlos de Borbón y Borbón, actual rey emérito y entonces príncipe de España, que visitó Consolación el 30 de octubre de ese mismo año. El príncipe vino a Utrera invitado por el presidente de Agroaceitunera, Francisco de la Serna Lúquez, y el de la Coduva, Isidoro de la Peña Hernández, para conocer la industria aceitunera, que entonces era la más importante de la ciudad. Al finalizar su recorrido por ambas entidades, se dirigió al santuario de Consolación. Allí le aguardaban el rector, Miguel Román Castellano, y el hermano mayor, Salvador de Quinta Rodríguez, que lo acompañaron en su visita a la iglesia y el camarín, le impusieron la medalla de la Virgen y le hicieron entrega del título de hermano mayor honorario.

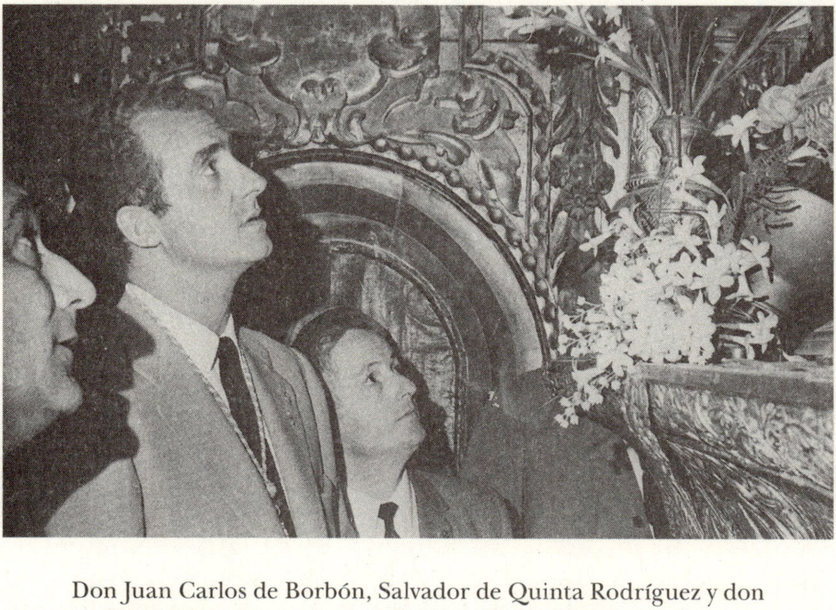

Don Juan Carlos de Borbón, Salvador de Quinta Rodríguez y don Miguel Román en el camarín de la Virgen durante la visita.

OBRAS EN EL SANTUARIO

A finales de la década de los sesenta, tanto el rector del santuario, Miguel Román, como el hermano mayor, Salvador de Quinta Rodríguez, vieron la necesidad que había en Consolación de construir un tramo de escalera al camarín, igual al existente, pero hacia la sala del lagarto, que evitase las aglomeraciones de personas y el desorden que se producía en las fiestas, cuando los peregrinos y devotos iban a ver a la Virgen y tropezaban los que subían con los que bajaban. Para evitarlo, ambos consiguieron de Luis Rovira de Miñón la cesión de un trozo de terreno de su propiedad, procedente de la antigua huerta de los mínimos donde, con grandes sacrificios económicos, se pudo finalmente construir el ansiado tramo de escalera.

Para lograr los fondos necesarios, hubo que visitar y comprometer a muchos utreranos para que dieran su donativo y también vender grandes cantidades de lotería. No cabe duda de que las obras, además de necesarias, hermosearon e hicieron más cómodo el acceso al camarín; sin embargo, como contrapunto a esta intervención tan acertada, una vez finalizada, decidieron confiar la restauración de las pinturas del siglo XVIII del interior del camarín a una persona que, a pesar de su buena voluntad y sus ganas de colaborar, no estaba capacitada para llevarlo a cabo. El resultado fue catastrófico, pues estas interesantes pinturas fueron repintadas del modo más burdo.

ENRIQUE EL DE CONSOLACIÓN

Así era popularmente conocido en Utrera Enrique Guerrero García, que se hizo cargo del santuario como santero a mediados de los años sesenta del siglo XX, acondicionándosele como vivienda la antigua capilla del Pastorcito, en el real. Enrique Guerrero, persona de gran simpatía, se convirtió desde entonces y desde su puesto de velas y recuerdos en la sacristía en un gran propagador de la devoción a la Virgen hasta su muerte, a finales del siglo XX. Entrevistado por Salvador de Quinta Rodríguez para la revista *Vía Marciala* en noviembre de 1969, al preguntarle este que cual era el lugar desde donde venían más devotos a ver a la Virgen, la respuesta de Enrique fue la siguiente:

> «De Sevilla. Yo no he visto más devoción que la que tienen los sevillanos a nuestra patrona. También viene muchísima gente de Cádiz. Y hablando de pueblos, se llevan la palma Dos Hermanas y después le siguen Los Palacios, Arahal, El Coronil, Los Molares, Montellano, Espera, Villamartín, Puerto Serrano, Puebla de Cazalla… No hace mucho, una señora de Asturias me contó una cosa la mar de curiosa. Resulta que cuando le piden algo a la Virgen de Covadonga y esta no lo concede, se dice por allí «aún te queda Consolación de Utrera». ¡Fíjate! ¡Con lo lejos que está Covadonga!».

En esa misma entrevista, al indagar Salvador qué le había impresionado más de cuanto había visto en el santuario, Enrique contestó:

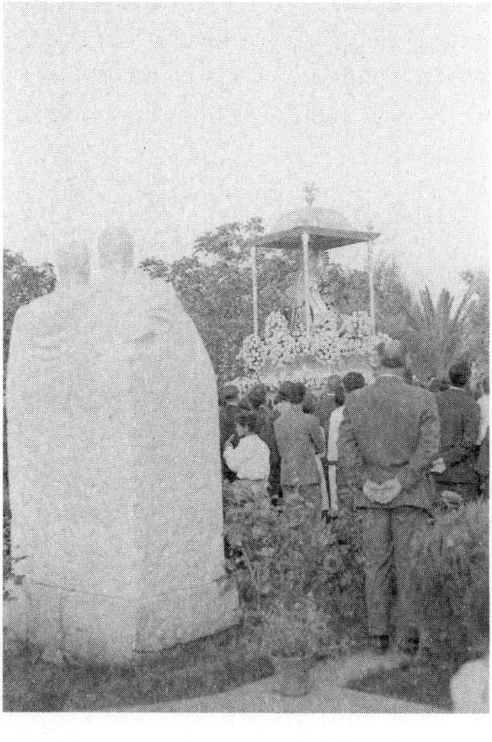

Nuestra Señora de Consolación en una de sus primeras salidas procesionales el 1 de mayo.

«He presenciado muchas escenas que me han emocionado absolutamente, sin embargo, no podré olvidar jamás esta: vino una mujer de El Coronil, ya mayor, seguida de una chiquilla de diez o doce años. Se puso de rodillas ante la Virgen y, casi gritándole, le exigió —sí, le exigió— que pusiera a su hijo bueno. Después le dio unas tijeras a la niña y esta le cortó el pelo de raíz. Entonces la mujer se cubrió la cabeza con un pañuelo negro, entró aquí y me entregó el pelo para que lo colgara en la sala del Pozo. Después me enteré de todo. Resulta que a su hijo lo atropelló un camión y se lo llevaron a Sevilla, gravísimo. Allí le dijeron los médicos que tenían que cortarle las dos piernas. Pero verás, al día siguiente de estar la mujer en Consolación, volvió a Sevilla a ver como estaba el hijo. Los médicos le dijeron que había experimentado una gran mejoría y que ya no habría que cortarle las piernas. Entonces indagó la madre y se enteró de que, precisamente, a la hora en que ella estaba rezando, empezó a notarse esa mejoría y se puso bien del todo».

LOS ARTISTAS DE UTRERA

En la segunda mitad del siglo XX, surgió en Utrera una generación de artistas flamencos absolutamente sobresaliente e inigualable: Enrique Montoya, Fernanda y Bernarda, Perrate, Bambino, Gaspar, Pepa de Utrera, Juana la Feonga, Manuel de Angustias, José Vega, Antonio Vilches, Turronero, Curro de Utrera... Casi todos alcanzaron gran fama y el reconocimiento del público y muchos de ellos se convirtieron en auténticos embajadores del arte de Utrera y del cante gitano más genuino, por todo el mundo. Además, todos tuvieron en común su gran devoción a la Virgen de Consolación, de manera muy especial, Enrique Montoya, Bernarda, Bambino y Curro de Utrera. Enrique Montoya, desde muy joven, incluyó en su repertorio la *Plegaria a Consolación de Utrera*, con letra de Salvador de Quinta Rodríguez, que intercaló en sus estrofas parte de la letra de la zambra que le escribieron a la Virgen los hermanos Álvarez Quintero, haciéndola muy famosa y convirtiéndola en todo un símbolo para sus devotos. Bernarda —que cuando estaba en Utrera iba absolutamente todos los días, sin faltar uno, andando al santuario— le dedicó a la Virgen innumerables letras de su invención, entre ellas una de bulerías que dice: «Virgen de Consolación / cuantas gracias te vi a da / lo que Tú más concedío / como te lo vi a pagá. / No tengo con que pagarte / si no es con mi vía entera / y to los días ir a verte / Mare que estás en Utrera».

Miguel Vargas Jiménez, Bambino, también hizo una versión muy personal de la plegaria con gran éxito y unas *Cantiñas de Utrera* en la que, entre rasgueos de guitarras y palmas, le pide a la Virgen que bendiga sus amores.

Curro de Utrera, a pesar de vivir en Córdoba, nunca perdió el contacto con su ciudad natal, que visitaba con mucha frecuencia. Gran devoto de la Virgen, le compuso la siguiente letra: «Virgen de Consolación / que lejitos de tu vera / se encuentran tus utreranos / sin barquito y sin fronteras. / Dame Virgen tu barquito / de amor para navegar. / Ese barquito velero / que tanto diera que hablar. /Virgen de Consolación / déjame besar tu manto / y dame tu bendición».

Otro ejemplo claro de la devoción de los gitanos de Utrera a su Virgen de Consolación lo tenemos en 1988. Se estaba arreglando entonces, por suscripción popular, el camino peatonal al santuario, que estaba en muy mal estado y, para obtener fondos, los gitanos que no eran artistas profesionales montaron un espléndido espectáculo flamenco en el auditorio del castillo llamado *Utrera y su compás*, en el que brillaron las viejas voces de María Peña, la Chacha Luisa y María la Perrata e Inés de Lebrija, junto a las nuevas generaciones, representadas por el Cuchara y sus hijas, Pepa de Benito, Andrés de la Carrasca, Diego Chamona, Joselito Chico, Manuel Requelo, José de Morón, José de la Buena, Joselito de Águila y otros muchos que, con las guitarras de Pedro Peña y Pitín, brindaron una gran noche del mejor cante y baile gitano.

VENIDAS DE LA VIRGEN A UTRERA

Desde la coronación canónica, las venidas de la Virgen a Utrera han estado condicionadas por los distintos aniversarios de aquella. Así en 1974 fue trasladada a la plaza con motivo del X aniversario, donde se celebró, por el cardenal Bueno Monreal, arzobispo de Sevilla, una misa de medio pontifical.

Diez años más tarde, en 1984, también vino para los festejos conmemorativos del XX aniversario. Estos se celebraron del 29 de abril al 11 de mayo, y el primer día tuvo lugar en el cine Andalucía un pregón de la Virgen a cargo de su hermano mayor, Salvador de Quinta Rodríguez. El emotivo pregón —uno de los mejores que se recuerdan en Utrera— fue impreso por la Caja de Ahorros de San Fernando y, a su término, el cantante Enrique Montoya cantó la plegaria, ante el entusiasmo del numeroso público que llenaba el recinto. El día 30 la Virgen salió en andas desde el santuario, visitando en su recorrido San Bartolomé, Salesianos, Trinidad y Hermanas de la Cruz, recogiéndose en la parroquia de Santa María de la Mesa. Como el regreso al santuario estaba previsto el día 1 y llovió, hubo que aplazarlo hasta el día 3, en que la Virgen, en su paso, salió de Santa María y, en el camino de vuelta, visitó la parroquia de Santiago y las capillas de San Francisco y Carmelitas, entre calles adornadas y ofrendas de flores. Igualmente, se celebró en la parroquia de Santa María una exposición que recogía imágenes y piezas artísticas relacionadas con la historia de la Virgen.

Como curiosidad reseñar que el papa Juan Pablo II designó ese año 1984 como año santo de la redención, señalando a Consolación como uno de los templos en los que podía ganarse la indulgencia del jubileo. Por ello, el Consejo Local de Hermandades y Cofradías organizó un vía crucis cuaresmal a Consolación con otra gran devoción utrerana: la imagen de Nuestro Padre Jesús Nazareno que, en andas, cruzó por primera vez las puertas del santuario el 3 de marzo.

En 1989 también se celebró el XXV aniversario, con la presencia del nuevo arzobispo de Sevilla, Carlos Amigo Vallejo, que presidió la eucaristía y proclamó el Patronato Litúrgico de la Virgen, otorgado por la Sagrada Congregación para el Culto Divino y disciplina en los sacramentos. El pregón del XXV aniversario lo pronunció Joaquín Caro Romero y en esta ocasión el programa de actos fue casi igual a las venidas anteriores: la Virgen fue traída a Utrera en andas, pernoctó en Santa María de la Mesa y volvió al santuario en su paso después de la eucaristía conmemorativa, aunque debido a la dificultad que entrañaba bajar el baldaquino de plata del camarín, desde 1983 fue sustituido el paso y baldaquino que le hizo Marmolejo para la coronación por otro, construido en los talleres de orfebrería de Hijos de Juan Fernández Barranco, que es el que se saca actualmente, quedando el baldaquino de la coronación fijo en el camarín.

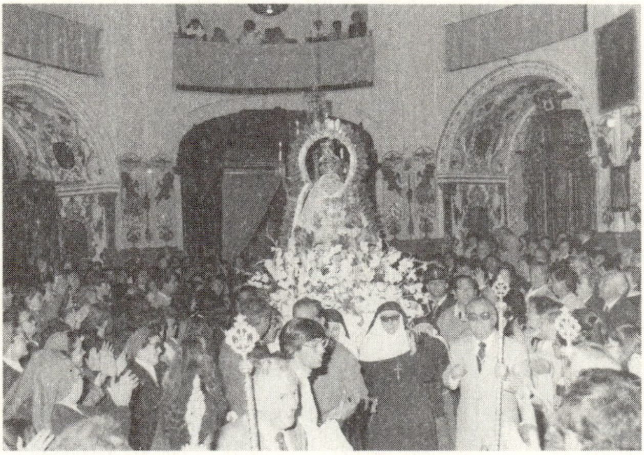

En la conmemoración del 20º aniversario de la Coronación la Virgen visitó, entre otras, la capilla de los Dolores.

Y así ha sido hasta hace un par de años en que, como resultado de una caprichosa y desconcertante decisión, ha sido suprimido y sustituido por la peana dorada que hicieron los salesianos, acabando, sin ninguna razón que lo justifique, con un símbolo iconográfico que era característico de la imagen desde el siglo XVI.

EL ROBO DEL NIÑO

Lo que no ocurrió en Consolación durante los terribles años de la Guerra Civil —cuando eran frecuentes los incendios y robos en las iglesias— tuvo lugar el 15 de octubre de 1979. Ese día, al abrir por la mañana el santuario su santero, Enrique

Guerrero, encontró la puerta del templo abierta. Y es que, durante la noche, unos ladrones forzaron una de las ventanas de la portada del santuario y, ya dentro de la iglesia, le quitaron a la Virgen el Niño de sus manos, el rostrillo, las alhajas que tenía puestas y también se llevaron el copón del sagrario y algunas otras piezas del santuario.

El hecho llenó de indignación a toda Utrera y sus habitantes se trasladaron en masa al santuario, para participar en el acto de desagravio que se celebró esa misma tarde, con la asistencia de miles de personas. A pesar de lo desapacible del clima, pues llovía con bastante intensidad, el santuario y el real se llenaron totalmente de gente y allí se pudieron ver muchas escenas realmente emotivas y entrañables, de devotos que lloraban amargamente al ver a su Virgen ultrajada y sin el Niño en sus brazos.

Como pasaban los meses y el Niño no aparecía, se decidió hacer uno nuevo. El escultor Francisco Buiza se ofreció a hacerlo desinteresadamente y labró uno igual al antiguo en su taller, que le fue colocado en los brazos de su madre durante una solemne eucaristía, celebrada el 1 de mayo en el parque de Consolación y presidida por el cardenal Bueno Monreal. El Niño Jesús nuevo fue conducido en unas pequeñas andas por colegiales de Utrera y, en medio de un gran entusiasmo, pasó a ocupar el sitio del desaparecido.

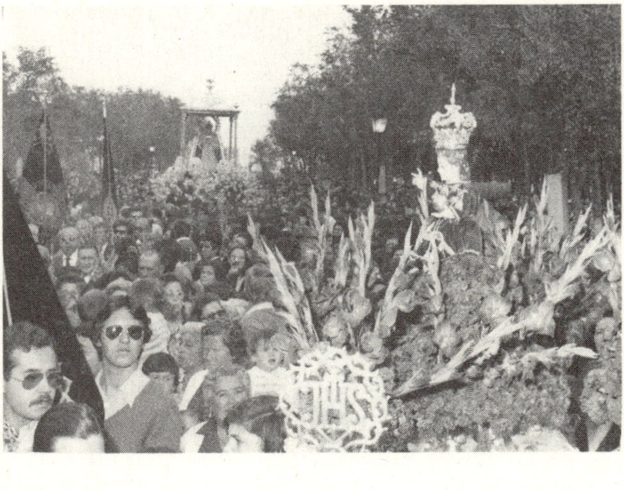

Tras el robo, el Niño nuevo le fue impuesto a la Virgen en una solemne eucaristía celebrada en el parque de Consolación.

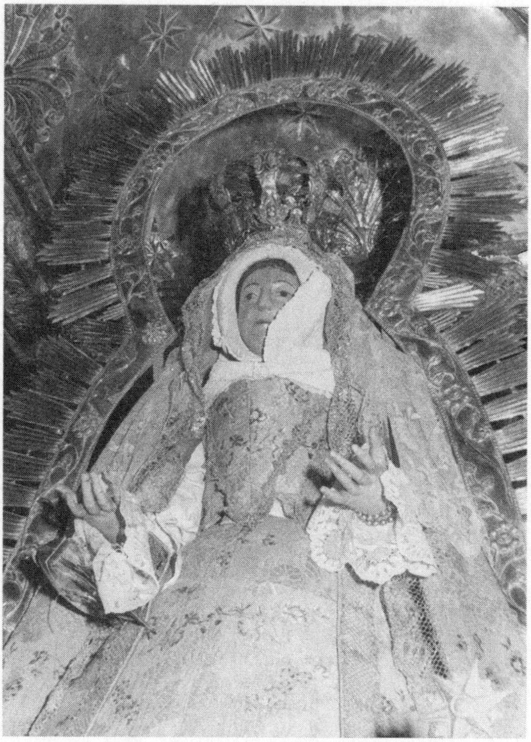

Así apareció la Virgen el 15 de octubre de 1979, tras el robo en el santuario, sin Niño ni rostrillo.

Pero el 23 de julio de 1980, una utrerana llamada Amparo Barrera Verdugo al ir a poner la basura en la puerta, se encontró en el zaguán de su casa —ubicada en la calle Porras— un extraño paquete. Cuál no sería su sorpresa al abrirlo y ver en su interior la imagen del Niño junto con los demás objetos robados y una nota escrita a lápiz: «Arrepentidos los quiere Dios».

El Niño antiguo fue puesto de nuevo en los brazos de su madre y el nuevo, como recuerdo de aquel nefasto suceso, pasó a ocupar una pequeña hornacina en el camarín de la Virgen.

En 1983 falleció la camarera de la Virgen, Balbina Deiró Domínguez, sustituyéndola en su cargo una de sus hijas, María del Carmen Giráldez Deiró. Igualmente, también fue nombrada camarera, en 1992, María Luisa de la Peña Gutiérrez de Piñeres. Ambas, en unión de las Hermanas de la Cruz —camareras honorarias y perpetuas— continuaron vistiendo y exornando a la imagen durante más de un cuarto de siglo. Y también la hermandad estrenó nuevo hermano mayor: Antonio Carmona González, que pasó en 1989 a ocupar el cargo cuando lo dejó Salvador de Quinta Rodríguez.

EL AJUAR DE LA VIRGEN

La Virgen de Consolación cuenta con un numeroso y rico ajuar con el que es engalanada. Sus principales piezas son las siguientes:

—El manto de salida de terciopelo azul pavo bordado en oro con rocallas y estrellas, obra del siglo XIX, que fue restaurado en 2007.

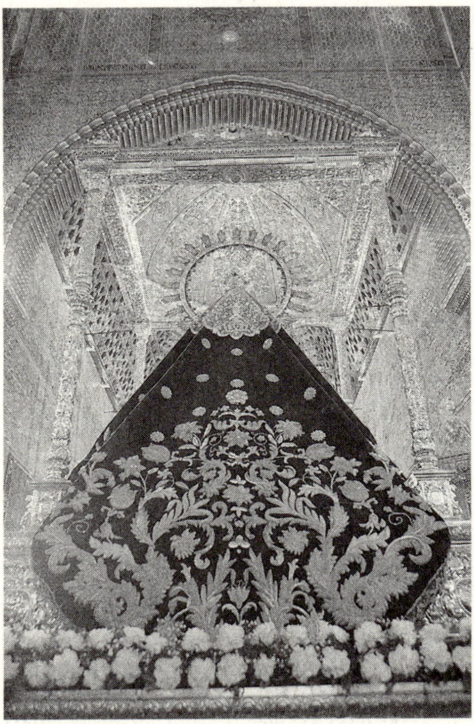

La Virgen en el camarín luciendo el manto en terciopelo azul pavo borado en oro, obra del siglo XIX.

—El manto de salida de terciopelo verde, al que las Carmelitas de Utrera acoplaron los bordados, del siglo XVIII, de una de las mangas parroquiales de Santa María de la Mesa.

—El manto de salida de terciopelo rojo bordado en oro por Inmaculada García-Rayo, que reproduce en su diseño el artesonado del santuario, ha sido costeado por suscripción popular y estrenado en el presente año 2024.

—El manto de terciopelo burdeos, bordado en oro, obra del siglo XIX.

—El manto y saya de raso color salmón, bordado en oro y sedas de colores, obra del siglo XIX.

—El manto de damasco celeste bordado en oro, realizado por Fernando de la Poza en 2007 y donado por su camarera M.ª Luisa de la Peña y Gutiérrez de Piñeres.

—El manto y saya de terciopelo turquesa, bordado en oro y plata por Jesús Migueles y donado por un devoto anónimo en 1997.

—El manto de tisú de plata, bordado en oro, obra de mediados del siglo XX.

—Dos mantos y sayas de brocado de oro y sedas de colores, obra del siglo XVIII.

—Una saya de raso blanco, bordada en oro, obra del siglo XIX,

—Una saya de terciopelo blanco, bordada en oro, obra del siglo XIX.

—Una saya de tisú de plata, bordada en oro por Manuel Hervás en 1842, procediendo los valiosos bordados de una planeta del terno morado, de la parroquia de Santa María de la Mesa.

—Una saya de tisú de plata bordada en oro y sedas de colores por las Jerónimas de Constantina, en 1978, y donada por sor Ana María de Cristo Borrego Gutiérrez de Piñeres.

—Una saya de terciopelo verde, a la que Jesús Migueles acopló los bordados en oro de un traje de luces del matador de toros Alberto de la Peña, que lo donó en 1995.

—Una toca de malla bordada en oro, realizada por Manuel Solano en 2014 y donada por la junta de gobierno de la hermandad.

Además, la Virgen cuenta con un notable tesoro, compuesto de innumerables alhajas de distintas épocas, las más antiguas del siglo XVI y las más modernas del XX, todas donadas por sus devotos. La pieza más importante es la corona de oro de la coronación canónica, obra de Villarreal en 1964, que además de más dos kilos de oro, cuenta también con una gran perla barroca e innumerables brillantes, esmeraldas y perlas. También son destacables el barquito de oro y cristal de roca —donado por Rodrigo de Salinas en 1571—, el pectoral de oro y esmeraldas y un rostrillo de oro, brillantes, esmeraldas y perlas, obras estas también del siglo XVI.

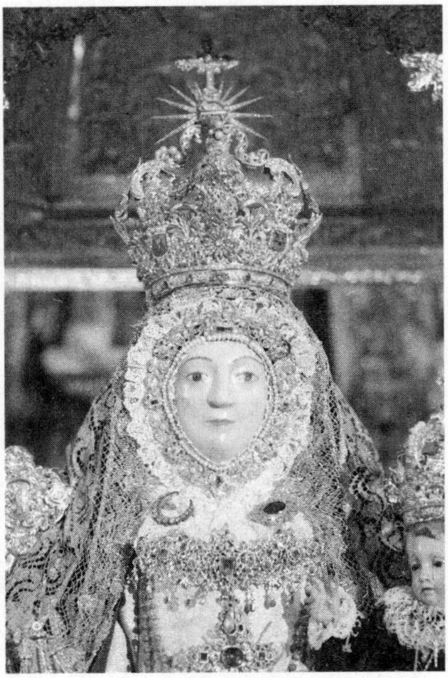

La Virgen con la corona de oro que labrara Fernando Marmolejo en 1964.

LA MEDALLA DE ORO DE LA CIUDAD

En 1994, coincidiendo con el XXX aniversario de la coronación, el Ayuntamiento de Utrera acordó por unanimidad conceder la Medalla de Oro de la Ciudad a la Virgen de Consolación. Después de haberle otorgado los títulos de patrona y alcaldesa perpetua, el órgano más representativo de la ciudad quiso, una vez más, dar una prueba directa y palpable del inmenso cariño que los utreranos sienten hacia su madre y protectora, concediéndole la Medalla de Oro de la Ciudad. En el acta de la concesión se explica del modo siguiente:

> «Desde su llegada a Utrera en 1507, han sido muchos los milagros que le han sido atribuidos, lo que ha hecho extender su fama, no solo por la península, sino también mucho más allá de nuestras fronteras.
>
> »Devoción sentida e intimista del pueblo que se mantiene y se mantendrá durante las postreras generaciones.
>
> »Son múltiples las peticiones de los hijos de esta noble tierra que, a lo largo de los siglos, han solicitado para Ella menciones y reconocimientos que constan en cientos de pliegos con miles de firmas, así como la adhesión y el interés mostrado por numerosas asociaciones, entidades, organismos, e instituciones que apoyan tal distinción a Nuestra Señora de Consolación».

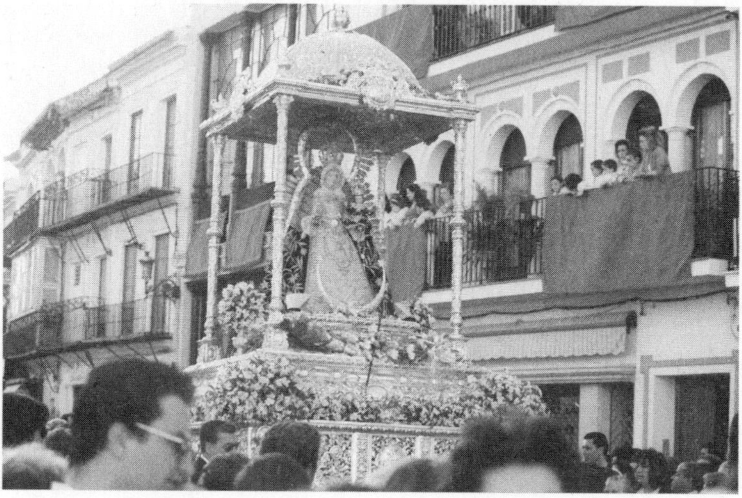

La Virgen regresa al santuario tras serle impuesta la Medalla de Oro de la Ciudad en 1994.

El acto se celebró el 1 de mayo, en el marco de la Puerta del Perdón, de la parroquia de Santa María de la Mesa. Previamente, la víspera había sido trasladada en andas —en medio del fervor de miles de devotos— desde el santuario. Al día siguiente y al término de la misa solemne, en la que el alcalde, José Dorado Alé, le impuso la medalla, se organizó la procesión de regreso de la Virgen al santuario en su paso, acompañada por las autoridades civiles y religiosas de la ciudad, todas las hermandades y una gran multitud.

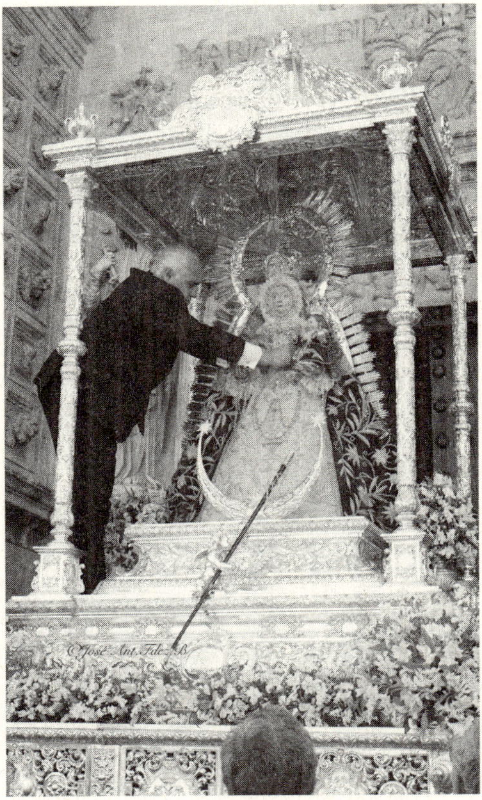

El alcalde José Dorado Alé impone a la Virgen la Medalla de Oro de la Ciudad. 1994.

Con motivo de esta celebración se montó una exposición en la Casa de la Cultura de Utrera, que fue dirigida por Javier Mena Villalba y recogió la historia de la devoción a Consolación. A esta exposición, posteriormente, siguió otra, montada en 2001 en el mismo lugar, en la que se pudo admirar una selección de exvotos de la notable colección que conserva el santuario.

También la Orden del Mostachón, creada en 1964 por los corresponsales de prensa y radio para premiar a aquellos que destacan y cuya labor redunda en el buen nombre de la ciudad, le concedió a la Virgen su Mostachón de Oro con carácter especial y extraordinario, imponiéndole su presidente la insignia en un emotivo acto, celebrado en el santuario.

LIBROS DE LA VIRGEN

Desde que su devoción comenzara a hacerse famosa, la Virgen de Consolación ha estado muy presente en la literatura y en las bellas artes. Ya mencioné las antiguas crónicas mínimas de fray Juan de Morales y fray Lucas de Montoya, la comedia que le dedicó Juan de Mal Lara, los versos del padre Tamayo, el libro de Rodrigo Caro en 1622 y los capítulos que en los suyos le dedicaron Alonso Morgado, Pedro Román Meléndez, Juan Boza y Rivera y Juan del Río Sotomayor.

En época más moderna, el sacerdote Juan Cabello Castilla escribió, como ya dije, un opúsculo con la historia de la imagen en 1917, a los que siguieron dos más, obra del cronista de Utrera, Manuel Morales Álvarez, a principios de los años cincuenta del siglo XX. Años después, en 1982, el sacerdote Carlos Ros escribió otro más y el ya citado Manuel Morales Álvarez le dedicó a Consolación dos tomos de su *Notas a la Historia de Utrera*, publicados en 1992 y 1993. Y ya, por último, han sido tres los libros publicados con la Virgen como temática exclusiva. Uno el que yo escribí con el título *Consolación de Utrera, una devoción universal* —publicado en 2001—, otro el que publicó ese mismo año M.ª del Carmen Medina San Román titulado *Exvotos del santuario de Nuestra Señora de Consolación de Utrera* y el tercero es *Una nao de oro para Consolación de Utrera*, de Julio Mayo y Salvador Hernández, que se publicó en 2007; y el último, que es este, será el cuarto. También el historiador Andrés Otero Campos publicó un opúsculo con la guía del santuario en 2008.

En el aspecto periodístico, han sido innumerables los autores e historiadores que se han ocupado de la Virgen de Consolación, su devoción, su historia y su significado dentro de la piedad popular en sus artículos, destacando de entre ellos a José María Pemán, Santiago Montoto, Antonio Murciano, Joaquín González Moreno, Antonio Burgos, José y Jesús de las Cuevas, Salvador de Quinta Rodríguez, Salvador de Quinta Garrobo, Antonio García Barbeitio, Antonio Cabrera Rodríguez, Julio Mayo Rodríguez y Antonio Cabrera Carro.

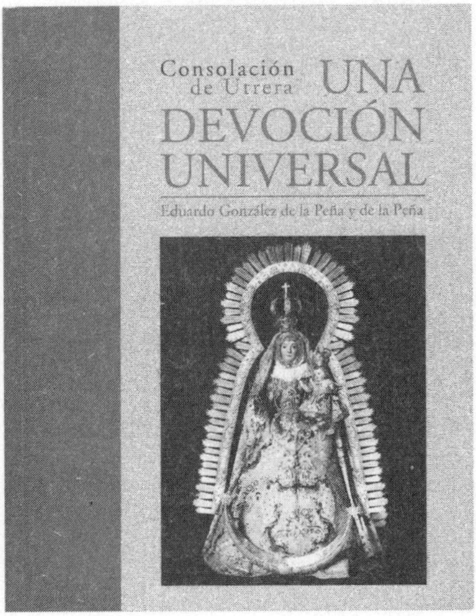

Portada del libro *Consolación de Utrera, una devoción universal*, que se publicó en 2001

Asimismo, a la Virgen de Consolación le están dedicadas una gran cantidad de letras populares, plegarias, canciones, sevillanas, marchas procesionales e himnos y aún es mayor el número de poetas que le han dedicado sus obras. Desde el ya citado padre Tamayo, pasando por José Suárez de Urbina, Gregorio Sainz de la Maza y Gómez de la Puente, Enrique López-Lacarra y Asme, Fernando Villalón, José María Pemán, Salvador de Quinta Rodríguez, Antonio Murciano, Joaquín Caro Romero, Florisel de Góvela —que le dedicó en 1957 un libro titulado *Trovas y Plegarias*— y otros muchos.

OBRAS EN EL SANTUARIO

A pesar de que el santuario de Consolación fue declarado monumento histórico-artístico de carácter nacional en el consejo de ministros celebrado el 23 de julio de 1982, lo cierto es que la avanzada edad de su rector, Miguel Román Castellano, y el desinterés y dejadez de unos y otros hicieron que el edificio llegara a un más que deficiente estado de conservación, que hacía urgente el inicio de obras de restauración.

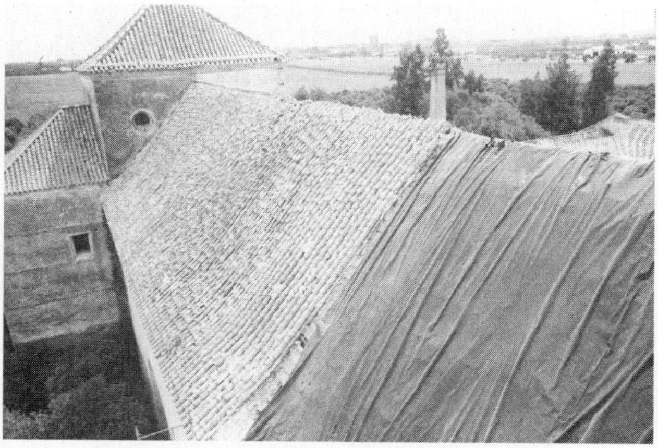

Restauración de las cubiertas del santuario, costeada por los hermanos Ayala Sousa en 1997.

El mal estado de Consolación se puso aún más de relieve en el invierno de 1996 y la primavera de 1997, que fueron muy lluviosos, constatándose que las aguas caídas se filtraban por su deteriorado tejado, hasta el punto de poner en peligro la integridad del templo, el valioso artesonado y sus retablos y pinturas. Afortunadamente, surgió el generoso ofrecimiento de los empresarios utreranos Antonio y Alberto Ayala Sousa, que corrieron con los costosos gastos de rehabilitación de las cubiertas, así como de la restauración del maravilloso artesonado.

Previamente y antes del comienzo de las obras, fueron trasladadas las imágenes a la parroquia de Santa María de la Mesa, donde coincidieron con la celebración de las bodas de oro sacerdotales de su párroco, Miguel Román Castellano. La Virgen, durante los meses que permaneció en Utrera, presidió el altar mayor de la parroquia, colocada en el espléndido trono de plata, propiedad de la hermandad sacramental. Allí se celebró su festividad, el 8 de septiembre, pues volvió en diciembre a su remozado santuario, donde los hermanos Ayala fueron nombrados hermanos honorarios.

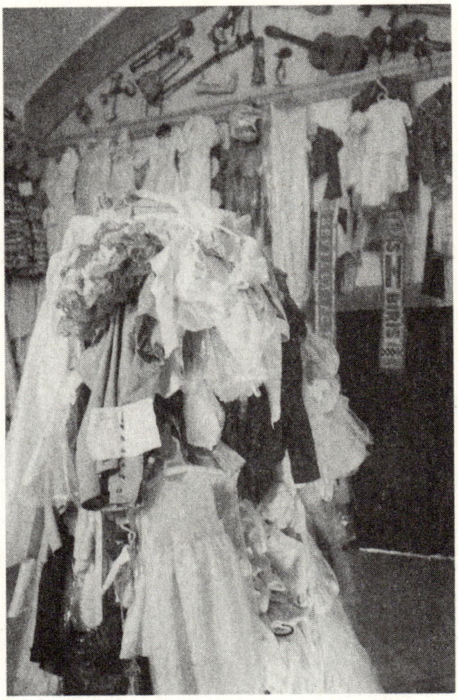

Hasta principios del siglo XXI los exvotos se apilaban en la Sala de los Milagros o del Lagarto.

Del mismo modo, cuando publiqué mi libro *Consolación de Utrera, una devoción universal* en 2001, tanto Salvador de Quinta Garrobo —editor del libro—, como Juan Manzano Fernández de Heredia —que fue el que lo presentó—, al igual que yo, nos dimos cuenta de que pocos años después, en 2007, se cumplirían quinientos años de la llegada de la Virgen de Consolación a Utrera, y el acontecimiento bien merecía una fastuosa celebración que diera a conocer la universalidad de su devoción.

Puestos al habla con el párroco de Santa María de la Mesa y rector del santuario y con el entonces alcalde de Utrera, Francisco de Paula Jiménez Morales —que puso al Ayuntamiento al servicio del proyecto—, ambos estuvieron de acuerdo en que fuera Salvador de Quinta Garrobo el comisario del V Centenario, cargo que asumió a finales de 2004.

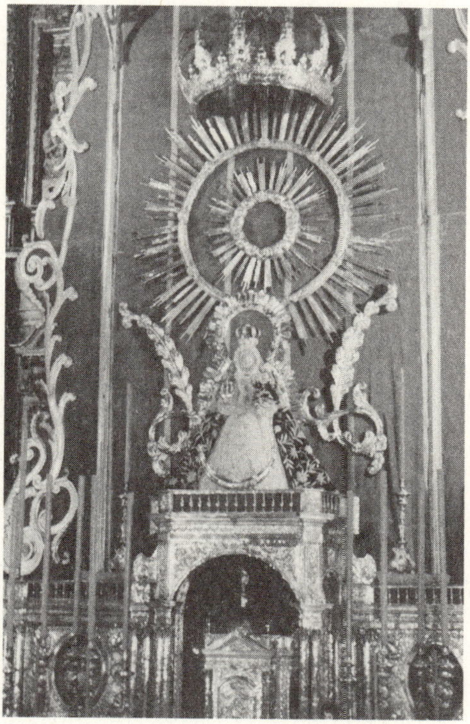

La Virgen durante los meses que permaneció en Santa María, presidió su altar mayor en el trono de plata de la hermandad Sacramental. 1997.

En febrero de 2006 falleció el rector del santuario, ocupando su cargo el también nuevo párroco de Santa María de la Mesa, Diego Pérez Ojeda. A partir de aquí se continuaron las tan necesarias obras de restauración en el santuario. En esta ocasión se limpió el altar mayor por alumnos de la escuela taller, dirigidos por Manuel Morilla; se arreglaron las losas de mármol del templo, se pusieron nuevas las cubiertas de la antesacristía, sacristía y sala del pozo, se construyó un cuarto de baño en el patio de las ofrendas y se remozó este; se construyeron vitrinas para los mantos de salida y ráfagas y se restauraron las yeserías de las escaleras de acceso al camarín, por Consuelo de Troya Pérez y Sebastián Martínez Zayas. Y este último también restauró la popular imagen de El Pastorcito y, asimismo, se arreglaron dos hornacinas en la antesacristía, para exponer trajes antiguos de la Virgen, costeadas estas dos últimas intervenciones por una de las camareras.

Todas estas obras se vieron rematadas por la iluminación artística del santuario, que fue realizada y donada por Endesa.

PREPARATIVOS DEL V CENTENARIO

Con Salvador de Quinta Garrobo como comisario y al frente de una comisión, se empezó a gestar el V Centenario con la visita que hicieron al arzobispo de Sevilla, Carlos Amigo Vallejo, que apoyó con gran entusiasmo la propuesta de solicitar a la Santa Sede la concesión de un año jubilar.

Poco después, Salvador junto a José Ángel Fernández Sánchez y José Manuel Aguilar García redactaban y enviaban a Roma un amplio informe histórico sobre la antigüedad y proyección de la devoción a la Virgen de Consolación, encuadernado en un grueso volumen, junto a un reportaje fotográfico de Pepe Florido.

La Santa Sede concedió el tan deseado año jubilar y en 2005 comenzaron las primeras actividades: se crearon varias comisiones, se realizó un vídeo promocional de Utrera, se creó una web del V Centenario, la ONCE presentó un cupón conmemorativo, se organizaron las exposiciones *Consolación con nosotros*, *Utrera y el Toro Bravo* y *El olivar en la historia de Utrera*; se reeditó la primera historia de la Virgen —escrita por Rodrigo Caro en 1622— que fue presentada por el escritor Antonio Murciano y se inició el ciclo de conferencias *Voces del Quinientos*, que durante el resto del año y el siguiente —2006— trajo hasta Utrera al defensor del pueblo andaluz, José Chamizo, presentado por Fernando Alcaide Villalobos; Andrés Amorós, presentado por José Rojas Durán; Ángeles Caso, que lo fue por

Manuel Revuelta; José Antonio Marina, presentado por M.ª José Pedraza; Almudena de Arteaga, presentada por mí; Antonio Gala, presentado por Salvador de Quinta Garrobo; Bernat Soria, presentado por Pedro José Sánchez Soto; Félix Grande, presentado por Manuel Peña Narváez; Nativel Preciado, presentada por Cristóbal García Caro; Alfonso Ussía, presentado por Juan Ignacio Zoido y el presidente de la Junta de Andalucía, Manuel Chaves, al que presentó Juan Manzano Fernández de Heredia.

Igualmente, hubo otras actividades lúdicas, como la Feria de Primavera del V Centenario y el primero de los recitales denominados *Flamenco con arte.*

El año 2006 fue de intensos preparativos. Apenas se conoció en Utrera la concesión del año jubilar se presentó un logotipo del mismo —obra de Pepe Florido— y se inició una intensa campaña de propaganda en los medios de comunicación. Las restauraciones y arreglos en el santuario —tras la llegada de Diego Pérez Ojeda— siguieron a buen ritmo y un gran número de empresas e instituciones comenzaron a implicarse en la celebración del V Centenario, colaborando económicamente o en especie para la financiación del evento.

SE INICIA EL V CENTENARIO CON LA APERTURA DEL AÑO JUBILAR

En la tarde del día 1 de enero, se inició la apertura del año jubilar, en el transcurso de una solemne ceremonia que tuvo su principio delante de la puerta cerrada del santuario. Ante la presencia del alcalde y los concejales del Ayuntamiento de Utrera, el delegado provincial de cultura, Manuel Bueno, y el vicario general del arzobispado, Miguel Gamaza, y todo el clero y hermandades de Utrera, el cardenal Carlos Amigo Vallejo, arzobispo de Sevilla, dio los tres golpes de ritual en las puertas del templo, que simbolizaron la apertura del año jubilar de Consolación. La ceremonia se inició con la lectura de la bula pontificia otorgando el jubileo y las condiciones para obtener la indulgencia plenaria y continuó con la bendición de la lámpara de aceite, que recordaba el primer milagro de la Virgen y presidió todas las ceremonias religiosas durante ese año.

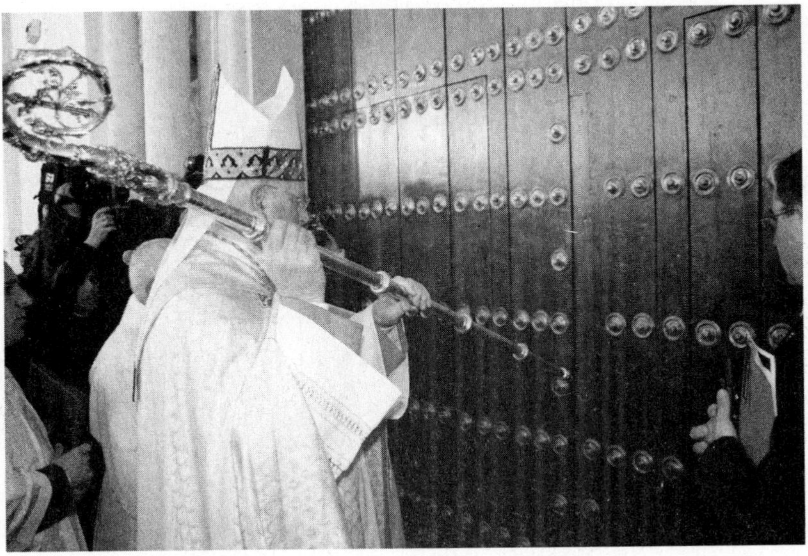

Apertura del Año Jubilar por el cardenal Carlos Amigo Vallejo

Posteriormente y ya en el interior del templo, se celebró una solemne eucaristía presidida por el cardenal y concelebrada por los párrocos de Utrera y sus pedanías, en la que intervino la coral del V Centenario, bajo la dirección del salesiano Juan Manuel Espinosa. Al término de la misma, el cantante Enrique Montoya interpretó la plegaria que tan famosa hiciera su padre.

VISITA A UTRERA DEL PRÍNCIPE DE ASTURIAS

Utrera vivió una jornada realmente histórica el 25 de enero de 2007, con la visita de S. A. R. el príncipe de Asturias —actual rey Felipe VI— a la ciudad. A pesar del día lluvioso, las calles por donde había de pasar don Felipe se encontraban absolutamente abarrotadas de gente y decoradas con banderas y mensajes alusivos al ilustre visitante.

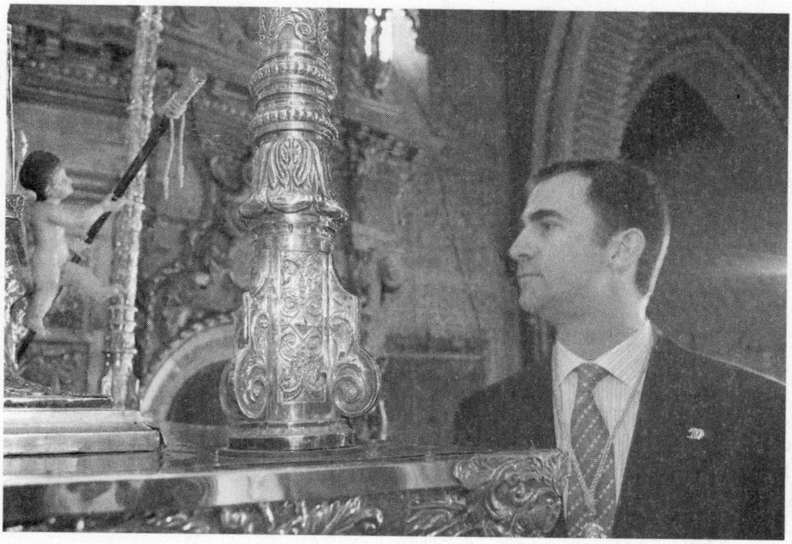

El Príncipe durante su visita al camarín de la Virgen.

EL SANTO ENTIERRO GRANDE

Dentro de las celebraciones del V Centenario, se decidió organizar por primera vez en Utrera una procesión del Santo Entierro Grande, que condensase en un día la riqueza artística y espiritual de la Semana Santa utrerana. Para ello se contó con la colaboración del Consejo Local de Hermandades y Cofradías y de varias concejalías del Ayuntamiento.

El evento fue un éxito de organización y de público. Más de treinta mil personas presenciaron el solemne cortejo, en el que participaron todas las imágenes de Cristo titulares de las hermandades utreranas con representaciones de nazarenos e insignias, cerrándolo los pasos de Cristo Yacente —en la magnífica urna de carey del siglo XVIII— y el de la Virgen de los Dolores en Soledad, de la hermandad de la Santa Vera-Cruz y Santo Entierro. Al acto, además de las autoridades municipales y todas las hermandades sacramentales, de penitencia y gloria de la ciudad, asistió una representación de la Orden del Santo Sepulcro y el vicario general de la archidiócesis.

Especialmente solemne fue el discurrir de la procesión por la plaza del Altozano —en donde se habían instalado sillas y estaba completamente abarrotada de público— desfilando las imágenes en orden cronológico y en medio de la mayor seriedad y compostura. Y es digno de anotarse que, a pesar de que el día amenazó lluvia desde muy temprano y que cayó agua en abundancia en los pueblos limítrofes, Utrera se vio libre de las inclemencias del tiempo y pudo culminar una jornada histórica sin mayores contratiempos.

LAS JORNADAS DE LA ARMADA ESPAÑOLA EN UTRERA

Los días 19 y 20 de abril tuvieron lugar en Utrera las Jornadas de la Armada Española, con la visita de una delegación de esta a la ciudad, presidida por el almirante de la flota, Fernando Armada Vadillo. Los actos comenzaron con una conferencia ofrecida en el hospital de la Santa Resurrección por el general auditor de la Armada José Ramón Cervera Pery, titulada *Cuando el mar y el campo se hermanan. Una devoción marinera tierra adentro*, que fue presentada por el también general auditor, José Rojas Caro. Al día siguiente la delegación de la Armada visitó los monumentos más significativos de Utrera, acabando en el ayuntamiento, donde fue recibida por la corporación municipal en pleno. Allí firmaron en el libro de honor del V Centenario.

Posteriormente, en un santuario completamente lleno de público, la Armada Española recibió el título de hermano honorario en la persona del almirante de la flota Fernando Armada Vadillo. A la ceremonia asistieron un gran número de autoridades militares, entre ellas cuatro almirantes, un vicealmirante y cuatro generales de división, además de la corporación municipal, la junta de gobierno de la hermandad y el rector del santuario. Tras ser rendidos los honores de ordenanza en la puerta del santuario, la comitiva penetró en el templo, donde tras ser leída el acta, el almirante subió al camarín haciéndole entrega a la Virgen de un broche con un ancla de oro.

Finalizado el acto con el canto de la salve marinera por las fuerzas de infantería de marina presentes en el acto, los asistentes se aproximaron al final del camino, donde se había dispuesto la inauguración del monumento a la Armada. El acto fue presentado por Juan Manzano Fernández de Heredia y también intervinieron en él tanto el almirante, Fernando Armada, como el alcalde de Utrera, Francisco Jiménez Morales. A su término, la banda del Tercio Sur de Infantería de Marina ofreció un concierto en la plaza del Altozano.

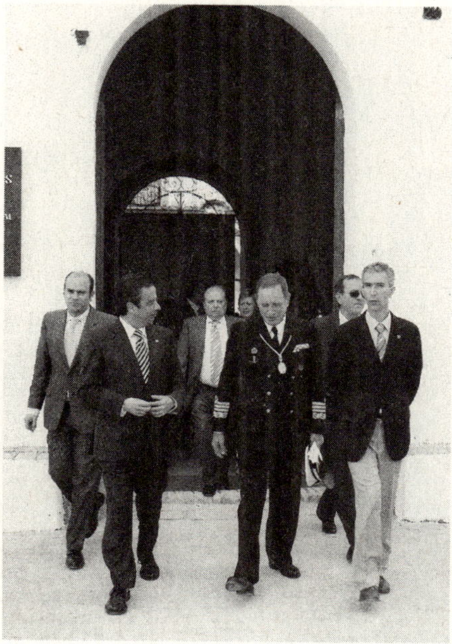

Visita a Consolación del Almirante Jefe de la Flota

LA NOVENA DE LA VIRGEN POR LOS BARRIOS DE UTRERA

Una de las grandes ilusiones de la comisión organizadora del V Centenario fue la organización de una novena itinerante, en la que la Virgen recorriera todos los barrios de Utrera y sus devotos pudieran estar cerca de ella. Así se hizo y el día que la Virgen —en andas y con el baldaquino de plata de la coronación— salió para Utrera, en la puerta del santuario tuvo lugar un grandioso espectáculo de fuegos artificiales, realizados por la empresa Ricasa. A su término, la Virgen, a hombros de sus devotos comenzó su recorrido por las barriadas más inmediatas al santuario —que habían rivalizado en el adorno de sus calles— hasta su recogida en San Francisco, en la plaza, ya de madrugada y entre los cánticos y vítores de los cofrades del Santo Entierro.

En la jornada siguiente la Virgen recorrió las barriadas de las Hermanas de la Cruz, Madres Carmelitas, los Quintero, Santa Juana, Salesianos… en medio del fervor popular. Tras una eucaristía celebrada en la calle El Coronil, la imagen se recogió en la capilla del Carmen, en la Vereda.

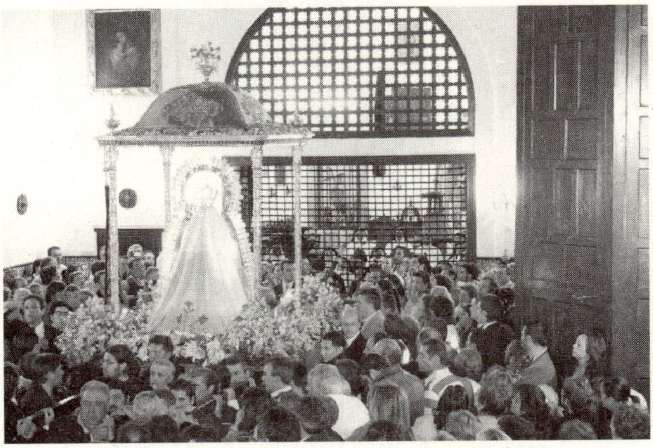

La Virgen en la iglesia de las Carmelitas

Durante el segundo día de la novena itinerante, la Virgen recorrió las barriadas de la Paz, Coca de la Piñera y Arenal, entrando por la Puerta de la Villa para su recogida en la iglesia de los Dolores, en la que las Hermanas de la Cruz recibieron a la patrona con flores y cánticos. En la tercera jornada la Virgen visitó la calle San Fernando, Santa Clara, El Muro y el barrio de El Tinte, donde se celebró una misa que reunió a más de mil personas. A su término, la Virgen se recogió en la capilla de la Trinidad, bellamente engalanada por su hermandad. La novena continuó al día siguiente, por las calles de la Fuente, Buenos Aires, Vía Marciala y barriadas de la Renfe y de la Fontanilla, hasta su recogida en la parroquia de Santiago.

En el quinto día, visitó las calles Doctor Pastor, Castillejos, Buenos Aires, Vereda y calle Ancha, donde se celebró la eucaristía, posteriormente, la Virgen se recogió en San Bartolomé. Al día siguiente, sexto de la novena, el recorrido fue por la calle Molino y las barriadas San Carlos Borromeo, Coronación, Ayala, La Mulata y Muñoz Grandes, recogiéndose la Virgen en la parroquia de San José.

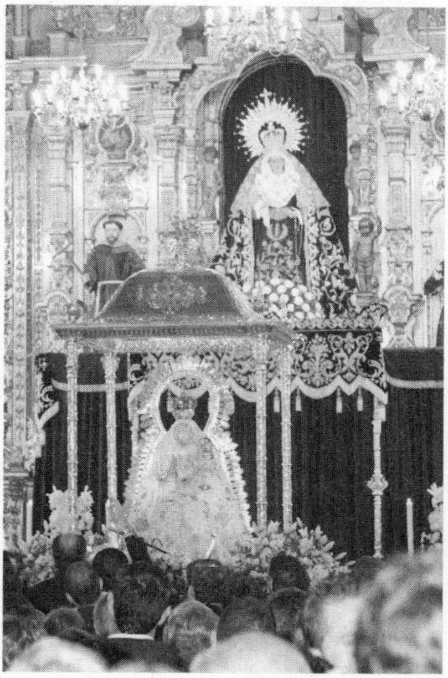

La Virgen en San Francisco, frente a la de los Dolores.

El séptimo día fueron las barriadas de Torrecruz, San José, Veredillas, Parque Nuevo y San Joaquín las visitadas por la imagen, que se recogió en la capilla de Fátima. En la octava jornada, la Virgen recorrió la barriada del Carmen y las nuevas barriadas de la carretera de Sevilla, además de la Corredera, la calle Abades y las calles cercanas a la estación, la Vía Marciala, el Arroyo, la plaza de Gibaxa, Clemente de la Cuadra y Ponce de León, recogiéndose en las Carmelitas. El noveno día, ultimo de la novena, la Virgen recorrió las calles Ruiz Gijón, plaza de la Constitución, Alfalfilla y Porche de Santa María, recogiéndose en Santa María tras nueve intensos días en que la Virgen de Consolación recorrió toda Utrera entre el fervor de miles de devotos que la acompañaron en su recorrido y rivalizaron en arreglar y adornar las calles a su paso, arrojándole pétalos de flores y dedicándole canciones y vítores.

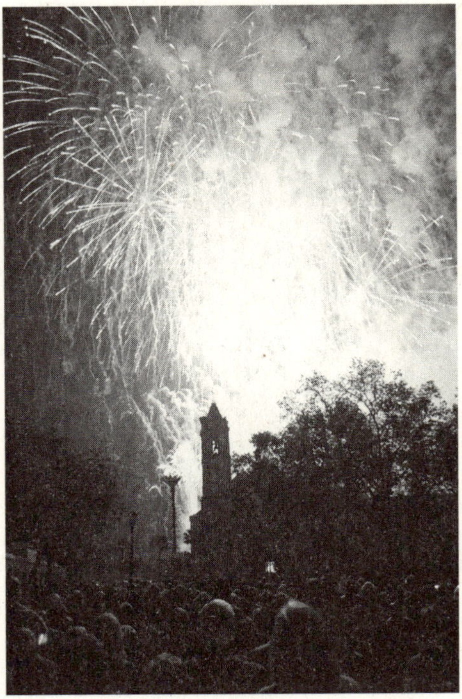

Espectáculo de fuegos artificiales antes de salir la Virgen para Utrera.

Como colofón a la novena, se celebró en las instalaciones deportivas del colegio salesiano un concierto de la Banda Sinfónica del V Centenario, dirigida por José Salazar, que ofreció un gran espectáculo titulado *Música para unos reales fuegos de artificio*, un concierto bellísimo en el que piezas clásicas de Haendel y otras de música española como *Suspiros de España*; *Agua, azucarillos y aguardiente* y *El Tambor de Granaderos* se alternaron con unos espectaculares fuegos artificiales.

El 1 de mayo la Virgen salió de Santa María de la Mesa en su paso de plata, acompañada de todas las hermandades utreranas. En la plaza del Altozano, bellamente engalanada y absolutamente llena, el cardenal Carlos Amigo Vallejo, arzobispo de Sevilla, ofició una solemne misa de pontifical, en la que dirigió a los asistentes una honda homilía explicando lo que supone la devoción a la Virgen de Consolación. A su término, se formó una procesión que devolvió a la Virgen a su santuario, recorriendo las calles Ancha, Cristóbal Colón y el camino de Consolación en medio del fervor popular.

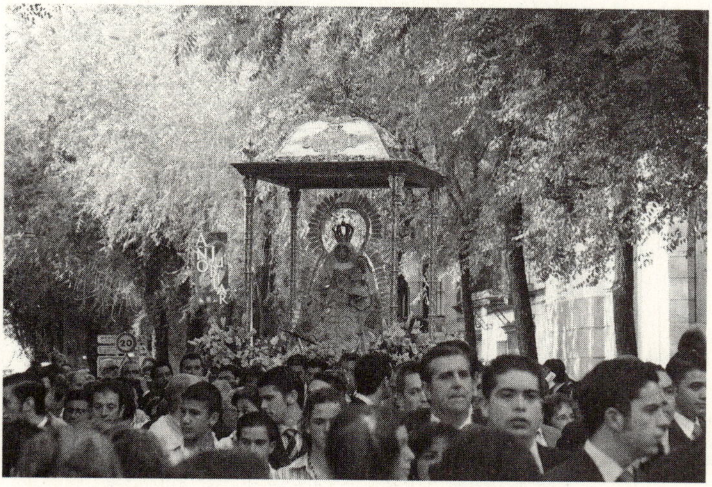

La Virgen recorriendo las calles de Utrera.

EL 8 DE SEPTIEMBRE

Durante todo el año jubilar, el Arzobispado de Sevilla puso el santuario de Consolación como centro de peregrinaciones de toda la archidiócesis. Consecuentemente, no hubo un solo día en que no se recibieran las visitas de grandes grupos de fieles: hermandades, asociaciones de todo tipo, familias enteras... que peregrinaban a Consolación para ganar la indulgencia plenaria, plasmada en un diploma que se les entregaba a los peregrinos con su nombre, obra del pintor utrerano Juan Villores. Asimismo, en el santuario se celebraron también importantes actos diocesanos, como el día dedicado a la vida consagrada, que reunió en Consolación a un gran número de religiosos de diversas órdenes, llegados desde toda España.

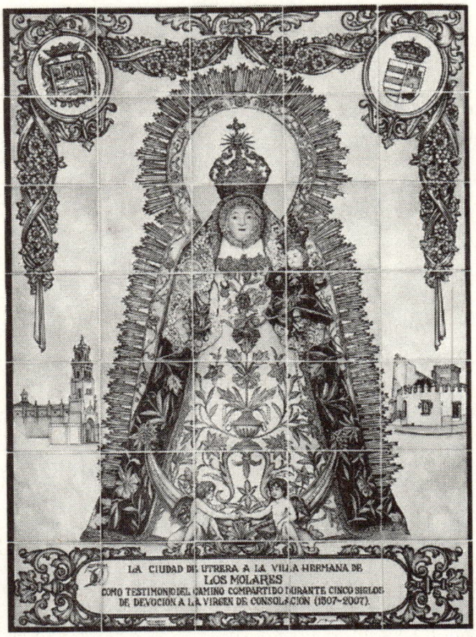

Azulejo donado al pueblo de Los Molares en 2007.

Por todo ello, el día de la Virgen, el 8 de septiembre, se celebró con especial solemnidad, saliendo la Virgen en procesión por el real en la mañana de ese día, en andas, con el baldaquino de plata. La Virgen iba estrenando un manto celeste bordado en oro, donado por su camarera, María Luisa de la Peña y Gutiérrez de Piñeres y realizado en el taller de Fernando de la Poza y unas ráfagas de plata sobredorada, obra de Villarreal que fueron costeadas con limosnas de los devotos y llevan grabadas las letanías dedicadas a la Virgen que yo escribí ese mismo año. En la calurosa mañana de su festividad, la Virgen recorrió los alrededores del santuario entre las aclamaciones y el entusiasmo de miles de devotos, que no quisieron perderse esta salida. A su término, se celebró en el santuario una misa de pontifical, presidida por el cardenal Carlos Amigo Vallejo, arzobispo de Sevilla, que, posteriormente, se trasladó al ayuntamiento de Utrera, donde, en su salón de plenos le fue impuesto el Mostachón de Oro por su decidido apoyo al V Centenario y su valiosa colaboración para que la Santa Sede concediese el año jubilar.

LAS JORNADAS DEL EJÉRCITO DEL AIRE EN UTRERA

También el Ejército del Aire se quiso sumar a los actos del V Centenario, celebrándose los días 20, 21 y 22 de septiembre las jornadas del Ejército del Aire en Utrera. Comenzaron con una conferencia de León Antonio Machés Michavila, coronel jefe de la Base Aérea de Morón, en la Casa de la Cultura, que fue presentada por Ginés Pastor Palomino y a la que asistió, además del Ayuntamiento de Utrera, una delegación de la marina norteamericana. A su finalización, se inauguró una exposición titulada *Utrera y el Ejército del Aire.*

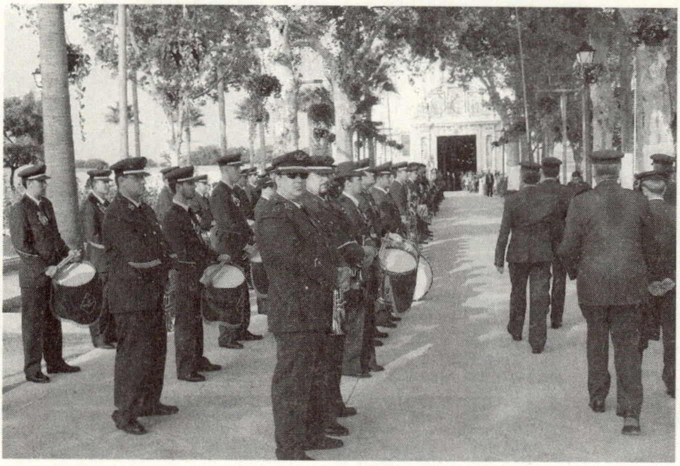

El Ejército del Aire homenajea a la Virgen de Consolación en la puerta del santuario.

La jornada siguiente comenzó con la visita a Utrera de la delegación del Ejército del Aire, presidida por el teniente general José Froilán Rodríguez Lorca, jefe del Mando Aéreo de Combate, que fue recibida por el alcalde de Utrera, Francisco Jiménez Morales, y el comisario del V Centenario, Salvador de Quinta Garrobo. Esa misma tarde, se celebró en el santuario el nombramiento del Ejército del Aire como hermano de honor perpetuo. Al acto asistió, además del Ayuntamiento de Utrera y la comisión del V Centenario, una numerosa comisión de jefes y oficiales, compuesta de José Froilán Rodríguez, teniente general jefe del Mando Aéreo de Combate; Luis Bonet Rivas, general de división, director de enseñanza del mando del personal del Ejército del Aire; Manuel Benjumeda Osborne, general de división del Ejército del Aire; Santiago Bolívar, contraalmirante de la Armada; León Antonio Machés Michavila, coronel jefe de la Base Aérea de Morón y los coroneles Juan Calderón Clemente, Juan F. Alavés Lledó y Francisco Díaz Fernández, así como el teniente coronel Vicente Giráldez de la Cuadra.

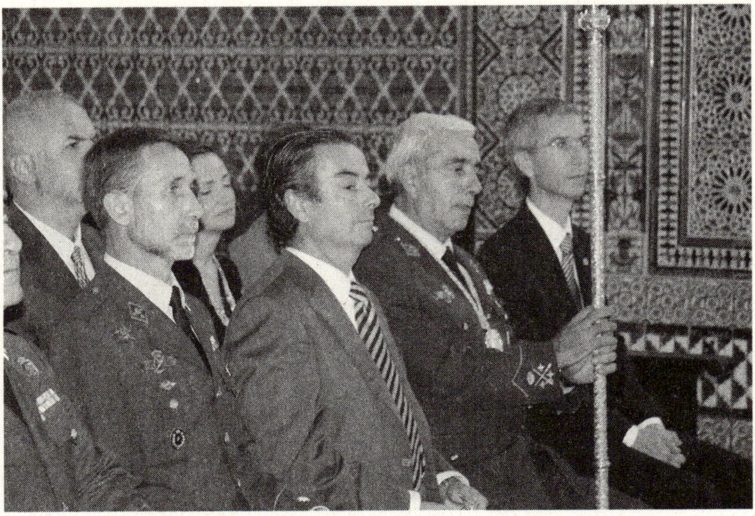

El Ejército del Aire es nombrado Hermano Honorario de Consolación.

Tras ser rendidos los honores de ordenanza en la puerta del santuario, se celebró el acto, en el que, tras la eucaristía, se le impuso al teniente general la medalla de la Virgen y se le entregó el pergamino acreditativo. Este, a su vez, le impuso a la imagen un broche con el escudo del Ejército del Aire. A continuación, se cantó la salve aviadora y se llevó a cabo una ofrenda floral a la Virgen. Terminado el acto, los presentes inauguraron el monumento a la Aviación Española —consistente en un avión F5 emplazado en la glorieta frente a la barriada de los Militares— con un discurso del teniente coronel del Ejército del Aire, Vicente Giráldez de la Cuadra, cuya familia está fuertemente vinculada a Consolación y a su historia. Tras su intervención se dirigió a los presentes el teniente general Rodríguez Lorca, cerrando el acto la intervención del alcalde de Utrera. Tras cantarse el himno *La muerte no es el final*, la patrulla de aviones Águila realizó una pasada por el cielo utrerano. Finalmente, la banda militar MAGEN SUR ofreció un concierto en la plaza del Altozano.

Las jornadas del Ejército del Aire en Utrera finalizaron al día siguiente, en el que la Base Aérea de Morón celebró una jornada de puertas abiertas a la que asistieron más de mil personas y en la que se llevó a cabo una gran exhibición aérea.

TOROS EN LA PLAZA DEL ALTOZANO

Desde los principios de su devoción, Consolación ha estado muy unida al mundo taurino. Ya referí que hasta Quevedo se hizo eco de las grandes y afamadas corridas de toros que se celebraban en Utrera con motivo de su festividad. Además, la ciudad está considerada la cuna del toro bravo y la Virgen de Consolación siempre ha sido invocada como patrona y protectora de los ganaderos, garrochistas y cuantos se empleaban en las faenas taurinas en el campo, hasta tal punto que, todavía hoy, en muchas fincas ganaderas de la margen izquierda del río Guadalquivir, las faenas cotidianas que en ellas se llevan a cabo tales como destetes, herraderos y tentaderos de machos y de hembras se suelen finalizar con el tradicional grito «¡Viva la Virgen de Consolación!». Igualmente, en multitud de fincas que han sido o son sede de ganaderías bravas, es la imagen de la Virgen la que preside su caserío, un ejemplo lo tenemos en los cortijos de Bucaré, Ruchena, El Toruño y La Cobatilla. El primero, solar de la ganadería de Buendía hasta su venta, y en los demás aún pastan las vacadas de Jódar y Ruchena, Guardiola y Murube que sostienen, al día de hoy, la larga tradición taurina de la población.

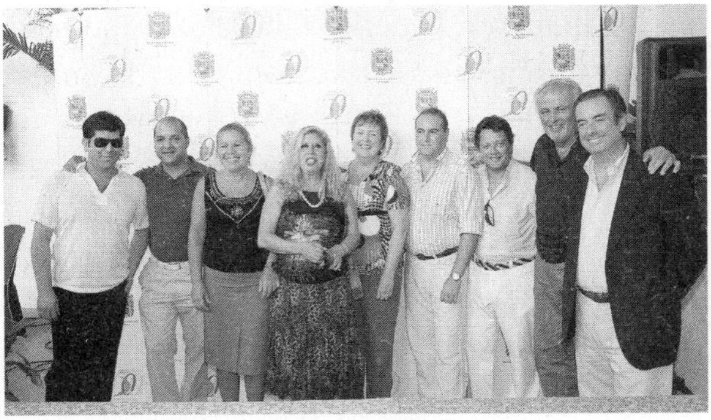

Salvador de Quinta con algunos de los artistas que le dedicaron a Consolación el disco Cantes y Plegarias

Por todo ello el V Centenario quiso que, por una vez, volvieran los toros a la plaza del Altozano, primitivo coso de la población, que es donde se celebraban antiguamente sus famosas fiestas. Las jornadas taurinas de Utrera tuvieron lugar en octubre y comenzaron con la exposición de tres toros vivos en el castillo, pertenecientes a las ganaderías de Jódar y Ruchena, Guardiola y Miura, que representaban a los tres encastes históricos que nacieron en la población: Vázquez, Vistahermosa y Cabrera. De forma paralela, se celebró una mesa redonda en el teatro Enrique de la Cuadra, presentada por Ignacio de Cossío y en la que intervinieron Eduardo Miura Fernández, Juan Pedro Domecq Solís y Tomás Prieto de la Cal y Picón, que disertaron sobre la historia de los tres encastes utreranos.

Después de un intenso trabajo, se adaptó la plaza del Altozano como coso taurino, tal y como se hacía en la antigüedad, y en los cuatro días que duraron las jornadas, los matadores de toros utreranos Curro Durán, Domingo Valderrama, Joaquín Díaz, Miguel Ángel Rondino, Alberto de la Peña y Luis Vilches tentaron vacas de las ganaderías Jódar y Ruchena, Guardiola, Murube, Bucaré y Guadaira, con la intervención de picadores y banderilleros locales. Igualmente hubo exhibiciones de rejoneo y de recortadores y un espectáculo ecuestre, desfilando por sus gradas más de catorce mil espectadores.

Las jornadas finalizaron el domingo con un gran traslado ganadero —evocando aquellas comitivas que realizaban los movimientos de ganados de antaño— en el que no participaron toros, pero si caballos y bueyes, que entraron por el Arco de la Villa para recorrer las calles San Fernando y de la Plaza. En la del Altozano tuvo lugar una exhibición ecuestre y la singular comitiva continuó por las calles Ancha y de la Huerta hasta Consolación, donde fue embarcado el ganado.

Para terminar la crónica del V Centenario, he de decir que a lo largo del año se sucedieron otras muchas celebraciones y eventos. Entre otros, en el teatro Enrique de la Cuadra completamente lleno de público, el pregón del V Centenario, a cargo de la periodista Paloma Gómez Borrero y en la Casa de la Cultura un ciclo de conferencias titulado *Utreranos del Quinientos.* La de Pedro Sánchez Núñez, presentado por Mariano Monzón de Aragón, llevó por título *Utrera y los utreranos. Milicia y política.* Manuel Peña Narváez —presentado por M.ª Ángeles Márquez Hurtado— habló de *El cuché del arte flamenco.* La tercera conferencia fue de Eduardo González de la Peña y de la Peña, el autor de estas líneas, presentado por Juan Guardiola Pasqual del Pobil, conde de Jimera de Líbar, y se tituló *Ganaderos y gente del toro de Utrera.* Continuó con la disertación de Milagros Rodríguez Corredera y José Manuel Aguilar García, presentados por Luis Carlos López-Lacarra Ortega, titulada *Glorias eclesiásticas utreranas* y cerró el ciclo la de Juan Manzano Fernández de Heredia, presentado por Antonio Cerdera del Castillo, y titulada *Escritores de Utrera.*

Asimismo, he de mencionar el bello disco que a la Virgen le dedicaron varios artistas, entre ellos Pascual González, los del Río, María Jiménez, Chiquete, Enrique y Tate Montoya, David Gutiérrez, Manuel de Angustias, Tomás de Perrate y un grupo de gitanos jóvenes de Utrera, que llevó por título *Consolación, canciones y plegarias.*

Y ya, por último, hay que señalar que en 2007 y como recuerdo de la celebración, el V Centenario donó retablos cerámicos de la Virgen a pueblos especialmente vinculados a Consolación que, a través de los siglos, han sido especialmente constantes en su fervor y devoción, como Los Molares, Dos Hermanas y Los Palacios, que fueron colocados en sus respectivas parroquias.

LA HERMANDAD ESTRENA ESCUDO HERÁLDICO

En 2010 se celebraron elecciones en la hermandad. Resultó elegido Juan Manzano Fernández de Heredia, pero debido a su dimisión a los pocos meses, fue el segundo hermano mayor, Salvador de Quinta Garrobo, quien asumió el cargo, que ocupó hasta su muerte, en junio de 2015. Con Salvador de Quinta al frente la hermandad, además de ampliar su patrimonio con la realización de unos faroles para acompañar al simpecado, obra de Villarreal, y un juego de dalmáticas y ropón del pertiguero en damasco celeste y plata, encargó al autor de este libro, miembro también de la junta de gobierno de la hermandad por entonces, el diseño y realización de un escudo heráldico para la corporación, pues carecía del mismo a pesar de su larga historia. Una vez terminado el encargo, en 2012 expuse al numeroso cabildo general extraordinario, convocado solo a ese efecto, el nuevo escudo: un blasón que incluía el escudo papal, por el título de pontificia que le otorgó Pío XII; el escudo de España, por llevar la hermandad el título de Real, dada su gran vinculación con la Familia Real; el escudo de Utrera, aludiendo a los títulos de Patrona, Alcaldesa Perpetua y Medalla de Oro de la Ciudad que ostenta la Virgen; una alegoría de los Santos Mártires de Utrera —evocando el primitivo título de la hermandad—; en punta, el escudo de la Orden Mínima y en el escusón un anagrama mariano, coronado, sobre fondo azul, dado el carácter de la corporación, todo rodeado por el collar del Toisón de Oro y timbrado con la corona real española. Después de su aprobación por los numerosos asistentes al cabildo, también fue aprobado el nuevo escudo heráldico por la vicaría general del arzobispado.

EL AÑO JUBILAR 2014

El mes de octubre de 2013 Consolación estrenó rector en la persona de Ignacio Guillén Montoto, que también fue nombrado párroco de Santa María de la Mesa, sustituyendo a Diego Pérez

Ojeda. El nuevo rector, junto con el hermano mayor, Salvador de Quinta Garrobo, comenzaron a preparar la celebración del 50.º aniversario de la coronación canónica. Además, el papa Benedicto XVI —que renunciaría al pontificado meses más tarde— concedió a Consolación, con tal motivo, otro año jubilar en 2014. Este fue inaugurado el 1 de enero, en el transcurso de una solemne ceremonia —a la que asistieron además del Ayuntamiento, todas las hermandades locales— y en la que el arzobispo de Sevilla, Juan José Asenjo Pelegrina, procedió a la apertura de la puerta del templo, significando con este gesto el comienzo del año jubilar.

Desde ese día comenzaron las peregrinaciones al santuario, acudiendo al mismo miles de personas. Desde hermandades, como la Sed, de Sevilla, o la Amargura, de Dos Hermanas, a multitud de asociaciones y entidades civiles de todo tipo, como la Orden del Mostachón, los Donantes de Órganos y Personas Trasplantadas o la Asociación Nacional de Picadores y Banderilleros. Igualmente, entre las visitas de personalidades ilustres a Consolación para ganar la indulgencia del año jubilar se cuenta la de la defensora del pueblo andaluz, Soledad Becerril, que acudió al santuario acompañada por Amalia Gámez y fue recibida por el rector y hermano mayor, firmando en el libro de honor, y la de la presidenta de la Junta de Andalucía, Susana Díaz, a la que acompañaba el alcalde. En el transcurso de esta última visita, el rector del santuario, Ignacio Guillén Montoto, solicitó a la presidenta la restauración del altar mayor de Consolación, por el Instituto de Conservación del Patrimonio de Andalucía, prometiendo esta que se llevaría a cabo, lo que tuvo lugar meses más tarde, al comenzar las obras.

Igualmente, se estableció en Consolación durante todo el año jubilar el ejercicio de la sabatina, en la que participaron las numerosas peregrinaciones que llegaban cada día. En el aspecto material, se restauró —costeándola la hermandad con la contribución de devotos y bienhechores— la magnífica puerta del santuario, obra del siglo XVIII y la corona de oro de la Virgen, realizada por Fernando Marmolejo.

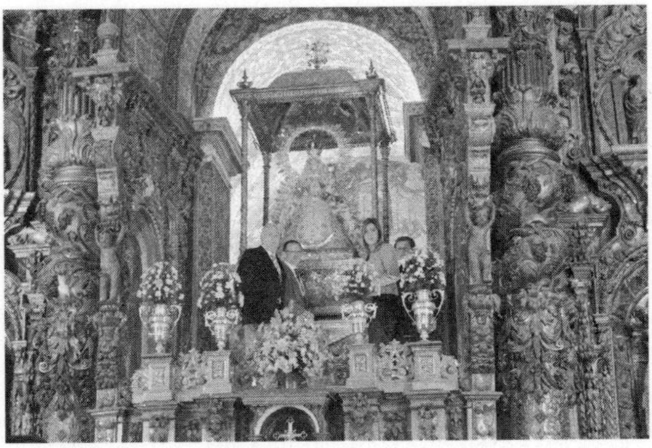

La presidenta de la Junta de Andalucía, Susana Díaz, visita el santuario.

Para la conmemoración del 50.º aniversario de la coronación, se decidió organizar un triduo itinerante con la Virgen en andas que, entre el fervor de sus devotos, tuvo su primera jornada, el día 28 de abril, en el parque de la Vereda, donde se celebró la eucaristía, recogiéndose la imagen en el convento de Carmelitas. El segundo día la misa tuvo como escenario el parque de la Fontanilla y la Virgen se recogió en la capilla de los Dolores, de las Hermanas de la Cruz, después de entrar en la de la Trinidad. En la tercera jornada la eucaristía se celebró en la barriada de Madres Carmelitas y la recogida, en la parroquia de Santa María de la Mesa. Este triduo itinerante constituyó un rotundo éxito: fueron miles de personas las que acompañaron cada día a la Virgen en su recorrido por Utrera, cuyas calles estaban bellamente engalanadas. Asimismo, los pétalos de flores, los cánticos y los repiques de campanas no cesaron mientras la imagen estuvo en la calle.

En la tarde del 1 de mayo, con altísimas temperaturas, se celebró la misa de pontifical, presidida por el arzobispo de Sevilla auxiliado del clero local y en presencia, además del Ayuntamiento y de todas las hermandades de Utrera y representaciones de algunas de la provincia, como la Macarena y la Sed, de Sevilla; la Divina Pastora, de Cantillana; la de Consolación, de Fuentes de Andalucía; la Borriquita, de Los Palacios y la de Fátima, de Los Molares, así como más de mil quinientas personas. La parte musical corrió a cargo del coro Auxilium y, al término de la eucaristía, Enrique Montoya cantó la plegaria a la Virgen que inmortalizara su padre.

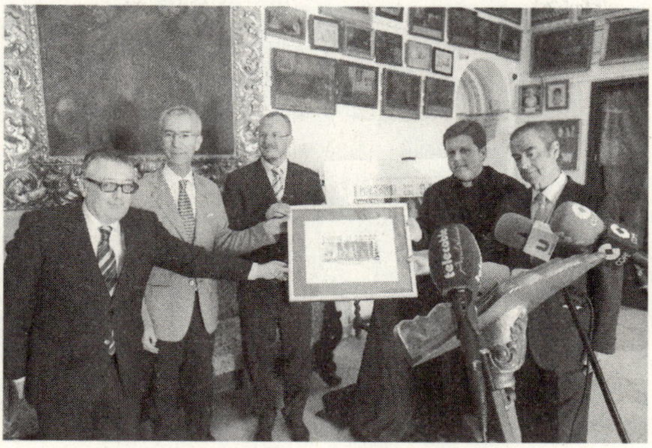

La ONCE presenta, junto al rector, alcalde y hermano mayor, el cupón dedicado al Año Jubilar 2014

Previamente, la Virgen había salido de Santa María de la Mesa en su paso de plata, ataviada con su manto azul pavo y saya blanca, ambas prendas bordadas en oro, y estrenando una toca igualmente bordada en oro, obra de Manuel Solano, que le ofrendamos los que éramos entonces miembros de la junta de gobierno. En su recorrido hasta la plaza, la Virgen fue acompañada por los cantos de la escolanía infantil de la parroquia de San Pedro de Huelva, dirigida por el sacerdote utrerano Alfonso Peña.

Tras la solemne eucaristía, se puso en marcha la procesión de regreso al santuario, que recorrió la calle Ancha en medio del mayor entusiasmo y fervor popular, adornada con arcos de flores y en donde no cabía un alfiler. En su inicio, fue inaugurado un gran azulejo de la Virgen por el arzobispo Juan José Asenjo y el rector, Ignacio Guillén, y durante todo el recorrido por ella, no cesaron de caer pétalos sobre la Virgen, mientras miles de devotos la vitoreaban, viviendo escenas realmente emocionantes hasta su recogida en el santuario, ya bien entrada la noche.

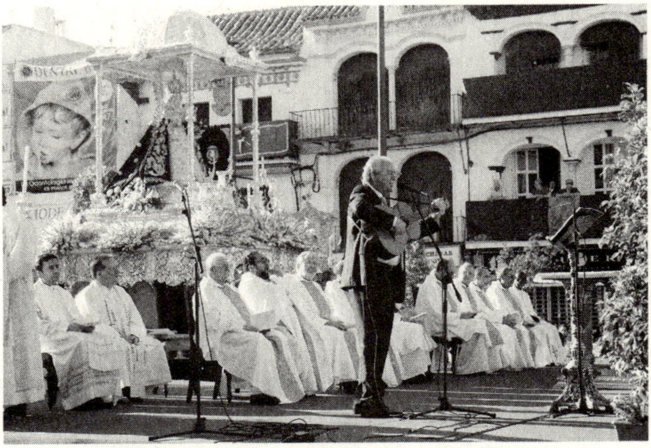

Al término de la misa, Enrique Montoya cantó la plegaria a Consolación que hiciera famosa su padre.

En el mes de junio, la hermandad de la Virgen visitó la basílica de la Mazarena, con la que le unen tantos y tan entrañables lazos. Tras una eucaristía celebrada por el salesiano Leonardo Sánchez Acevedo, la hermandad utrerana hizo entrega a la sevillana de un broche en oro reproduciendo el barquito que porta la imagen. Asimismo, la Macarena ofrendó a la hermandad de Consolación una cruz de oro, brillantes y esmeraldas que contiene dentro una astilla de su carismática imagen.

Ese mismo mes, durante una peregrinación a Roma del rector del santuario, Ignacio Guillén Montoto, le impuso la medalla de la Virgen de Consolación al papa Francisco, durante el recorrido de este por la plaza de San Pedro saludando a los peregrinos.

El día de la festividad de la Virgen, el 8 de septiembre, esta salió en andas por el real y el cercano parque del V Centenario, celebrándose un emotivo rosario de la aurora que congregó a miles de devotos y contó con la participación de las hermandades utreranas y la de Consolación, de Fuentes de Andalucía; la de la Borriquita, de Los Palacios; y la de Fátima, de Los Molares.

Finalmente, el 8 de diciembre fue clausurado este brillante segundo año jubilar de Consolación con la celebración de una misa de pontifical en el santuario, presidida por el arzobispo de Sevilla.

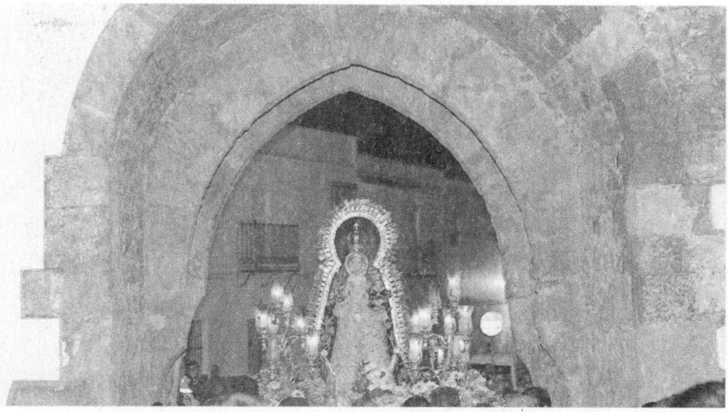

La Virgen de Consolación cruza el Arco de la Villa durante el triduo itinerante de 2014.

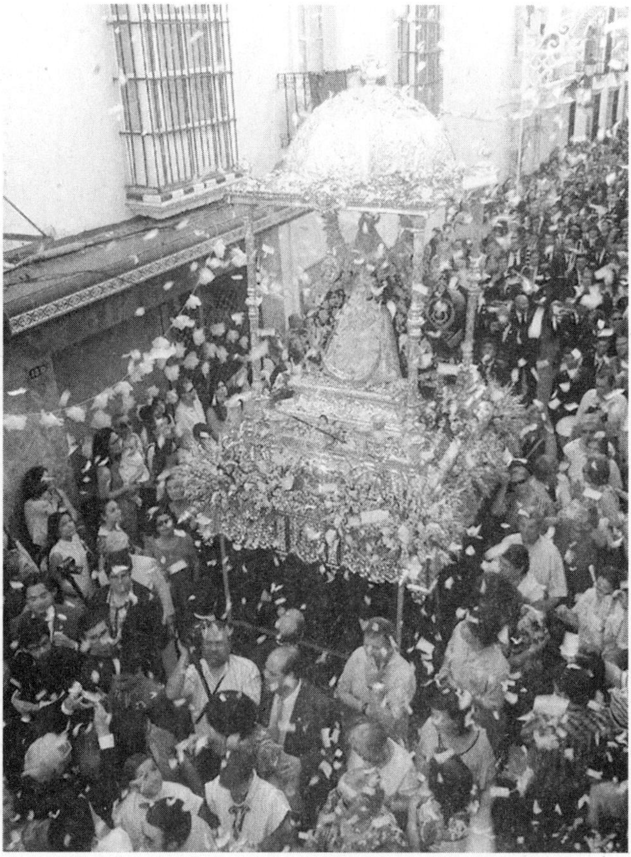

La Virgen de Consolación recorre la calle Ancha entre el entusiasmo de los utreranos.

CONCLUSIÓN FINAL

En junio de 2015 el rector del santuario y párroco de Santa María de la Mesa, Ignacio Guillén Montoto, fue sustituido en sus cargos al frente del santuario y la parroquia por Joaquín Reina Sousa, decisión esta que estuvo rodeada en Utrera de una fuerte polémica, dado el carisma de Guillén y las muchas simpatías que supo ganarse en los escasos tres años que permaneció en Utrera. En esa misma fecha y tras una cruel enfermedad, falleció el que fuera su inolvidable hermano mayor, Salvador de Quinta Garrobo, que tanta huella ha dejado en la historia contemporánea de Consolación. Tras celebrarse elecciones, resultó elegido Telmo Sánchez Reina y, posteriormente, Rafael Rojas Sánchez.

De esta última década con Joaquín Reina al mando del santuario, lo único positivo y destacable es la finalización de la restauración del altar mayor y la participación de la Virgen de Consolación en la procesión magna celebrada en Sevilla, el 8 de diciembre de 2024, como colofón del II Congreso de Piedad Popular.

Esta procesión magna hizo que la Virgen de Consolación se trasladara a Sevilla, donde permaneció tres días en la parroquia del Sagrario. En la tarde del día 8, salió de la catedral el solemne cortejo, que, presidido por la Virgen de los Reyes, patrona de la archidiócesis, incluía a Jesús del Gran Poder, El Cachorro, la Virgen de Valme, de Dos Hermanas; la Virgen de Setefilla, de Lora del Río; la Virgen de Consolación, de Utrera; la Esperanza de Triana y la Macarena. Ante el entusiasmo de miles de espectadores, la procesión discurrió por la Avenida, Puerta de Jerez y Paseo de Colón, donde las dos hermandades trianeras regresaron a su barrio. La Virgen de Consolación, en su discurrir por las calles de Sevilla tuvo un recorrido apoteósico, siempre rodeada de gente y en medio de cánticos, aclamaciones y pétalos de flores que le ofrecían sus devotos. Especialmente emotivo fue su paso por el convento de las Hermanas de la Cruz, que le dedicaron cánticos, y su tránsito por el barrio antes de recogerse, bellamente adornado con arcos triunfales, colgaduras y numerosas flores por los vecinos, con la colaboración del grupo joven de la hermandad. También se creó para la procesión un coro de la Virgen —dirigido por David Gutiérrez— que llenó con sus canciones y plegarias el recorrido de la patrona de Utrera, hasta su recogida en el templo que lleva su nombre, en la plaza de los Terceros.

Con esta procesión se ha podido ver lo que la Virgen de Consolación supone dentro de la piedad popular sevillana. Lo extendido de su devoción —tenemos una prueba palpable en los miles de devotos que la visitan en su santuario— y, especialmente, en todo lo que la Virgen de Consolación representa para la ciudad de Utrera y para los utreranos, que llevamos ya más de cinco siglos aclamándola y venerándola como Madre y patrona.

ANTOLOGÍA POÉTICA DE NUESTRA SEÑORA DE CONSOLACIÓN

ORACIÓN A LA VIRGEN DE CONSOLACIÓN

Quien quisiere hallar en Vos
infinito que loar,
solo comprende que Dios
os quiso Virgen criar,
por solo nacer de Vos.

Y para que el merecer
vuestro conozcan los hombres,
quiere el alto Dios hacer,
Virgen que por estos nombres
os vengan a obedecer.

De Clarines, del Guion,
de Cuatrovitas y Bonanza,
de la Paz y del Perdón,
del Carmen y la Esperanza,
Veredas, Consolación.

Y aunque con nombres
tan santos
la cristiana religión
os venera con mil cantos
como el de Consolación
ninguno hay de bienes tantos.

Y por la misma razón
que a todos los hijos de Eva
consoláis y traéis perdón,
no hay nombre que más se os deba
que este de Consolación.

Y por la cristiana gente
Reina misericordiosa,
dice en la salve
«¡Oh clemente!»,
este nombre, por piadosa,
se os debe más propiamente.

Así, por más devoción,
de hoy os llame todo hombre
Virgen de Consolación,

que aunque esos otros altos
son este es vuestro propio nombre.

Vos sois la que consoláis
a míseros afligidos,
los muertos resucitáis
sanáis mancos y tullidos
y a los ciegos alumbráis.

Dais sanidad a leprosos,
sanáis cojos y quebrados,
paralíticos, gotosos,
libertáis endemoniados
y dais juicio a los furiosos.

El fuego, Virgen entera,
vuestro nombre obedeció
como se vio en Utrera
salir libre al que se hundió
en la abrasada caldera.

Es tanto lo que hacéis,
lo que esa mano puede,
que como lo merecéis,
siempre el alto Dios concede
en todo lo que queréis.

Por tanto, Consoladora,
Virgen de Consolación,
a quien hoy mi lengua implora,
librad de tribulación
al que os encomienda ahora.

Tened Virgen en memoria
su tristeza y desconsuelo
sedle contra el mal victoria
y haced que en el alto cielo
alcance de Dios la gloria.

Fray Francisco de Tamayo, 1603.

GOZOS A LA VIRGEN DE CONSOLACIÓN

Agradable luz del día,
Dios te salve, que tú eres,

Entre todas las mujeres,
Perla preciosa, María.

Tú que diste de mamar
Al mismo que te crio
Rey de Reyes, que es sin par,
Que por hija te escogió.

Aqueste mundo adornando
Engendraste nueva flor
Que dio milagroso olor
Entera Virgen quedando.

Con tu ruego soberano
Borra las culpas, María,
Y aplácanos cada día
A tu Hijo y nuestro Hermano.

Por ti alcanzamos el cielo,
Aquel bien esclarecido,
Limpia al que se ha entorpecido
Con pecados en el suelo.

Madre de Consolación,
Pues que tantas gracias tienes
De esos celestiales bienes
Hincha aqueste corazón.

Da esfuerzo al que titubea
Y ayuda porque te alabe,
Y llévame cuando acabe
A ese reino a do te vea. Amén.

Fray Nicolás de Solís, 1771.

A LA SANTÍSIMA VIRGEN DE CONSOLACIÓN

Virgen divina,
Madre amorosa,
que bondadosa
velas por mí.
A tus altares
hoy he venido
y agradecido
recurro a ti.

A ti que calmas
las amarguras
y las torturas
que da el dolor

A ti que donas
la venturanza
y la esperanza
brindando amor.

A ti que puedes
en un momento,
dulce contento
a mi alma dar.

A ti, Señora
contrito acudo
por ser escudo
contra el pesar.

Gregorio Sáinz de la Maza y Gómez de la Puente, 1869.

PEREGRINACIÓN DE 1884

...Y tú la opulenta Utrera
en cuyo dichoso término,
entre olivares y frondas
orgullo del suelo bético,
se levanta majestuoso
el insigne monasterio
de la sacrosanta Virgen;
tú que abrigas en tus pechos
la devoción a esa imagen
que fue siempre tu contento;
tú, que has visto sus mercedes;
tú, que guardas con respeto
puro, santo y cariñoso,
de sus gracias, los recuerdos,
diles a los peregrinos
cuánto valen sus afectos,
cuanto interesa su gracia,
cuánto sirven sus consuelos.
Cuéntale sus beneficios,
refiéreles sus portentos
y crecerán entusiastas

la fe, el amor en los pechos.
Y así subirán las preces
como perfumado incienso,
desde el altar de María
hasta el trono del Eterno...

José Suárez de Urbina, 1884.

CONSOLACIÓN

Consolación es el nombre
de esa Virgen, Reina y Madre;
nombre de dulce esperanza,
emblema del bien que esparce
entre las almas que sufren
y el mundo ve inconsolables.
¿Quién en sus penas la olvida?
¿Quién de insensato hace alarde
y su protección no invoca
en sus más hondos pesares?
Allí, entre sencillas flores,
donde las auras suaves
con aroma de los campos
van a perfumar su imagen,
orlando de día su frente
el sol con su luz brillante,
y en la noche silenciosa
blancas perlas siderales,
llegan cruzando el espacio
y como invisibles aves,
lágrimas y pesadumbres,
dolores y adversidades,
aflicciones y tristezas,
que desde tierras distantes
o del seno de las olas
en embravecidos mares,
piden su santo consuelo
a esta Virgen Reina y Madre.
Salvan luego las distancias
espíritus impalpables
que al náufrago dan la vida
que dan valor al cobarde,
salud al doliente enfermo
pan a los que sufren hambre,
y otros dones y mercedes

entre los buenos reparten,
cual portadores que llenan
la tierra, el cielo y el aire
con las dádivas divinas
de esta Virgen, Reina y Madre,
a la que de polo a polo
dice el mundo «Dios te salve...».

Enrique López-Lacarra y Asme, 1892.

ROMANCE DEL OCHOCIENTOS

Con los estribos muy cortos
y las cinchas apretadas
a todo el palo las picas
y las crines en la barba,
tres mil caballos tendidos
apenas la arena rayan.
Garrochista de la Isla
los de las overas jacas;
Yegüerizos de Xerez,
los de las corvas navajas;
caballistas los de Utrera,
los de la marisma llana.
Ni Bailén tiene campiña,
ni los dragones corazas,
ni Dupont es general,
ni Castaños tropas manda.
¡Viva don Miguel Cherif
y don José de Sanabria!
(Tres mil caballos tendidos
Apenas la arena rayan).
Pañuelos rojos al viento
y en los dientes la navaja.
Virgen de Consolación,
de los camperos la dama;
Virgen de la cara negra,
con sol y sal amasada,
libre y sola en la llanura,
Tú nunca serás esclava.

Fernando Villalón, 1927.

PLEGARIA

Virgen de Consolación,
la del barquito en la mano,
perdí velas y timón
navegando en mar lejano,
Dame Tú la salvación.
Virgencita morenita,
más bonita
que la nieve de la sierra,
dame Tú la lucecita
que me alumbre por la tierra.

Fuente amante, luz constante,
sol brillante
que las noches iluminas,
lleva al pobre caminante
por senderos sin espinas.

Ay, Virgencita, gloria de Utrera,
blanca estrellita que reverbera,
que tu barquilla blanca y velera,
nunca se aparte de nuestra orilla,
nunca se vaya mares afuera.

Virgen de Consolación,
por el amor de tu Niño,
llena Tú mi corazón
de la gracia y el cariño
del que fue la redención.

Serafín y Joaquín Álvarez Quintero, 1934.

HIMNO A NUESTRA SEÑORA DE CONSOLACIÓN

¡Oh Virgen soberana!
Consuelo del que llora;
la dicha que atesora
tu maternal amor
inunde los hogares
de un pueblo agradecido
que ante tus pies rendido
implora tu favor.
La reina eres de Utrera
que al pie de tus altares,

te ofrenda sus cantares
con tierna devoción.

Irradie en nuestras almas
tu mano blanca y pura
la cálida ternura
de tu Consolación.

Una gentil barquilla
sostienes en tu mano,
cual signo soberano
de dulce protección.

Se puerto de esperanza
de nuestra frágil vela
se brújula y estela
de nuestro corazón.

Estudiantado Filosófico Salesiano, 1946.

A NUESTRA MADRE DE CONSOLACIÓN

Dicen que soy poeta,
¡ay, quién lo fuera!
para poder cantarte
Virgen de Utrera.

¡Ay, Virgencita mía,
Virgen morena!
Si solo con mirarte
se van las penas.

¿Cómo mi dulce Madre,
cuando te canto,
tanto gozo en los ojos
se torna llanto?

Mi Virgencita hermosa,
cuánto es mi orgullo
porque nací en Utrera,
el pueblo tuyo.

En esta tierra llana
de mis mayores
donde asentaste el trono

de tus amores.
Donde por Ti florecen
los olivares
y aroman los naranjos
sus azahares...

Te da la vid su zumo
la espiga el trigo,
que tu tierra no vive
más que contigo.

¡Tanto te quiere
que si Tú no la miras,
sin luz se muere!

Federico de la Cuadra Irízar, 1952.

CANTARCILLO DE LA VIRGEN DE CONSOLACIÓN

Sevilla tiene que tiene
una torre alta y ligera.
Pero no tiene que tiene
la Consolación de Utrera.

Utrera tiene que tiene
un nombre claro y bonito;
mucha cal, mucha ilusión,
¡Y un consuelo metidito
dentro de su corazón!
Cádiz tiene su bahía
y Jerez su primavera.
Pero ninguno tenía
la Consolación de Utrera.

¡Ay Consolación de Utrera,
luz y guía que toda pena socorre!
¡Tú sí que eres primavera
y bahía y alta torre!
Que por mucho que se llene
de gracia la tierra entera
ninguno tiene que tiene
la Consolación de Utrera.

José María Pemán, 1955.

DIME TÚ

¿Qué romance marinero
dice tu barco velero
con voz de desolación?...

Dime Tú, Consolación,
¿Qué vago rumor se advierte
en la lona ensombrecida?
¿Es el barco de la vida
o es el barco de la muerte?

Si es vida ¡qué dulce suerte
has de tener, marinero,
cruzando un mar traicionero
que se obstina por perderte
y que Ella venga a encenderte
los ojos de la esperanza!
¡Cuántas horas de bonanza
y qué plácido el timón!

Si es muerte, Consolación,
en galerna embravecida
¡Qué dulce, oh Dios, la partida,
si encuentra en tan loca huida
por playa tu corazón!
Dime Tú Consolación…

Florisel de Góvela, 1960.

HIMNO DE LA CORONACIÓN

He llegado hasta ti,
Reina y Patrona,
Virgen Bendita de Consolación,
a ceñir en tus sienes la corona
donde he puesto
fundido el corazón.

El corazón de Utrera,
mi Señora,
que hoy ensancha su alma
de alegría
porque en esa corona,
Madre mía,

va engarzado el amor
con que te adora.

Dios te salve,
Virgen de Utrera,
vida, dulzura
y esperanza nuestra.

El pueblo rendido
te pide en su canto
estar protegido
por tu dulce manto.

Porque siendo así,
Virgen del Consuelo,
el camino es fácil
para ir al cielo.

En este día feliz,
Madre, te imploro
que el pueblo entero
se inunde en fervor,
para hacerse por Ti rico tesoro,
donde reine la paz
con el amor.
Con el amor de todas
las moradas
de esta Utrera, mi Virgen,
que hoy entona
al poner en tus sienes
la corona,
un cantar con pureza
de alborada.

Salvador de Quinta Rodríguez, 1964.

EL BARQUITO DE LA VIRGEN

Recia porcela brava, seno aleve
y escollo en el mundo,
dura la porfía;
singladura de sed;
vida en franquía
que a la altura purísima
se atreve...

Sueño de niño, leño frágil,
leve nave dorada en gracia
y alegría
puerto en la mano blanca
de María,
mar en el aire azul sereno
y breve, grimpolón
y banderas desplegadas,
dulce espolón airoso,
popa grácil,
la Virgen capitana
del Consuelo
anda levando gentes anegadas,
rumbo certero
y la bordada fácil,
para aportar con ellas
en el cielo.

Manuel Morales Álvarez, 1964.

CONSOLACIÓN DE LAS ALMAS QUE LLORAN

Tienen tus ojos destellos de cielo;
sobre tu frente, por corona, el sol.
Tienen tus manos raudal de consuelo
y eres refugio para el pecador.
Tienen tus ojos destellos de cielo
¡Bendita Madre de Consolación!
Quisiera ser como el astro del día
para ofrendarte su luz y calor,
quisiera ser ruiseñor, Madre mía,
para cantarte con trinos de amor…
Consolación de las almas que lloran,
tiene tu nombre dulzura sin par.
Yo quiero un día, Reina y Señora,
dichosa muerte en tus brazos hallar

Francisco Guerrero García, 1968.

CADA OCHO DE SEPTIEMBRE

Cada ocho de septiembre
por los caminos de Utrera
el corazón se me pierde.
Por sus benditos caminos

cada ocho de septiembre
el barco de mis nostalgias
entra en los mares, valiente,
y enfila con fe su proa
hasta Utrera, para verte.
Que no hay utrerano bueno
por muy lejos que se encuentre
que no ponga en Ti sus ojos
cada ocho de septiembre.
Incluso los que proclaman
por el mundo que no creen,
si son de Utrera, Señora,
si como utreranos sienten
notarán en sus adentros
un pellizco duro, fuerte,
que les llenará de dudas
cada ocho de septiembre.
Salvando cientos de leguas
donde quiera que me encuentre
yo llegaré hasta mi pueblo
cada ocho de septiembre.
Y si no pudiera estar
en cuerpo y alma presente,
echaría el alma al río
a que el río se la lleve.
Y con los ojos del alma
vería como amanece
con sones de avemarías
y entre dianas alegres
el día grande de Utrera.
De una Utrera que se mete
fervorosa en tu camino
besado de sombras verdes.
El camino que nos lleva
a esa ermita que parece
que quiere clavar su torre
en tu cielo azul-celeste.
Y ya dentro de la ermita
confundido entre tu gente
te pediría mi alma, Señora,
que me consueles
con tu sonrisa de Madre
cada ocho de septiembre.

Salvador de Quinta Rodríguez, 1984.

A NUESTRA MADRE DE CONSOLACIÓN

Dios te salve, María del Consuelo, en aras del amor,
de gracia llena, arcano del Señor, pura azucena
¡Bendita Tú en la tierra y en el cielo!
Bendito el dulce fruto de tu anhelo,
llamándole Jesús en hora buena
Madre de vida, de esperanza y pena
en el Monte Calvario… ¡Sin consuelo!

Acoge bajo el sol de tu mirada
—flor bendita de alhelí—
ampara con la gloria de tu manto
—dulce rosa de marfil—
nuestra humilde plegaria, ¡Virgen mía!
Hoy canta Utrera, tu ciudad amada:
«Contigo hasta morir… ¡Te amamos tanto!».
Sé Tú en nuestro expirar… Ave María.

María Jesús Mayorga Giménez, 1991.

LETRAS POPULARES

Consolación la de Utrera,
y Gracia, la de Carmona.
Virgen de la Setefilla,
dicen las niñas de Lora.

Con mi novia he terminao
porque no quería que fuera
mañana por la mañana
a Consolación de Utrera.

A Dios le diera mi alma,
el cuerpo a la mar serena,
y el corazón a la Virgen
de Consolación de Utrera.

Esta medalla de plata
de Consolación
llévala siempre al lado del corazón.
La Virgen de la Esperanza
le ha dicho a su camarera
que quiere ir de visita
a Consolación de Utrera.

Hermanito mío de mi corazón,
encomiéndate siempre
a la Virgen de Consolación.

Pídeme to lo que quieras,
manque sea el corazón,
más no digas que trabaje
el día de Consolación.

Del color de la adelfa y del verde limón
así tiene su manto la marecita mía
de Consolación.

Hermosa como ninguna
Virgen de Consolación,
a los pies tiene la luna
sobre la cabeza el sol.

Mira qué bonita era,
se parecía a la Virgen
de Consolación de Utrera.

Morenito es mi amante,
morenita soy yo,
morenita es la Virgen
de Consolación.

Moreno pintan a Cristo,
morena a la Magdalena,
y morenita a la Virgen
de Consolación de Utrera.

Tienen los utreranos
para su gloria,
la más peregrina imagen
de las historias.

Tu intersección
todo lo alcanza,
Virgen de Consolación.

Viva Utrera con su cielo,
sus mujeres y sus hijos
y la Virgen del Consuelo.

Viva Utrera, viva Utrera
tierra de mi corazón;
Viva to lo que cobija
la que está en Consolación.

Ya ves si sería bonita
que se me perdió en Utrera
y me la encontré en la ermita.

Me lo dijo un repatriao:
—Nuestra Patrona de Utrera
es la que nos ha salvao.

La Virgen con su Niño
y su barquito
hace muchos milagros
a los marinos.

Postrado llego a tus pies,
Madrecita del Consuelo,
pidiéndote la salud
del espíritu y del cuerpo.

Yo no busco los dineros,
no me come la ambición;
solo la salud te pido,
Virgen de Consolación

Estrellita de los mares,
Virgen de Consolación,
cuando yo creí ahogarme
Ella fue quien me salvó.
Madre mía del Consuelo,
devuélvele la salud
a este pobrecito enfermo.

Por milagrosa te cantan
la historia y la tradición,
consuelo de los creyentes,
Virgen de Consolación.
Tres bandidos me acosaron
con saña y sin compasión,
me libró de sus navajas
la que está en Consolación.

A la Virgen del Consuelo
un hábito le ofrecí,
porque te volvieras loco,
tiraras piedras por mí.

¿Cuándo querrá la Virgen de Consolación
que los cabellos de mi compañerita
los peinara yo?

El que quiera a una mujer
como la quiera de veras
que se encomiende a la Virgen
de Consolación de Utrera.

Si quieres que yo te quiera
encomiéndate a la Virgen
de Consolación de Utrera.

Cuando me voy de tu vera
le rezo toítas las noches
a la Patrona de Utrera.

El corazón se me parte
cuando te oigo decir
que la Virgen del Consuelo
se acuerda poco de ti.

Es tanto lo que te quiero
que le hipotequé mi vida
a la Virgen del Consuelo.

Quedarme siempre a tu vera,
como el barquito en la mano
de Consolación de Utrera.

Si te encuentras en el mundo
quien te quiera más que yo,
es un milagro que ha hecho
la que está en Consolación.

Virgen de Consolación,
dame fuerzas pa que olvide
al que fue mi perdición.

Virgen de Consolación
yo lo busco y no lo encuentro:
me han robado el corazón.

Yo te he querido de veras
pregúntaselo a la Virgen
de Consolación de Utrera.

Virgen de Consolación,
quítamela de delante
que va a ser mi perdición.

Yo se lo pedí llorando
a la Virgen del Consuelo,
que tú me quieras a mí
como yo te estoy queriendo.

No se me quita la pena
ni aunque vaya de rodillas
a Consolación de Utrera.

Te lo pedimos de veras,
Virgen de Consolación,
que acabe pronto la guerra.

Virgen de Consolación,
consoladora de tristes,
consuela mi corazón
por el hijo que perdiste.

Virgen de Consolación
tengo más penas clavás
que espigas tiene un sembrao
y gotas de agua la mar.

Como tenía llagado el corazón
llamé a tu puerta, Consolación;
y con tu manto enjugué
las lágrimas de mi quebranto.

Las estrellitas del cielo
retiemblan de compasión
cuando te imploro llorando
Virgen de Consolación.

Madre mía del Consuelo,
el enfermo busca alivio,
yo lo busco y no lo encuentro.

¡Madre mía del Consuelo!
¿Pa qué te vengo a pedir
si el mal no tiene remedio?

Virgen de Consolación,
la que está en los olivares,
consuela mi corazón
que está lleno de pesares.

Al hospital me llevaron
de Resurrección
mientras yo me encomendaba
a la Virgen de Consolación.

Cuando al Calzas-Anchas
se desbordó jundía mi casa
yo me encomendé
a la Virgen de Consolación.

El día de Consolación
fue cuando murió mi madre
por eso mi corazón
ese día mana sangre.

Madre del Consuelo,
Virgencita de Utrera,
no permitas Tú
que mi niña muera.

Destrozaditos los pies
pasé por los olivares,
buscando en Consolación
el remedio de mis males.

Madre mía del Consuelo,
tranquilo me voy al moro
porque te llevo en el pecho.

Marinerito cogido al timón,
con duquelas malas llamaba
a la Virgen de Consolación.
No te pasará ná malo,
hijo de mi corazón,
si conservas la medalla
que te di en Consolación.

No hay pesares en el alma
ni dolores en la tierra
que no los cure la Virgen
de Consolación de Utrera.

No quiero nada en el mundo,
porque se murió mi amor.
Ahora solo me consuelo
rezando en Consolación.

Nuestra medianera era
la Virgen de Consolación,
la que está en Utrera.

Si te pierdes, peregrino,
pasa por Consolación
que allí encontrarás camino.

Si te ves en gran apuro
o en una gran aflicción,
encomiéndate de veras
a la de Consolación.

Yo lloré en los olivares
hasta llegar al Real;
en cuanto vi el santuario
consuelo tuvo mi mal.

Castillito de Utrera
y el de Molares,
que bien os guarda
la que está en los olivares.

Consolación te llaman
los utreranos
y quien con fe te invoca

nunca es en vano;
porque tu manto amoroso
cobija al fiel cristiano.

Consuelo del afligido
con Cristo la medianera
es la milagrosa Virgen
de Consolación de Utrera.

Campanillita del cielo,
Madre del Divino Amor,
cobíjame con tu manto
Virgen de Consolación.

De rodillas me jinqué
y a la Virgen del Consuelo
una salve le recé.
Yo me encomendé
de to corazón
a la Virgen Santa
de Consolación.

Prisionero soy del mundo
cargadito de cadenas;
Virgen de Consolación
alíviame de mis penas.

Qué penita y qué doló
el que no te vean mis ojos
Virgen de Consolación.

Si logro lo que te pido,
Virgen de Consolación,
desde ahora te consagro
alma, vida y corazón.

Si yo supiera rezar
a la Virgen del Consuelo
le pidiera libertad.

Virgen de Consolación
a los que me hicieron daño,
concédeles tu perdón.

Virgen de Consolación,
como una morita negra
tengo yo mi corazón.

Virgen de Consolación,
que estáis en ese castillo,
¡ay, quién tuviera su alma
donde Vos tenéis el Niño!

Los que mandan en Utrera
son la Virgen del Consuelo
y el Jesús de la Vereda.